기독교 가족치료

가족치료 모델 및 실제적용

기독교 가족치료

가족치료 모델 및 실제적용

이홍찬 지음

이담 Books

추천사

서울성경신학대학원대학교의 실천신학 교수이신 이홍찬 박사께서 금번에 『기독교 가족치료』라는 책을 출판하게 되었다. 본서는 저자이신 이 박사께서 평생 묵상하고 연구해 온 분야로 박사학위 논문을 약간 보완하여 출판한 귀한 저술이다. 요즈음 한국 사회는 물론 한국교회 내에도 가정 내의 문제가 심각한 수준에 다다랐음을 부인할 사람은 없다. 핵가족의 증가로부터 오는 문제, 가정 파괴로부터 오는 문제, 부모와 자녀 간의 관계가 파괴되는 것으로부터 오는 문제, 그리고 성의 개방으로부터 오는 문제 등 오늘날 바른 가정을 지키는 데 적색 신호가 켜져 있음을 부인할 수 없다. 이렇게 어려운 문제에 봉착한 한국 사회와 한국교회를 위해 이홍찬 박사께서 해결의 대안을 마련한 저서를 출판하게 된 것은 참으로 다행한 일이 아닐 수 없다.

이홍찬 박사는 기독교적인 관점에서 가족의 문제를 치유하는 제 방법들을 제시하고 있다. 그는 가족치료에 관한 제 방법을 소개하고 성경 내의 가족을 분석함으로써 현 사회가 직면하고 있는 가족문제의 해결방안을 구체적으로 제시하고 있다. 본서는 가족치료의 과정을 강의하는 교수와 학생들이 필독해야 할 귀한 책이기에 적극 추천한다.

2011년 12월

박형용 박사

서울성경신학대학원대학교 명예총장

추천사

가족을 건강하게 세운다는 것은 굉장히 중요한 일임에 틀림없다. 현대 사회에서는 더더욱 그러하다. 건강한 가족을 세우기 위한 이론과 함께 적용이 제시된 교재가 절실히 필요한 이때에 영적으로, 지적으로, 그리고 인격적으로 모든 것을 겸비하신 이홍찬 교수님의 저서가 출간되어 너무나 기쁘게 생각한다. 본서를 통해 독자들은 기독교적 구조 내에서 가족과 가족치료에 대하여 알게 되고 가족이라는 맥락 속에서 개인을 이해하는 데 분명한 도움을 받게 될 것이다. 또한 가족 문제에 대한 저자의 성경적 적용점과 분명한 대안은 기독교상담학과 가족치료를 알고 싶은 모든 분들에게 가족치료에 대한 기독교적 통찰과 더불어 기독교 가족상담에 대한 균형잡힌 시각을 배우게 될 것이다. 이에 통합적 관점에서 쓰인 본 저서를 기쁜 마음으로 추천한다.

심수명 박사

국제신학대학원대학교 상담학 주임교수

한기총다세움상담목회대학원 원장

한국인격치료학회 회장

서론

하나님이 창조하신 최초의 기관(original divine)은 가정이다. 그것은 인류의 생존사(生存史)만큼이나 긴 수명을 가지고 인류사회의 시초로서 존속하여 온 원초적 제도(primary institute)요, 창조의 질서(order of divine creation)이다. 이러한 신적 기원을 가진 가정은 창조력의 출생지로서, 항상 창조력이 개발되어 나갈 수 있는 분위기가 조성되어야 한다. 그 분위기란 격려와 신뢰와 사랑이다.[1] 가정은 사랑의 유기체(organ of love)로서 하나님과의 언약의 공동체이며[2] 하나님의 진리로 자녀들을 가르치는 "양육의 공동체(nurturing community)"이다.[3] 그러므로 가정[4]은 하나님과의 만남을 경험하는 진정한 삶의 현장이요, 성전이요, 신령한 학교이다.

그러나 현대 가정은 도시화, 산업화, 서구화, 다원화, 해체화 등의 패러다임에 의해 큰 변화를 가져왔다. 이러한 변화들이 가족에 미친 영향력은 가족의 형태, 기능, 내적 결합 면에서도 변화를 초래하여 이에 수반된 가족 문제가 제기되고 있다. 최근 들어 한국 사회는 가

---

1) Edith Schaeffer, *What is a Family* (Old Tappan: Fleming H. Revill Co., 1975), 53~60.
2) Horace Bushnell, *Christian Nurture* (New Heaven: Yale University Press, 1960), 123.
3) Kieran Scott, *The Family, Feminism & Religious Education* (Religious Education, 1980), 329.
4) 유영주 외, 『가정학 원론』 (서울: 신광출판사, 1994), 14. 학자들의 견해에 따라 가정과 가족은 사회적 단위로 쓰일 때는 같은 뜻으로 사용된다. 예를 들면, 결손가정, 결손가족이라 할 때는 모두 사회적 단위로 같은 의미를 나타낸다. 가정은 가족(가족구성원)이 생활하는 집을 포함하여 공동체로서의 넓은 의미를 가지고 있다. 그러나 가족도 하나의 집단을 표시할 때는 인적 요소와 물적 요소를 포괄하는 복합개념으로 가정과 동의어로 쓰이는 경우가 많다. 따라서 본서에서는 가정과 가족을 같은 의미로 사용하며 가족구성원과 가족원을 같은 의미로 사용하게 될 것이다.

족 내의 여러 가지 다양한 문제들이 계속적으로 발생하면서 많은 사람들에게서 가족에 대한 위기의식이 두드러지게 나타나고 있다. 이러한 가족의 급격한 변화는 올바른 인간화 과정에 혼란을 가중시켰으며, 전통사회와는 질적으로 다른 가족 간의 긴장과 갈등을 야기하였고, 세대 간의 갈등을 한층 심화시켜 급기야는 가족해체화 시대에 접어들었다. 이로 인하여 가족공동체의 붕괴와 극단적인 개인주의, 인간의 소외와 비인간화의 상황 속에서 상처 입은 수많은 영혼들이 날로 늘어가고 있다. 더욱 심각한 것은 이러한 가족의 위기는 일반 사회적인 현상일 뿐만 아니라 교회 내적인 현상이기도 하다는 점이다. 그 결과 하나님과의 언약의 공동체이며, 하나님의 진리를 가르치는 양육의 공동체이어야 할 경건한 크리스천의 가정들이 점점 사라지고 있다. 따라서 크리스천들의 가족문제에 대해 체계적으로 상담할 수 있는 교회 차원에서의 새로운 이해와 그에 대한 적절한 대책수립은 심각한 현실적 요구이다. 이러한 요구에 부응하여 한국교회에서는 가족문제와 관련한 목회자 및 평신도전문사역자를 대상으로 하는 각종 세미나와 훈련 프로그램이 개최되고, 가족상담에 관련된 연구가 진행되었으며, 최근에 이르러 가정 사역과 내적 치유 사역의 흐름이 형성되면서 교회 사역 분야에 있어서 가족의 치유적 기능이 부각되기에 이르렀다.[5] 그러나 현대 가족문제의 심각성에 비하면 그에 대한 교회의 대응은 아직 미흡하다. 한국교회는 곳곳마다 상한 영혼의 탄식소리가 들려오는 현실 속에서 가족의 심각한 문제

5) 대표적인 예로서는 1991~1993년에 기독교 부부 및 가족상담연구회(가칭)의 주최로 개최된 세미나이다. 여기에는 상담학을 가르치는 교수들이 주축이 되어 심리학, 사회복지학, 교육학, 목회상담학적 입장에서 가족문제를 접근하기 시작했다.

들을 직시하고 그리스도의 심장으로 그들을 돌아보며 섬길 수 있는 목회자와 전문사역자들의 의식전환과 그에 따르는 목회적 차원의 대안을 수립해야만 하는 절박한 현실적 요구를 신속히 받아들여야 할 시점에 이르렀다.

최근에 이르러 기독교 안팎에서 많은 관심이 집중되고 있는 6가지 가족치료 모델(구조적 가족치료, 보웬의 가족치료, 전략적 가족치료, 경험적 가족치료, 해결 중심 가족치료, 내러티브 가족치료)의 이론들을 '가족의 속성과 기능, 그리고 가족 체계는 모두 상호연관적이며 상호의존적인 다양한 과정으로 연결된 구조로 보아야 한다'는 통합적 관점에서 정립하여, 현시대 목회사역의 중요한 문제로 부각되고 있는 가족문제와 관련하여 크리스천가족상담의 적용 가능성을 모색하려고 한다. 가족치료란 개인을 대상으로 하기보다는 가족을 하나의 체계로 보고 가족체계(family system)에 초점을 두고 이루어지는 치료의 형태라고 할 수 있다. 따라서 가족치료는 체계이론에 입각하여 가족을 하나의 체계로 다루며 가족체계 내의 상호작용을 개선하는 데 목적이 있다. 그리고 가족원(가족구성원)이 경험하는 생활상의 어려움을 그 개인만의 문제로 보지 않고 개인을 둘러싼 가족이라는 맥락 속에서 체계 내외의 상호작용과 가족이 갖는 강점을 이해하려고 시도한다. 그 이유는 "가족의 변화는 곧 각 구성원들의 삶의 변화이다. 가족치료는 단순히 맥락 내의 한 개인을 변화시키는 것이 아니다. 가족치료는 전체 가족의 변화에 영향을 끼친다. 따라서 가족치료를 통해 변화가 지속되는 것은 각 구성원들이 변화하고 또 서로에게 동시에 영향을 끼치기 때문이다."[6] 물론 가족치료 이론도 일반상담이론이 가지는 한계와 문제점을 공히 가지고 있다. 하지만 그것은 기독교 세계관적 입장에서 통전적 이해를 통하여 적절한 선택적 통합의 견지에서 접근하여 유익한 이론들을 활용한다면 크리스천가족상담의 내용과 형식을 더욱 풍성하게 할 수 있을 것이다. 나아가서 가족치료 이론을 활용하여 신앙에 근거한 성경적 사고로 사고의 방향을 전환하도록 이끌어 가므로 크리스천가족상담의 훌륭한 치료적 분위를 제공하여 유연하고 생산적인 치료 이론적 근거를 마련하는 데 크게 기여하게 될 것이다.[7] 이러한 가족치료 이론은 이전의 개인 중심적인 상담이론과 비교할 때 그 접근방식부터가 새로운 것이기 때문에 현실적으로 교회와 목회자의 목회 사역에 도입된다면 그것은 크리스천가족상담에 있어서 하나의 새로운 패러다임(paradigm)이 될 것이다. 따라서 일반 심리학적 가족치료 이론들이 가족원들의 인간본성을 어떻게 가정하고, 어떤 관점에서 성격이론을 세우고 있는가를 기독교 세계관적 관점에서 분석할 필요가 있다. 그러나 그 차이점만을 강조하기보다는 현재 활용하고 있는 가족상담이론을 어떻게 하면 기독교적 맥락에 접목시킬 수 있는가에 더 많은 에너지를 쏟아야 할 것이다. 그리하여 하나님이 세우신 가정들이 건강한 기능과 사명을 다하도록 돕는 데 필요한 크리스천가족상담의 이론적 기초를 놓으려는 것이 본 연구의 목적이기도 하다.

---

6) Michael P. Nichols & Richard C. Schwartz, *The Essentials of Family Therapy*; 김영애 외, 『가족치료』 (서울: 시그마프레스, 2005), 6.

7) 심수명, 『인격 치료: 기독교 상담과 인지치료의 통합적 접근』 (서울: 학지사, 2004), 49.

가족치료 이론의 발달

초기 가족치료는 20세기 전반기에 정신의학에서 점차 가족의 중요성을 인식하면서 태동되었다. 1938년 정신분석학자 애커먼(Ackerman)은 '가족은 하나의 통합된 조직'으로 본다는 입장을 발표하였다. 1949년 영국에서 볼비(J. Bowlby)에 의해 가족상담의 중요성이 강조하며 「가족 내의 집단적 긴장의 해소(The Study and Reduction of Group Tension in the Family)」라는 논문을 통해 초기 가족치료 발달에 큰 영향을 미쳤다.[8)]

1968년에 비엔나에서 생물학자인 루드윅 베르탈란피(Ludwig von Bertalanffy)가 출판한 『일반체계이론(General System Theory)』, 수학자인 노버트 위너(Norbert Wiener)가 하버드대학에서 창안한 사이버네틱(Cybernetic)이론, 그리고 캘리포니아에서 인류학자였던 그레고리 베이트슨(Gregory Bateson)팀의 의사소통 이론, 칠레의 신경생물학자인 마투란나(Maturana), 바레라(Varela)의 인식론과 미국의 사회심리학자인 케네스 저겐(Kenneth Gergen)의 사회구성주의 이론들을 발전시킴으로써 현재의 가족치료 이론의 초석을 이루게 된 것이다.[9)]

가족치료의 직접적인 연구 배경으로는 1950년대 초에 2차 세계대전 후 전쟁의 후유증으로 가족들은 급작스러운 변화에 재적응이 어려웠고, 정신적인 충격과 어려움으로 정신과를 찾는 환자들도 증가하자 정신과에서 지배적이었던 개인치료나 정신분석적 접근으로는 증가하는 환자들을 수용하기에는 한계가 있었다. 따라서 다양한 방법의 정신 치료적 접근을 시도하기 시작했고, 비용과 시간 면에서

8) 이영분 외 5인 공역, 『가족치료: 모델과 사례』 (서울: 학지사, 2008), 45~46.
9) 김혜숙, 『가족치료 이론과 기법』 (서울: 학지사, 2003), 27.

효과적 가족치료나 집단치료들이 서서히 등장하게 되었다.

1960년대부터 북미유럽을 중심으로 산업화에 가속도가 붙어 산업사회가 갖고 있는 문제점들이 서서히 나타나기 시작했다. 가족들의 역할이나 기능이 사회의 변화와 함께 맞물려 시대의 변화에 대처하지 못하는 가족들은 더 많은 문제로 갈등을 일으킬 수밖에 없었다. 부모들의 경제 참여로 자녀들의 소외와 박탈감, 청소년 비행, 이혼의 증가, 부부문제, 노인문제 등은 사회의 변화와 함께 더 급증하기 시작하였다. 이 시점에서부터 이혼의 증가, 결혼 전의 자녀 출생, 결혼 전의 동거형태, 혼합 가정의 형태, 재혼 후 다시 이혼 등의 다양한 가족구조들이 나타난다. 따라서 자연과학자들, 사회과학자들, 특히 임상전문가, 심리학자, 사회복지학자, 인류학자, 언어학자들은 인간문제를 이해하는 데 새로운 시각과 패러다임을 형성하기 시작했다. 인간의 문제를 기계론적이고 환원주의적인, 개인주의적이고 전통적인 접근법을 넘어서 생태계적인 세계관으로 인간 문제를 다루는 데 가족사회체계에 새로운 패러다임이 문을 열기 시작했다.

마침내 가족치료 이론에 씨를 뿌리게 한 사이버네틱스 이론은 다양한 학문 분야의 이론가로 수학자인 위너(N. Wiener)·노이만(J, von Neumann)·피츠(W. Pitts), 내과 의사인 비게로우(J. Bigelow), 생리학자인 맥쿨론(W. McCullon)과 노(L. de No), 심리학자인 레윈(K. Lewin), 인류학자인 베이트슨(G. Bateson)과 미드(M. Mead), 경제학자인 모르겐스템(Morgenstem) 등이 있다. 초기의 가족치료 선구자들은 대부분 프로이트의 정신분석 훈련을 받았던 정신과 의사들로 애커먼(N. W. Ackerman), 리츠(T. Lidz), 윈(L. C. Wynn), 보웬(M. Bowen),

미뉴친(S. Minuchin), 보스조멘이 네이지(I. Boszormenyi-Nagy), 위태커(C. Whitaker), 잭슨(D. Jackson), 파라조리(M. Slvini Palazzoli) 등은 치료과정에서 내담자의 정신분석과 정신역동 과정만으로는 치료의 한계성을 느끼고 체계론적인 이론들을 접목시켜 가족의 역동과 구조, 체계를 통하여 개인의 증상과 해결점을 찾으려는 시도에서 비롯되었다.10)

프롬 리치맨(Frida Fromm-Richmann)은 가족치료 이론에 기초를 제공하는 '정신분열증 어머니(Schizophrenogenic mother)'라는 개념을 발표하여 정신분열증을 모자관계에서 오는 맥락에서 치료를 처음으로 시도하였다. 리츠(Theodore Lidz)는 「분열된 부부관계(Marital schism)」라는 개념을 발표하여 부부는 서로를 비난하고 억압하고 상대방의 자존심을 상하게 하며 부모로서의 지위를 손상시키며 각자의 욕구와 목적만을 채우기 위하여 수단과 방법을 가리지 않으며 자녀를 이용하여 자신의 욕구를 충족하려는 경향도 나타난다고 주장했다.

라이먼 윈(Lyman Wynne, 1958)과 그 동료들도 정신분열증 환자들을 연구에서 '가짜친밀성(Pseudo-mutuality)'과 '가짜 적대성(Pseudo-hostility)' 그리고 '고무 울타리(Rubber fence)'라는 개념을 정신분열증 가족에서 발견하였다. 애커먼(Nathan Ackerman)은 소아정신과 의사로 임상세계에서 개인의 정신내적 치료접근과 체계론적인 치료접근에 기초적인 다리를 제공한 사람으로 가족치료로 전향한 인물이다. 그의 1737년 출판된 박사논문인 「사회와 정서적 단위로서의 가족」은 가

10) 김혜숙, 30~31, 39~40.

족치료 분야의 최초의 출판물로 인정을 받고 있으며, 가족치료의 대부로 불리기도 한다. 인류학자며 민속학자인 그레고리 베이트슨(Gregory Bateson)의 연구는 '이중구속이론(Double-bind-Theory)'의 가설을 발표하여 정신분열증이 종전의 생리적 생물학적인 접근에서 벗어난 가족의 상호작용의 결과라는 아주 획기적인 사건이며 도전이 되었다.

칼 위태커(Carl Whitaker)는 가족치료 선구자로 초기에는 스트레스가 가족의 변화를 위해서는 필수적이라고 생각하고 가족을 자극하고 직면시켜서 긴장을 고조시켰다. 정신분열증 환자 가족들을 치료하면서 가족의 역할과 관계성을 중시하는 그는 상징적 경험적 가족치료자로 잘 알려져 있다. 이반 보스조멘이 네에지(Ivan Boszor menyi-Nagy, 1981)는 1973년 '보이지 않는 충성심(Invisible Loyalties)'이란 다세대를 통한 정신역동적 가족치료로 그의 이론에 의하면 가족들은 신뢰감과 충성심에 의하여 세대에서 세대로 전달되며 가족의 역기능적인 '보이지 않은 충성심'도 의식적이지 않은 상태에서 세대에서 세대로 전달된다고 주장한다.[11)]

최근의 가족치료의 연구의 방향은 가족치료의 패러다임 변화로 말미암아 사이버네딕스에서 '구성주의'로 전환되고 있다. 가족치료에 있어 이러한 새로운 관점에는 사회과학과 생물학 등 다양한 학문에 걸쳐 발달된 개념이 영향을 많이 주었다. 대표적인 이론으로는 의사소통이론으로 의사소통을 사람들 간의 상호작용을 통해 지속적으로 현실을 구성하는 것으로 정의하였다. '의미의 통합된 관리

---

11) 김혜숙, 41~47.

(coordinated management of meaning)'라는 개념은 의사소통의 6요소를 설명하는데, 이는 ① 내용, ② 스피치 행동, ③ 스피치 사건, ④ 관계, ⑤ 인생 이야기, ⑥ 문화적 패턴을 포함한다. 개인이 부여하는 의미는 맥락 가운데서 찾아지며, 맥락 자체도 반영적으로 조직화된 것을 의미한다. 현실이 사회적 상호작용에 의해 구성된다면, 그리고 의사소통에서 생긴 의미가 한 맥락에 의존한다면, 가족은 외적인 맥락 내에서 자신의 내적인 의사소통을 통해 그들 자신만의 의미 있는 현실을 만들어 내고 유지해야 한다는 견해이다.[12)]

한국에서의 가족치료에 대한 관심은 산업화 및 핵가족화의 사회변동에 수반하여 1960년대부터 시작되었다. 1973년 이화여대대학원에 가족치료 과목이 개설되었다. 1980년대에 가족치료에 관한 번역서, 학위논문, 저서, 사례집 그리고 관련 논문들이 출간되기 시작했다. 1980년대를 전후하여 가족치료 워크숍이 활발히 진행되었을 뿐 아니라 부분적으로 제도적 발달이 시작되었다. 1990년대 초반에 가족치료연구회 등은 미국 하네만대학의 해리 아폰테(Harry Aponte) 교수를 초빙하여 3년에 걸쳐 여러 전문직과 공동으로 가족치료 워크숍을 개최하여 우리나라 가족치료 발달에 초석을 놓는 계기를 마련하였다. 한국에서의 가족치료가 일반에게 널리 알려지게 된 것은 1977년 버지니아 사티어(V. Satir)의 저서 『합동가족치료: 이론과 기법(Conjoint Family Therapy: A Guide to Theory and Technique)』이 번역・출간(김만두 역, 1977)되면서부터였다. 1980년대는 가족치료에 관련 석사학위 논문이 다량 배출되는 등 가족치료에 대한 관심이 팽

12) 이영분 외, 『가족치료: 모델과 사례』 (서울: 학지사, 2008), 53~54.

창했던 시기였다. 1985년 이래 밀워키 단기가족치료소(Milwaukee Brief Family Therapy Center)의 김인수, 프세이저 소장 부부의 다양한 워크숍의 주최로 한국에 가족치료를 알리고 훈련시키는 데 크게 기여했다. 1988년 가족치료학회의 창립 이후 다학제 간 가족치료전문가들이 활동하기 시작하여 임상적인 발전과 자격제도 마련 등 가족치료전문가를 배출하였다. 현재는 가족치료자 1급과 2급, 슈퍼바이저로 구분하여 전문가가 배출되고 있다.

가족치료 운동을 기구별로 보면 1984~1987년 이명홍 교수 중심의 가족치료연구회, 1988년 학제 간 공동의 노력으로 설립된 한국가족치료학회, 1992년 임종렬 교수 중심의 한국가족치료연구소, 1993년 김종옥 교수 중심의 가족치료연구소, 1994년 엄예선 교수 중심의 한국가족치료사회사업연구회, 이영분 교수와 송성자 교수 중심의 단기가족치료연구소, 권진숙 교수와 김정진 교수 중심의 나우리정신건강센터 등의 활동을 꼽을 수 있다. 또한 최근에는 기독교 계열에서는 장로회신학대학교 다원화목회연구원에서 가족치료를 주제로 세미나가 시작되었으며, 행복발전소 & HiFamily(송길원 교수), 가정관계연구소(정동섭 교수), 두란노서원 가정사역학교(하용조 목사), 크리스천치유상담연구원(정태기 교수), 한국목회상담협회(권명수 교수), 한국기독교상담 및 심리치료학회(정석환 교수), 한국복음주의기독교상담학회(안경승 교수), 그리고 사단법인 다세움(원장 심수명)을 중심으로 이루어지고 있는 사역들은 많은 교회와 성도들의 호응을 얻고 있다.

본서에 기록된 체계론적 이론, 가족치료, 그리고 가족상담이라는

3가지 용어를 간략하게 쉽게 정의하면 다음과 같은 의미로 요약할 수 있다.

① 체계론적 이론(systemic theory)

가족치료 초기에 개인 문제를 보다 효과적으로 접근하기 위한 방안으로 가족개입의 필요성에 관심을 갖게 되었다. 그리하여 점차로 개인의 내면적, 심리정서적 측면에 초점을 두었던 것에서 벗어나 개인과 가족의 관계 속에서 문제를 관찰하고, 가족을 치료 단위로 보고 치료적 접근을 하게 되면서 가족을 하나의 체계로 개념화하게 되었다. 체계론적 개념화는 1970년대 이후 가족치료 이론의 가장 기초적이며 중요한 개념이 되었고, 많은 가족치료 이론과 모델 형성에 지대한 영향을 끼치게 되었다.[13] 가족치료에서 사용하는 체계이론(systems theory)이란 실체에서 상호작용하는 일련의 관련된 요소에 대한 연구를 가리키는 일반적 용어이며, 일반체계이론과 사이버네틱스를 포함한다. 일반체계이론(general systems theory)이란 베르탈란피(Ludwig von Bertalanffy)에 의해 발달된 이론으로, 환경으로부터 지속적인 입력과 출력을 통해 자신을 유지해 나가는 살아있는 체계에 대한 생물학적 모델을 가리키며, 사이버네틱스(cybernetics)는 체계 내의 통제과정에 대한 연구 특히 폐쇄체계 내에서의 정보 흐름을 분석하는 것을 의미한다.[14]

13) 송성자, 「체계론적 가족치료의 기법」, 『기독교 가족상담 II』 (서울: 장로교출판사, 1994), 145~46.
14) Michael P. Nichols, Richard C. Schwartz, 『가족치료』, 김영애 외 4인 공역 (서울: 시그마프레스, 2003), 104~05.

② 가족치료(family therapy)

가족치료가 무엇인가에 대한 보편적인 하나의 정의는 아직 존재하지 않는다. 이는 구체적인 방법이나 기술에 대해서도 마찬가지이다. 그 주요한 원인으로는 먼저 아직도 '가족치료'가 이론적으로나 실천적으로 발달과정에 있기 때문이라고 할 수 있지만 다른 한편으로는 가족치료가 어떤 특정한 전문분야만의 전문적 활동으로 한정되어 있지 않고 분야마다 그 분야의 특성 안에서 가족치료를 응용하고 있기 때문이다. 가족치료는 정신의학, 심리학, 그리고 사회사업에서 각기 접근을 하고 있고, 아동・청소년・노인・부부간 의 상담을 포함한 폭넓은 것이다. 그러나 이러한 유사성과 포괄성에도 불구하고, 사회사업 혹은 사회복지학에서 접근하는 가족치료에서 어떤 경향성을 발견할 수 있다. 즉 개개인이 아닌 내포된 가족상황에 대한 관심을 가지고 있으며, 원조를 서비스의 주된 내용으로 하는 전통을 유지하고 있다. 미국정신의학협회(American Psychiatric Association)에서는 가족치료는 가족 중에 한 사람 이상을 한 회기에 동시에 치료하며, 치료는 지시적, 또는 해석적일 수 있으며, 가족 중 한 사람의 정신장애는 다른 가족들에게 있는 장애의 현실일 수 있으며 상호관계와 기능에 영향을 줄 수 있다고 하였다. 이러한 정의는 정신장애라고 하는 비교적 제한된 문제에 초점이 있는 것 같지만 사실상 정신장애가 광범위하게 진단되고 분류되는 만큼 반드시 정신과적 치료를 요하는 사안으로 한정할 필요는 없으며 가족치료의 성격을 잘 드러내는 정의라 할 수 있다.

또한 한국가족치료학회에서는 가족치료는[15] 가족구성원이 보이는 문제행동을 그 개인만의 문제로 보지 않고, 개인을 둘러싼 가족이라는 맥락 속에서 이해하려는 시도이다. 따라서 가족치료자는 문제행동 자체보다는 문제행동을 둘러싼 가족 상호작용에 관심을 가진다. 그러므로 가족치료의 정의는 말 그대로 개인을 둘러싼 환경요소 중에서도 특히 가족을 치료적 매개로 사용하는 기법이다. 가족치료자의 관심은 가족이 몇 명이며, 누구와 사느냐 등의 객관적인 사실이 아니라, 현재 환경의 어떤 관계가 행동표현에 영향을 주는가에 있다. 따라서 모든 치료적 노력은 가족체계 안에 있는 개인을 향한 것이 아니라, 개인과 개인 간의 관계를 지향하게 된다. 그러므로 가족치료자는 이와 같은 대인 관계적 모형으로 문제를 바라보는 것이 무엇보다 중요하며, 이러한 관점은 치료를 용이하게 해 준다.

③ 가족상담(family counseling)

가족상담은 가정의 구성원들(가족) 상호 간의 갈등과 불안의 이유를 분석하여 상호 간의 감정적 욕구를 서로 이해하며, 나아가 가족 내외의 역할관계가 증진되고 파괴적인 요소들을 해소하여 가족정체성과 가치관이 개선되도록 돕는 것이다. 즉, 가족상담은 역기능적인 가정(disfunctional family)의 결핍된 기능을 보완하여 잘 기능하는 가정(well-functional family)으로 회복과 성장 시키는 것이다. 가족상담의 내용은 가족구성원간의 관계 개선과 가족 개인의 문제 해결에 있으며, 이는 가정에 대한 전반적이고 총체적인 상담이라고 할 수 있다. 가족상담(family counseling)과 가족치료(family therapy)의 개념을

15) 한국가족협회(http://www.familytherapy.or.kr).

많은 학자들은 서로 구별할 필요 없이 함께 사용하였다. 차이가 있다면 상담은 교육적 · 가정적 상황에서 이루어지는 반면, 치료는 더 임상적인 느낌을 줄 뿐이다. 왜냐하면 두 이론 모두 프로이트(Sigmund Freud), 로저스(Carl Rogers) 등의 학자로부터 시작했기 때문이다.

즉, 가족상담은 가족문제의 해결방법을 철학이나 교육에 근거한 이론적 방법으로 접근하려는 것이고, 가족치료는 가족문제를 의학적인 이론에 근거하여 해결하려는 것이다. 가족상담이나 가족치료는 모두 역기능적인 가족 체계를 개선시켜서 새로운 형태의 관계를 맺게 하는 데 초점을 맞추고 있으며, 가족 체계를 변화시켜야 개인에게도 변화가 일어날 수 있다고 생각한다. 그러므로 가족치료 이론들과 기법들은 가족상담과 통합하여 사용할 수 있다. 따라서 본서에서는 가족치료와 가족상담의 이론 및 치료기법을 체계론적 통합(systemic integration)의 관점에서 사용하게 될 것이다.

목차 CONTENTS

1부

기독교 가족치료의 이해

1장

가족치료와 기독교적 이해

인류의 보편적 인간관계인 가족은 한 개인을 이해할 때 가족과는 분리하여 생각할 수 없을 만큼 밀접하다.[1)] 모든 사람은 가족의 일원으로 태어나 그 속에서 자라면서 성인이 되어 결혼하여 또 다른 가족을 만드는 것이 인류의 가장 자랑스러운 과정이라고 받아들이고 있다. 이러한 점에서 가족원으로 이루어진 가정은 인간의 상호 간의 계약으로 이루어진 사회적인 제도가 아닌 하나님이 창조하신 것으로 신적 기원을 가진 최초의 기관(original divine)이다. 그러므로 크리스천가족은 그리스도 중심의 가정(Christ-centered home)으로 그리스도께서 단순히 보이지 않는 손님이 아니라 살아계신 실체로서 가정 안에 그분을 위한 완전한 공간이 마련되어야 한다. 나아가서 크리스천상담은 하나님의 말씀에 근거하여 전인을 포괄적으로 다루고

1) 가족과 가정은 사회적 단위로 쓰일 때는 같은 뜻으로 쓰인다. 예를 들어 결손가정, 결손가족이라 할 때는 모두 사회적 단위로 같은 의미를 나타낸다. 가정은 가족(가족원)이 생활하는 집을 포함하여 공동체로서의 넓은 의미를 가지고 있다. 그러나 가족도 하나의 집단을 표시할 때는 인적 요소와 물적 요소를 포괄하는 복합개념으로 가정과 상호 호환적으로 쓰이는 경우가 많다. 본서에서는 가족과 가족원이라는 용어로 구별하여 사용하게 될 것이다(유영주・이정연, 『가정학 원론』, 서울: 신광출판사, 1994, 14).

접근하는 그리스도 중심의 상담(Christ-centered counseling)이요, 아가페 상담(Agape counseling)이어야 한다. 따라서 본장에서는 크리스천 세계관적 관점에서의 크리스천가족과 크리스천가족상담에 대한 이해를 얻고자 한다.

1. 기독교 가족의 개념

'그리스도 중심의 가정(Christ-centered home)'의 구성원으로서의 크리스천가족은 하나님의 형상으로 지음 받은 자들로 창조의 면류관이요, 하나님의 선한 청지기들이다. 이런 의미에서 크리스천가족이 가지는 기능과 특징에 대해 살펴보겠다.

일반적으로 '가족'에 대한 웹스터(Webster) 사전의 정의를 살펴보면 첫째는 사람들, 무리 등의 집단을 의미하고, 둘째는 부모와 그들이 양육하는 자녀로 구성되는 사회적 단위를 말한다. 한편 가족들로 구성된 '가정'은 웹스터 사전에 의하면 크게 두 가지 의미로 구분되는데, ① 가족이 있는 장소, 즉 가족이 거주하는 장으로서의 환경의 뜻이고, ② 부모를 중심으로 친자, 친척과의 생활을 함께하는 사회의 기본적 단위집단, 즉 가정생활 단위로서의 사회의 기본적 집단 단위로 정의된다. 또한 가족은 부부관계를 기초로 하여 부모자녀관계, 형제관계 등 소수의 사람이 주요한 관계를 형성하며, 성원들은 서로 깊은 정서적 끈으로 연결된 제1차적인 복지를 추구하는 집단이기도 하다.[2)]

그러나 가족에 대해 크리스천가족상담가들의 정의를 살펴보면 다음과 같다. 에디스 쉐퍼(Edith Schaeffer)는 가족에 대해 말하기를 "가족은 하나님이 세우신 인류 최초의 기관으로 하나님의 창조의 작품이며, 사회의 가장 핵심이 되는 기본 단위이다. 또한 가족은 가족구성원 서로에게 지적으로, 정서적으로, 영적으로, 신체적으로 그리고 심리적으로 영향을 주는 개인들의 집단이다."[3] 또한 찰스 셀(Charles M. Sell)은 가정은 한 인간이 태어나면서부터 죽을 때까지 형성되는 곳으로 인간에게 있어서 가장 행복한 순간과 고통스러운 순간의 직접적인 원인을 제공하게 되며 어떤 관계도 가정만큼 인간에게 많은 영향을 주는 곳은 없다고 가족의 중요성을 말한다.[4]

그러므로 크리스천가족은 하나님의 창조질서에 있어서 가장 기본적인 단위이며 인간 형성이 이루어지는 최초의 중요한 교육의 장이다. 인간은 누구나 가정이라는 장소를 통해서 삶의 과정에 필요한 기초적인 행동양식을 배우고 인격을 형성해 간다. 특히 기독교 가정은 가장 기본적인 인격공동체로서 하나님의 뜻과 하나님의 목적에 부합하도록 생활하는 곳이고, 그리스도인의 삶을 안내하고 지도하는 기관이며, 그리스도인이 생활하는 학교이고, 자녀들의 훈련장소이다.[5] 이처럼 가족은 크리스천에게 있어 하나님이 인간에게 주신 귀한 선물이며, 하나님께서 태초에 인간을 만드시면서 동시에 가정을 세우셨다는 것에서 가족은 하나님의 공동체의 일원이기도 하다.

---

2) 김유숙, 『가족상담』 (서울: 학지사, 2008), 16.
3) Edith Schaeffer, 『가정이란 무엇인가?』, 양은순 역 (서울: 생명의말씀사, 1995), 18.
4) Charles M. Sell, 『가정 사역』, 정동섭 역 (서울: 생명의말씀사, 1997), 19.
5) 설은주, 『가정 사역론』 (서울: 예영커뮤니케이션, 1997), 19.

2. 기독교 가족의 기능

일반적으로 가족원의 기능에 대해 고대 사회에서는 인간이 필요로 하는 모든 기능을 수행하였으나, 사회 발전에 따라 그 기능이 많이 줄었다. 대가족 제도가 산업화에 따른 자본주의 경제로 소가족화되었고, 소비생활 중심의 부분적이고 의존적인 기능만 유지하게 되었다. 가족원의 정치적·군사적 기능이 국가가 형성됨에 따라 축소되었고, 기업의 발달로 생산적·경제적 기능이 축소되어 생산자는 임금노동자로 전락하였다. 유아와 노인 그리고 사회보장, 복지제도는 환자에 대한 보호부양 기능을 축소하여 가족원은 사회적 시설에 의존하게 되었다. 또한 교육전담 기관이 발달하고, 각종 사회활동을 위한 조직체가 생김으로써 가족원의 교육적·사회적 기능도 축소되었다. 또한 가족원 단위로 이루어졌던 종교 행사도 교회나 사회 등 종교 단체에 의해서 수동적으로 끌려가게 되었다. 그리고 서비스 산업, 레저 산업의 발달은 휴식 및 위안의 기능마저도 축소시켜 가족원은 위안의 기능도 사회에 이양하게 되었다.

가족의 기능이란, 가족이 수행하는 역할, 행위로 가족 행동을 의미하며, 가족의 기능은 그 가족이 처한 사회의 시대적·문화적 특징과 관계되어, 그 시대나 그 사회, 문화가 개인 및 집단에 요구하는 가치 여하에 의하여 달라질 수 있는 것이다. 현대 가족원은 기능면에서 많은 변화를 가져왔고, 여러 학자들은 각자 다양한 정의를 내리고 있다. 이를 종합하여 가족의 기능을 7가지로 분류할 수 있는데, 첫째는 자녀 출산과 자녀 양육의 기능, 둘째는 정서적 지지 기능, 셋째는 사회화 교육의 기능, 넷째는 성애(性愛)적 기능, 다섯째는 경제적 기능, 여섯째는 사회 안정의 기능, 일곱째는 종교적 기능이다.[6]

그러나 크리스천가족의 기능은 우리의 가족들도 이 사회의 일원으로서 동일한 기능을 가진다고 하겠으나 하나님의 은혜로 회복된 크리스천의 가족의 기능은 더 나아가 하나님을 예배하는 작은 교회의 기능, 하나님을 말씀을 가르치는 교육의 장, 하나님과 가족과 이웃을 섬기는 코이노니아의 장으로서의 하나님이 주신 거룩한 공동체적 기능을 수행하는 장이기도 하다. 다시 말하면 예배적 기능, 교육적 기능, 안위적 기능, 보존적 기능 등이다. 그러므로 '크리스천 가정'이라는 용어에는 자연적 · 심리적 · 사회적인 용어의 뜻을 초월해서 그 가정을 창조하시고 거기에 의미를 부여하신 하나님의 목적과 뜻을 이루는 거룩한 공동체라고 할 수 있다.[7]

3. 기독교 가족의 특성

가정은 하나님의 창조적 질서(the divine order of creation)에 속한 것으로 기독교 가족이든, 그렇지 않든 이 사회의 일원으로서 일반적인 특징을 지니는데 가족의 구조, 기능, 관계적 차원을 중심으로 가족의 특징을 가진다고 하겠다. 먼저 구조적인 차원에서 가족은 결혼, 혈연, 입양에 의해 맺어진 친밀한 관계로 그 관계는 법적으로 보호를 받으며 영속적이다. 또한 가족은 유대, 경제적 협조, 부부간의

6) 설은주, 『가정 사역론』, 103~06.
7) 방현덕, 『기독교 가정 교육론』(서울: 바울서신사, 1985), 17.

성적 욕구충족, 정서적 상호협조 등으로 통합되어 있으며, 성별, 연령에 따라 각 구성원의 지위와 위치가 배정되고, 그것에 따라 역할이 배분된다. 기능적 차원에서 가족은 공동생활체로서 집, 가풍, 조상, 가문 등을 포함하는 넓은 의미의 개념을 갖고 있는 문화집단이고, 대를 이어 문화를 전수한다. 또한 개인생활의 기본적인 욕구인 영양, 휴식, 애정, 안정감, 자기해방 등의 욕구가 충족되고, 가족은 자녀에게 인격형성과 사회화 교육을 시켜주는 훈련장이며, 사회와 교량역할을 해주는 사회집단이다. 가족관계, 상호작용적인 차원에서 가족은 자연발생적인 혈연관계를 중심으로 하는 소집단으로서 가족성원들의 선택이나 이탈이 자유롭지 못하다.

가출, 별거, 이혼, 사망 등 혈연관계는 단절할 수 없으므로 완전히 인연을 끊을 수는 없다. 따라서 가족관계는 비교적 고정된 조직체이며, 장기적 혹은 영구적으로 지속되는 소집단이다. 가족 내의 인간관계는 비타산적인 감정이 지배적이고, 무조건적이고 비합리적인 성향을 가지고 있다. 또한 가족들은 각 사회, 문화, 시간, 지역, 경제조건, 가족생활주기, 개인의 인생주기 등에 따라 가족관계가 다르며, 가족관계는 계속해서 발전하고 변화해 간다.[8)]

인류의 생존사(生存史)만큼이나 긴 역사를 가지고 있는 우리의 생활의 기초로서 존속하여 온 원초적 제도(primary institution)라는 점에서 특히 가족의 관계적 차원에서 가족을 바라보는 것은 보다 깊은 수준에서 가족의 특징을 이해하고 가족의 역동성을 이해하는 데 도움이 된다. 가족의 관계차원을 중심으로 하여, 이를 통해 어려운 가

8) 송성자, 『가족과 가족치료』 (서울: 법문사, 1997), 4~6.

족에게 접근하는 것이 바로 가족치료이다. 이처럼 가족은 서로 관계하면서 끊임없이 살아가는 유기체인데 이러한 관점에서 가족의 본질에 대해 "가족이란 신체적 · 심리적 공간을 차지하는 개인들의 집합체이며, 하나의 자연적인 사회체계이고, 이러한 가족체계는 고유한 특성과 성장주기와 일련의 가족규칙과 가족 고유의 역할 기능과 가족 특유의 의사거래 유형을 가지고 고유한 문제해결을 발달시켜 나가는 살아있는 유기체"라고 할 수 있다.[9] 따라서 가족이란 물리적 · 심리적, 더 나아가 영적인 공간을 함께하는 개인들의 집합체 이상의 그 무엇이며, 가족마다 고유한 특성을 지니고 있으며, 나름대로의 규칙, 역할, 세력, 구조, 의사소통의 유형 등을 가지고, 이를 발전시켜 온 하나의 체계라고 말할 수 있는 것이다. 이렇게 가족을 하나의 살아있는 영적 유기체로 보고 사회적 체계로 인식하는 관점은 가족에 대한 크리스천가족치료의 기본적 관점이기도 하다.

4. 기독교 가족에 대한 성경적 이해

하나님께서 창조하신 가정은 신적 기원을 가진 최초의 기관(original divine)이다. 따라서 가정은 하나님의 창조의 질서에 의해 다스려지고 있는 모든 사회 질서의 원형으로 제정하신 것이다. 그러므로 가정의 본래의 가능과 목적을 알기 위해서는 무엇보다 성경으로 돌아가야 한다. 이제 성경에 나타난 크리스천가족에 대해 살펴보겠다.

---

9) 장혁표 외 13인 공저, 『현대상담 심리치료의 이론과 실제』 (서울: 중앙적성출판사, 1995), 617.

구약의 가족 이해

구약에서 가족의 개념을 나타내는 용어 가운데 가장 보편적으로 사용되는 단어는 문자적의미로 '집'이라는 뜻의 히브리어 'תיב(빠이트)'와 '씨족' 또는 '가족'을 의미하는 'החפשמ(미쉐파하)'가 사용되고 있다. 가장 보편적으로 사용된 'תיב(빠이트)'는 신약에서는 가족이라는 뜻의 헬라어 'οἰκία(오이키아)'와 친척이라는 뜻의 'οἰκίακος(오이키아코스)' 등과 연관된 단어이다. 구약의 'החפשמ(미쉐파하)'는 신약의 'πατρία(파트리아)'와 같은 뜻으로 '씨족', '가족', '친족'이라는 뜻이다.[10]

가정이란 사회적 공동체의 최소 단위로 기본적으로는 혈연을 통해 묶인 공동체를 의미한다. 구약에는 이러한 가정의 개념이 다양하게 나타난다. 넓게는 이스라엘의 '지파' 또는 '부족', 그리고 '대가족'을 의미한다. 예를 들면, 여호수아 7장 16~18절에서는 이스라엘 백성들이 개인에서부터 가족, 족속, 그리고 지파로 구성되어 있음을 보여준다(삼상 9:21; 삼상 10:20, 21; 삿 6:15). 이를 좀 더 구체적으로 살펴보면, 지파란 이스라엘의 사회적이고 지역적인 조직의 기본 단위로 야곱의 12아들과 요셉의 아들인 므낫세와 에브라임의 이름에 의해 나누어진다. 족속(부족)이란 지파에 속한 하위 개념으로 수많은 가족의 연합이라고 할 수 있다. 이스라엘의 족속은 그들에게 속한 땅을 보존하기 위하여 보통 동족, 결혼을 통해 그 구조를 이루었다. 따라서 족속이란 친족을 확인할 수 있는 기초 단위를 의미한다. 가족이란 족속의 하위 개념으로서 문자적으로 이해한다면 아버지의

10) 기독교 대백과사전 1권 (서울: 기독교문사, 1980), 149.

집이라는 뜻이다. 아버지라는 가장 밑에서 보호와 책임, 그리고 서로 자기 정체성을 확인하며 포용하는 단위를 말한다. 다시 말해 가장과 그 밑에 함께 사는 모든 자손들을 총합해 놓은 단위가 가족이다.

구약의 이스라엘 공동체에 있어서 가정의 중요성은 모세의 십계명 중 3가지의 계명이 가정과 관련되어 있다는 것에서도 드러난다(5계명: 네 부모를 공경하라; 7계명: 간음하지 말라; 10계명: 네 이웃의 것을 탐내지 말라). 구약성경을 통하여 이해되는 가족은 하나님과의 약속 위에 있는 하나님의 기구였다는 것이다. 따라서 가정에 허락된 자녀는 하나님께서 주신 기업이며, 상급으로 믿었으며(시 127:3), 부모는 자녀에게 하나님의 말씀을 부지런히 가르치며 양육해야 할 책임이 주어졌다(신 6:4~9). 그리고 자녀들은 자기 부모를 공경해야 할 의무가 주어졌다(출 20:12). 곧 자녀와 권속에게 '여호와의 공도'를 행하게 하려고 그들을 선택하셨다(창18:19).

기독교적인 의미에 있어서 가족은 그리스도의 몸된 교회라는 신앙공동체가 형성되기 훨씬 이전에 형성된 가장 기본적인 작은 단위의 신앙 공동체(original divine)라 볼 수 있다. 하나님은 친히 가족 안에 거하시고 가족을 통하여 역사하신다는 것을 알 수 있다. 구약성경에서 말하는 가족의 신분과 역할을 통해서 가족의 의미를 살펴보면, 아버지는 권위로 하나님을 공경하며 여호와께 드리는 희생을 드릴 수 있었고(창 22장), 여호와의 공도를 가르치며 사랑의 의무가 있었다(창 11:8, 신 6:1~6; 시 103:13). 그리고 어머니는 자녀를 낳고 가족을 돌보며 사랑하고 존경을 받았다(잠 1:8, 6:20; 겔 22:7; 출 21:15, 17; 레 20:9; 신 21:18). 아들은 신앙의 계대적인 계승을 위하여 가족

공동체의 전통에 따라 주의 깊고 지혜 있게 훈련받아야 했다(신 8:5; 잠 7:27~28, 13:24, 19:18). 딸은 아들과 필적(匹敵)하며, 형제 이름이나 아버지의 이름으로 불리기도 하였다(창 5:4~7, 34:17). 여기서 알 수 있는 구약의 가족은 하나님과의 언약적 공동체로서 하나님의 뜻을 가르치며 실천하고 계승하는 역할을 감당하는 장으로서 예배와 교육과 위로와 보존의 기능을 가지고 있었다는 것이다.[11]

신약의 가족 이해

신약 시대에서는 예수님께서 구약에서 예언하신 대로 성육신하셔서 베들레헴에서 태어나셔서 가족들과 함께 가정생활을 시작하셨다(눅 2:51~52). 주님께서는 결혼 생활에 대한 유대인들의 오해에 대하여 하나님께서 정하신 제정하심을 밝히심으로 그들의 왜곡을 바로잡으셨다(마 19:3~9). 또한 요한복음 2장에서 사도요한은 예수님께서 가나안 혼인잔치에서 물을 포도주로 변화시킨 표적을 예수님께서 행하신 첫 번째 표적이라 하심으로써 새롭게 출발하는 가정의 영적 의미를 나타내셨다. 한편 바울 사도는 그리스도의 교회에 대한 사랑을 그리스도와 교회의 결합이라는 위대한 신비에 근거하여 결혼으로 이루어지는 남녀의 결합의 신비로 설명하기도 하셨다(엡 5:31~33).

또한 신약성경에서는 가족의 개념이 다양하게 폭넓게 점진적으로 확대 적용되고 있음이 나타나고 있다. 특히 마태복음 12:46~50에서 예수님은 그동안 많은 사람들이 가지고 있던 친족적인 관계의 가족

11) 김상복, 「지역교회에서의 가족목회상담」, 박사학위논문, 총신대학교, 2004,17~18.

개념을 넘어 신령한 가족의 차원으로 이끄셨다. 아버지의 뜻대로 하는 자가 자신의 형제이고, 자매며, 모친이라고 말씀하여 새로운 가족이해에 관한 의미를 던져주고 있다. 즉, 신약에 오면 가정은 협의적인 의미를 넘어서 예수 그리스도를 통하여 나타난 하나님의 가족이라는 신앙 공동체로 확대 변모된다. 그러나 이렇게 가족에 대한 새로운 구조를 가진 예수께서도 구약성경을 인용하여 결혼과 가족의 신성함을 창조질서와 연관하여 말하면서 이혼을 금하시기도 하셨다(막 10:5~9). 혼인잔치에 참석하여 기쁨을 나누었으며(요 2:1~11), 당시 사람으로 취급받지 못하던 어린아이를 천국의 표상으로 설교하시고(마 18:3~4) 축복하셨다(마 19:13~15).

더 나아가서 초대교회 시대에서의 가정은 예배와 기도, 그리고 선교를 담당하는 중심 역할을 수행하는 중요한 장소였다. 기독교 첫 공동체는 바로 가정교회라는 형식으로 출발했기 때문이었다. 가정은 곧 하나님의 언약적 사랑을 역사의 현장에서 실현하는 자리로 나아가게 된 것이다. 또한 여러 서신들을 통해 바울은 가족윤리에 대해 가르쳤다. 먼저 하나님 없는 가족은 잘못된 것으로 여기고 가족의 순결을 강조하였으며(살전 4:3~8), 자녀는 주 안에서 자기 부모에게 순종하며 공경할 것과 부모는 자녀를 주의 교양과 훈계로 양육할 것을 당부하였다(엡 6:1~4). 그리고 가족의 중심인 부부관계에 대해서 남편은 아내의 머리이므로 아내는 남편에게 복종할 것과 남편은 아내를 사랑하라고 하였다(엡 5:22~28). 그 밖에 사도행전을 통해 볼 때 대개 교회들은 가정에서 모였을 뿐만 아니라 복음을 받아들여 성도가 될 때에도 가족이 함께 입교한 것을 발견하게 된다. 이와 같이 신약에서의 가정, 그리고 가정의 구성원이 가족은 하나님의 사랑과 질서, 순종과 헌신이라는 크리스천의 삶의 장으로서 그리스도와 교회의 사랑의 관계를 실현하는 장소로 제정된 것이다. 따라서 크리스천 가정은 결코 인본주의적인 집단이 아닌 하나님 나라를 향한 개방성과 그리고 이웃을 향한 연대적 삶 안에서만 참된 가치를 드러낼 수 있다. 이때 비로소 하나님을 경험하는 축복의 장소가 된다.

언약의 공동체로서의 가족원

하나님의 은혜로 회복된 크리스천가족원은 하나님과의 인격적인 교제 안에서, 하나님 나라의 건설을 위하여 작은 교회로서 하나님의 언약 공동체인 것이다. 나아가서 하나님의 가족의 일원으로서 하나님의 영광을 위해 가족공동체를 통하여 모든 인간이 하나님의 형상대로 창조된 의미를 밝히시며 그 가족에게 향한 하나님의 창조활동에 참여할 수 있는 축복을 허락하셨다. 또한 하나님께서 만드신 가족의 목적은 거룩한 공동체로서 하나님의 창조 사업에 참여하게 하는 통로가 되게 하셨다. 칼뱅(Jean Calvin)은 "하나님의 형상은 인간이 하나님의 말씀으로 인한 교통과 점진적인 변화를 통해서 창조된 하나님과의 특별한 관계를 가짐을 강조한다."고 했다. 이 특별한 관계란 하나님과의 교제로서 이는 하나님과의 거룩하며 신성한 연합을 뜻하는 응답, 복종, 서로의 사귐, 적정한 조화라고 했다. 인간은 하나님의 형상 안에만 창조의 질서가 유지되고 인간의 인간됨의 현주소도 망각 않고 탈선도 안하고 가정의 거룩한 목적이 이뤄지는 것이다. 즉, 가정의 가정됨은 하나님과의 올바른 관계를 가장된 하나

님이 그 가정의 중심이 되셔서 가정의 목적을 이루시는 것이다.12)

크리스천가족원은 하나님을 믿는 신앙 가운데 세워지고 기독교 진리 가운데 거하며 또한 기독교 소망 가운데 사는 가정이다. 권위와 정의를 상징하는 아버지와, 사랑과 봉사를 상징하는 어머니가 자녀들을 하나님과의 관계에 있어서 소명의식을 가진 인간으로 성장시키는 곳이다. 게츠(Getz)는 기독교인의 가정을 교회의 축소판이며 비기독교인의 가정을 세상의 축소판이라고 말했다.13)

기독교가정은 교회의 기초이기 때문에 일반 가정과는 달리 모범적인 신앙의 삶을 통해 세상의 죄악을 지적하고, 어둠 속에 있는 사람들에게 복음의 빛을 비출 수 있어야 한다. 또 사회를 위해서 봉사하는 장소가 되어야 한다. 한 가정이 기독교가정으로서 모습을 갖추기 위해서는 예수 그리스도께 헌신하는 두 사람의 부부를 중심으로 하나님의 자녀로서의 부부관계, 자녀관계 등의 가족관계가 충실하여야 한다. 개인의 요구와 가정 전체의 요구가 조화를 이루고 성령 안에서의 삶을 추구하여 자신을 존중할 뿐 아니라 다른 사람들도 존중할 수 있는 자세를 가져야 한다. 동시에 하나님의 사랑을 위한 통로의 역할을 해야 한다. 하나님의 사랑은 자신을 희생하기까지 돌보는 참 사랑을 말한다. 이러한 사랑을 가질 때 가족은 서로를 깊이 신뢰하게 되고 이해하게 되며 감사하게 되어 강한 일체감을 가지고 하나님과 사회 앞에 헌신하며 봉사하는 삶을 살 수 있게 된다. 기독교적인 의미에서 볼 때 가정은 요약해서 하나님을 믿는 사람들의 공동체이다.

---

12) T. F. Torrance, *Calvins Doctrineof man* (London: Lutherworth press, 1952), 29.
13) Gene A. Getz, *The Measure of a Family*, 노희준 역 (서울: 새순출판사, 1987), 29.

그러므로 가정은 언약의 공동체이다(Covenant Community). 성경은 삶 자체를 본질적으로 언약적인 것으로 이해한다. 사실 모든 중요한 인간관계는 언약적인 기본 골격 안에서 형성되어 진다. 월터 브루그만(Walter Brueggemann)은 가정의 언약관계는 본질적으로 절대자와 피조물인 인간 사이에 맺어진 언약관계에 기초한다고 보았다. "나는 너희 중에 행하여 너희 하나님이 되고 너희는 나의 백성이 될 것이니라"(레 26:12, 7:23, 31:33) 창조주 하나님은 모든 우리의 보호자이시며 구속자이시다. 그러므로 그의 백성들은 창조자께서 원하시는 뜻을 반드시 따라야 하며 진실한 사랑과 헌신적인 봉사로 보호자이신 절대자를 충성스럽게 섬겨야 한다. 이러한 역사적・영적・도덕적 언약은 다른 모든 관계에 대한 기본 골격과 배경을 제공해 주는 것이다.

월터 브루그만은 "개인은 가정에 소속되어 살다가 가정을 떠나 새로운 가정을 이루고 살아간다. 그리고 가정은 언약을 맺고, 언약을 유지하고, 언약을 파기하고, 언약을 새롭게 갱신하는 지역 공동체로서 무엇보다도 가장 중요한 요소가 되는 것이다."[14)]

가정을 성경적으로 조명하며 신학적 의미를 부여했던 두 번째 신학자는 호레이스 부시넬(Horace Bushnell)이었다. 부시넬에 있어서 가정은 본질상 언약의 공동체(Covenant Community)였다. 그는 신학적 성경적 이유를 세 가지로 제시하고 있다. 첫째, 하나님께서 아브라함과 맺었던 언약에서 그 근거를 찾는다(창 17:7). 둘째, 유아세례가 갖는 신학적 의미에서 찾는다. 그는 유아세례가 갖는 독특한 의

14) Dannis Orthner, "Toward a Ministry of Families", *A Handbook in Support of Family Life*, Grace Publishing, 1990, 12.

미를 유아세례는 그 자체가 부모의 신앙적 인치심일 뿐 아니라 신앙 양육적(Nurture) 책임의 부과인 셈이다. 유아세례를 받은 자녀들은 이미 하나님과의 언약관계에 초대되었으며 이로써 저들은 영적으로 성장할 가능성을 갖는다. 유아세례는 부모와 자녀 사이를 신앙적인 관계, 깊은 사랑의 관계로 이끄는 근거가 되는 것이다. 셋째, 성령이 임재하시는 사랑의 공동체라는 의미에서 찾는다. 유아세례를 통하여 이 3가지 책임을 수행하는 가정은 그 자체가 '성령이 임재하시는 집이요, 삶의 변화를 경험하게 하는 사랑의 공동체'인 것이다. 부시넬은 이것을 사랑의 유기체(Organ of Love)라 했다. 유아세례를 통한 하나님과의 언약은 가족구성원들의 관계를 보다 구속적(Redemptive)인 것으로 변화시킨다는 것을 의미한다.[15]

그러므로 사랑의 공동체인 가정은 동시에 은총의 매개체(A Means of Grace)가 되는 것이다. 언약의 공동체인 가정은 구속적인 관계를 구조화하는 유기체일 뿐 아니라, 하나님께서 쓰시는 구원의 도구요, 매체가 되는 것이다. 성령께서 역사하시는 가정은 동시에 가정을 통하여 성령께서 역사하는 통로가 되는 것이다. 그러므로 은총의 매개체로서의 가정은 부모의 신앙화뿐 아니라 자녀들의 영적 성장과 경건의 훈련을 위해서 성령께서 친히 일하시는 일터로 이해해야 한다. 밀러(Randolph C. Miller)는 부시넬의 언약의 공동체와 은총의 매개체라는 가정 사상을 "구속적 세포(Redemptive Cell)"라는 용어로 집약하며 설명한다.[16]구속적 세포로서의 가정이란 본래 유기적 통합

15) Horace Bushoell, *Christian Nurture* (New Heaven: Yale University Press, 1960), 123.

16) Randolph C. Miller, *Education for Christian Living* (Englewood Cliffe, NJ: Prentice-Hall, Inc., 1956), 96; Randolph C. Miller, Education for Christian Living (Englewood Cliffe, NJ: Prentice-Hall, Inc., 1956), 96.

(organic Unity)을 의미하는 말이지만, 그것은 강요나 영향력을 의미하기 보다는 오히려 "어린이들이 마음껏 숨 쉴 수 있는 분위기"를 의미한다. 그리고 구속적 세포로서의 가정은 용서와 화해의 구체적인 행위들을 통하여, 파괴되어 온 관계들이 치유되는 교제가 상호 경험되는 자리로서 이해한다. 바로 여기서 복음이 새롭게 경험되고 또 가정을 통하여 재현된다. 가정은 결국 하나님의 창조의 질서요, 언약의 공동체이며, 구원과 사랑을 경험하는 가장 소중한 원초적 기독교 신앙 공동체인 것이다.

한걸음 더 나아가서 가정은 하나님께서 그의 자녀들을 교육하시는 공동체 학교이다(Divine Pedagogy, School of Community). 가정은 창조의 질서요, 은총의 매개체일 뿐 아니라 하나님께서 그의 자녀들을 교육하시는 교육의 장(場)이요, 공동체 학교(School of Community)이다. 그것은 특히 하나님의 진리를 교육하는 진리의 장(場)인 셈이다. 키어런 스콧(Kieran Scott)은 가정을 '종교적인 교육의 단위(Religious Education Unit)'로 규정하는 새로운 관점에서 출발한다고 했다. 그는 가정이야말로 아름다운 "모든 덕이 양육되고 있는 온상(Nursery of virtue)"이라는 낭만주의자들의 견해를 배격한다. 뿐만 아니라 오늘날의 가정이 피상적으로 아름다워 보인다 할지라도 사실은 인간의 가능성과 자유를 저해하는 '파괴집단'이라 혹평하는 비관주의자들의 견해도 배격한다. 그는 오히려 가정을 '종교적 교육의 단위(Religious Education Unit)'라 주장한다. 그는 가정 속에 깊은 내적 가능성과 신비로운 능력이 내재해 있다고 본다. 그것이 곧 '양육의 공동체(Nurturing Community)'로서 갖는 가정의 기능인 것이다.[17)]

그러므로 기독교가정은 자연법이 아닌 하나님의 언약에 근거하여 세우신 공동체이다. 이를 가르치는 책임이 교회에 있는 것이다.[18] 기독교가정은 세상에서 '제자의 직분'을 수행하려는 사명감이 있다. 기독교가정은 '하나님의 나라'로서 작은 단위이다. 제자의 직분을 수행하기 위하여 기독교가정은 이 세상에서 작은 교회가 되도록 힘써야 한다. 하나님께 책임적으로 응답하는 청지기직 수행의 공동체다.[19] 찰스 M. 셀은 성경은 교회의 조직보다 우선한 것이 가정이라고 이야기하고 있다. 가정은 천지창조의 한 중요한 부분이었다(창 1:27~28). 때문에 교회는 각 가정이 모여 성립이 된다.[20] 교회와 국가는 가정이 타락하고 파괴된 결과로 이를 회복시키기 위해서 하나님이 세우신 기관이었다.

가정은 삶, 가치, 초월자와의 만남을 경험하는 진정한 삶의 현장이요, 성전이요, 신령한 학교다. 가정의 양육적 공동체의 의미를 가정 종교교육론으로 실험 발전시킨 사람은 마거릿 사윈(Margaret Sawin)이다. 사윈의 실험과 그 결과로 제시된 대안은 '교육적 모델(Educational Model)'이라 불리는 '치유적 모형'이다. 이를 일명 '예방적 모델'이라 한다.[21] 교육적 모델은 가정의 문제나 병리적 현실을 은폐시키지 않는다. 가족구성원 한 사람 한 사람의 삶을 있는 그대로 수용하는 데서 출발한다. 그리고 모든 사람들이 거치는 성장 단

---

17) Kieran Scott, *The Family, Feminism & Religious Education* (Religious Education, 1980), 329.

18) Leon Smith, Edwad D. Steples, *Family Ministry through the church* (Tennessee: Nashville Pres., 1967), 21-29.

19) Oscar E. Feuht, "The Christian Home", *The Family that make it* (Wheation, IL: Victor Books a division of SPP. Publications Inc., 1974), 23~26.

20) Charles M. Sell, *Family Ministry*, 양은순・송현복 공역 (서울: 생명의 말씀사, 1990), 192.

21) Margaret Sawin, *Family Enrichment-the Challenge which unites Us* (Religious Education, May/ June, 1980), 344.

계를 주시한다. 거기서 성취되는 것과 파생되는 문제들을 보다 높은 성장에 이르는 필수적인 과정으로 용납한다. 바로 이런 자세와 분위기 속에서 교육적 모델은 생성된다. 이것은 위기가 오기 전, 통제할 수 없는 한계에 이르기 전, 위기를 창조적으로 승화하는 능력을 키워가는 모델이다. 이와 같은 교육적 모델에 서 있는 가정은 문제가 노출되고 위기 앞에 선다 할지라도 깊은 관심들을 솔직히 나누고, 대화하고, 또 서로 배우고 격려함으로써 모든 위기를 돌파한다. 그러므로 이는 가장 능력 있는 '창조적 모델'이라 할 수 있다.[22] 따라서 이러한 견해들로 인하여 개인 상담에서 나아가 가족상담에 관심을 돌리는 계기가 되기도 하였다.

5. 아가페(Agape) 상담으로서의 기독교 가족상담

가정은 하나님과의 만남을 경험하는 진정한 삶의 현장이요, 최초의 성전이요, 신령한 하나님의 학교다. 이러한 '예방적 모델' 또는 '교육적 모델'로서의 가정은 가족원의 어떠한 문제나 병리적 현실을 은폐시키지 않는다. 가족구성원 한 사람 한 사람의 위기를 창조적으로 승화하는 능력을 키워가는 모델이다. 이와 같은 모델로서의 가정은 아가페(Agape)의 사랑의 장이다. 또한 예수 그리스도 안에서 하나님의 가족으로 부름 받은 크리스천가족원을 대상으로 이루어지는 크리스천가족상담은 하나님과의 사랑의 관계 속에서 성령의 인도하

---

22) 김길자, 『성경적 가정』 (서울: 새한기획출판사, 1992), 59.

심을 따라 이웃인 내담자를 자신의 몸과 같이 사랑하는 아가페 사랑을 상담의 기본요소로 삼는 상담이어야 한다.

아가페 상담의 개념

일반적으로 가족치료에서는 가족치료자들이 그들의 치료 작업을 개인 심리치료나 상담과는 구분하여 임상실제에 대한 광범위하고 다양한 이론적 모델을 발전시키면서, 서로 다른 전문직의 가족상담가들이 가족의 욕구와 상담이 실행되고 있는 자체기관의 구조와 기능에 연관되어 상담방법을 발전시켜 왔다. 가족상담이란 가족의 역기능적 영역에 계획적인 개입을 하는 하나의 과정이기도 하다. 그러므로 가족상담은 한 단위로서의 가족에게 상담의 초점을 두고 계획적인 개입을 가족의 역기능적 영역에 시도하는 하나의 복잡하고 역동적인 상담과정이라고 할 수 있다. 이런 의미에서 가족상담에서는 종래의 개별상담보다 적극적이고 전인적인 대인관계가 중시되어 가족구성원 간의 심리적, 사회적 및 문화인류학적 가족관계를 통한 상담적 활동이 중시되어야 한다. 이점에서 인간관계, 양친과의 관계, 태도, 가족구성원 간의 역동적 상호작용, 의사소통 등에 관한 특성에 의해서 가족상담의 필요성이 요청되는 것이다.

그러나 크리스천가족상담은 예수 그리스도 안에서 내담자 간의 관계를 성경적 원리에 근거하여 형성하고 유지시키는 방법으로 상담한다고 규정할 수 있다. 크리스천가족상담이란 가족 간의 파괴된 하나님과의 사랑의 관계를 회복시키고 유지케 하는 '그리스도 중심의 상담(Christ-centric counseling)'으로 헌신적이며 희생적인 사랑의 진면목을 섬김으로 실천하는 일련의 과정이다. 따라서 아가페 상담은 제이 E. 애덤스(Jay E. Adams)가 말하는 "하나님께서 명령하신 하나님을 향한 사랑과 이웃을 향한 사랑을 촉진하는 것"[23]으로 하나님의 명령들을 성취하는 것이다. 성경이 말하는 아가페의 사랑은 하나님과 사람에 대하여 책임적인 관계이다. 사랑은 하나님의 명령들을 책임감을 가지고 준수하는 것이다.[24] 이와 관련하여 정신분석학이나 심리학에 근거하지 않고, 성경 중심 사상과 성령의 내적 조명을 상담의 기본요소로 제시하는 애덤스의 '권면적 상담'의 목적은 사람들로 하여금 하나님의 율법과 일치하는 사랑을 하도록 하는 것이다.[25] 그러므로 아가페 상담은 성경 중심적 상담(Bible-centered Counseling)으로 희생적이며 헌신적인 아가페의 사랑을 몸소 보여주신 예수 그리스도의 상담 사례를 표준으로 삼아 아가페의 사랑을 실천하여 내담자로 하여금 하나님의 형상을 회복할 수 있도록 최선을 대해 돕는 것으로 기독교복음의 특성을 나타내는 상담이라고 하겠다.[26]

따라서 아가페 상담으로서의 크리스천가족상담은 사회과학의 분석에 기초하여 가정의 문제가 무엇인가를 파악하며, 사회과학이 제시하는 이상적 모델과 방법론들을 성경적 기초 위에서 수용하여 사용한다. 동시에 크리스천가정의 성경적 가르침에 기초하여 목표를 설정하며, 상담학이 가르치는 절차 등을 활용하여 문제에 접근하고, 성령의 내적 조명을 상담의 기본 요소로 삼는다. 그러므로 아가페

23) Jay E. Adams, *Competent to Counseling* (Phillipsburg, NJ: Presbyterian & Reformed Pub. Co., 1970), 54.
24) 김태수, 『아가페 상담학』 (서울: 기독교문서선교회, 2007), 30.
25) 정정숙, 『기독교상담학』 (서울: 도서출판 베다니, 1994), 318.
26) 김태수, 『아가페 상담학』, 26.

상담으로서의 크리스천가족상담은 단순한 사회과정만도 아니요, 단순한 영적인 지도만도 아니다. 크리스천가족상담은 결국 사회과정을 활용하여 영적으로 지도해 나가는 종합적인 과정이다.[27)]

요약하면 아가페 상담으로서의 크리스천가족상담은 하나님의 말씀을 따르는 상담으로 전인을 포괄적으로 다루고 접근하는 상담이며, 기독교적 입장의 통전적 이해를 바탕으로 성경의 원리에 따라 선택적 통합주의적으로 접근하는 방법을 취한다. 따라서 브루스 리치필드(Bruce Litchifield)에 의하면 크리스천 상담자는 성경은 인간행동에 대한 가장 뛰어난 교과서이며, 성경은 모든 상담의 골격을 제공한다는 것과 그리스도와 성령은 모든 문제에 대한 초자연적인 치유와 능력을 제공한다는 것과 올바르게 기능하는 기독교공동체는 치유와 영적 성장의 주된 장소라는 것을 염두에 둔 조건에서 심리학과 성경에 위배되지 않는 한 도움이 될 수 있으며, 언제나 성경은 심리학보다 더욱 중요하다는 것이다.[28)]

아가페 상담의 목적

일반적으로 가족상담의 목적은 가족상담의 결과로서 전체 가족이 좀 더 만족스럽게 가족 전체와 각자의 기능과 역할을 수행하는 것이며, 각 가족구성원이 가족치료의 긍정적인 경험과 결과를 통하여 성장하는 것이다. 가족치료전문가 헤얼리는 가족치료의 주된 목적은 사람들이 이전과 다르게 행동하도록 하는 것으로 문제행동을 변화시키며 가족구성원들 사이에 의사소통능력이 향상되는 것에 관심을

---

27) 오성춘, 「가족생활주기와 성경적 가정」, 『기독교상담』, 장로회신학대학교 다원화목회연구원, 47.
28) Bruce Litchfield, 『기독교상담과 가족치료 III』, 정동섭·정성준 공역 (서울: 예수전도단, 2002), 17.

두었다.[29] 잭슨(Jackson)은 가족구조 내에서 가족구성원들에게 영향을 주는 가족규칙을 분명히 할 것을 강조하였고, 사티어는 자기평가, 자기존중, 정서적 성숙에 초점을 두고 치료 목적을 설정하였다[30].

그러나 아가페 상담으로서의 크리스천가족상담의 목표는 전인적 치유이다. 그러므로 아가페 상담은 타락한 지위에 있는 사람들에게 삼위일체 하나님께서 이루시는 구속사역으로 말미암아 왜곡된 하나님의 형상이 회복되어 점진적 성화를 돕는 것이다.[31] 아가페 상담의 목적은 각각의 독특한 생활양식에 따라 독특한 장애를 안고 고통 가운데 있는 가족들에게 증상을 제거하는 것 이상의 책임이 있다. 가족의 모든 위기에는 그 안에 사람들이 자기이해와 상호수용에 이르도록 도울 수 있는 잠재성이 내재해 있다고 믿으며, 또한 고통 속에는 믿음을 깊게 할 수 있는 잠재성도 내재해 있다고 믿기 때문이다.[32] 더 나아가 아가페 상담의 목적은 가족상담의 실제에서 문제를 해결하는 것만이 아니라 구원(salvation)의 기쁨을 회복하여 교회공동체의 지체로서 성화(sanctification)를 이루어 가며, 고통 가운데 있는 다른 지체들을 격려하며 세워주는 것이 기본목적이라고 하겠다.

그러나 아가페 상담의 목표를 영적인 목표에만 국한된다고 보는 것은 크리스천상담을 통전적으로 보는 관점과는 맞지 않는다. 일반적으로 상담의 목표는 내담자의 행동, 태도, 가치관 및 자기 이해를 수정함으로써 보다 잘 적응할 수 있게 하고, 위기의 때에 자신의 내적이고 환경적인 자원을 잘 이용하여 스스로 문제 해결의 방도를 찾

29) 원혜경, 「Jay Haley의 전략적 가족치료에 관한 연구」, 『동관 한국 어린이재단』, 제18호, 1998, 40~45.
30) Virginia Satir, *Conjoint family therapy,* 141-63.
31) 심수명, 『인격 치료』 (서울: 학지사, 2004), 95.
32) John Charles Wynn, 『가족치료와 목회사역』, 문휘경 역 (서울: 도서출판 솔로몬, 1998), 34.

을 수 있게 하는 것이다. 크리스천상담의 목표도 일반상담의 목표와 많은 부분을 공유한다. 그러나 크리스천상담은 일반상담과 다른 특별한 목적, 즉 영적 성장을 궁극적 목적으로 가진다. 그것은 내담자로 하여금 예수 그리스도와 인격적인 관계를 맺고 기독교적인 가치관과 삶의 자세를 가지도록 인도하는 것이다.[33]크리스천상담의 가장 기본적인 특징은 내담자로 하여금 예수 그리스도를 통하여 우주를 주관하시는 하나님과 개인적인 관계를 맺도록 하는 데 있다.[34] 그러한 의미에서 김성수의 제안은 매우 주목할 만하다.

"크리스천상담자들은 흔히 내담자에게 예수 그리스도의 복음을 증거하지 못하면 크리스천상담이 되지 못하는 것으로 오해하기도 한다. 그러나 상담과 심리치료의 목적은 상담자가 내담자와의 친밀한 관계적 맥락을 통하여 내담자가 한 가지 또는 그 이상의 문제들로 말미암아 자신의 정상적 복지상태가 위협당하는 문제상태로부터 내담자 자신의 문제를 해결하고, 내담자가 상당한 정도의 전체성과 안정(복지)의 상태로 더 가까이 나아가는 이행과정을 원활하게 해줌으로써 내담자를 도와주는 것이다. 이러한 회복과 치유의 과정에 종사하는 모든 상담자는 그가 크리스천상담자이건, 비기독교상담자이건 간에, 또는 상담의 과정에서 복음을 명시적으로 전해주는 행위가 없다고 할지라도 모두 구속적 과정에 종사하고 있다고 말할 수 있다. 왜냐하면 내담자의 생활에서 파괴되어 있는 그 부분도 모두 하나님의 창조세계의 한 부분이며 하나님은 자신이 사랑하는 피조

---

33) Gary Collins (ed.), *Helping People Grow: Practical Approaches to Christian Counseling* (Ventura: Vision House, 1982), 325.

34) 강용원, 「기독교 상담의 성격과 구성」, 『기독교교육의 과제와 전망』 (서울: 한국기독교교육학회, 2004), 379.

물로부터 이러한 파괴가 제거되기를 원하시기 때문이다."[35]

따라서 아가페 상담에서 진정한 상담자는 성령이시며, 크리스천 상담자는 단지 보조자일 뿐이다. 모든 치유와 성장이 궁극적으로 하나님께 속한 것이다. 앤더슨은 이를 '치료적 관여로서의 하나님의 은혜'라는 말로 표현하였다. "하나님의 은혜의 실재는 변화와 성장을 위한 동기적 힘일 뿐만 아니라, 지속적인 성장과 전체성을 위한 궤도를 구성하는 데 있어서 치료방법을 효과적인 것으로 만드는 치료적 차원이다."[36] 그러므로 크리스천상담자는 하나님 앞에서 내담자의 아픔을 보는 동시에 하나님의 처방을 기다리는 자들이다.

아가페 상담의 장(場)

그리스도 중심의 특성을 지닌 아가페 상담의 장은 기독교공동체이다. 아가페 상담은 넓은 의미에서 교회라고 하는 맥락과의 연관성 가운데서 이루어지는 것이다. 하나님은 우리의 상담자이시며, 또한 그의 사역을 교회에 맡기셨다. 그러므로 상담의 사역을 위해서 부름을 받은 자는 하나님의 부름을 받은 자이며, 또한 교회의 위임을 받은 것이다. 따라서 교회는 상담사역을 활성화하고 지원할 뿐 아니라 필요한 자원들을 공급해야 한다. 교회 내에는 상처받은 사람에게 사랑과 위로를 공급할 수 있는 개인이나 집단이 많이 존재하며, 이러한 자원들을 충분히 활용한다면, 어떤 상담보다도 더욱 효과적인 상담이 될 수 있다. 믿는 자들이 함께 즐거워하고, 함께 울며, 서로의 무거운 짐을 나누어 지는 것은 성경이 가르치는 교회 공동체의 모습

---

35) 김성수, 「기독교 상담과 세계관」, 『복음과 상담』, 26, 2002, 여름: 26-27.
36) Anderson, Ray S., *Christian who Counsel* (Grand Rapids: Zondervan, 1990), 118.

이며[37], 이런 의미에서 교회공동체는 치료의 공동체이며 격려의 공동체로서 아가페 상담의 장이다.

교회는 모든 분류의 성도들이 보다 높은 수준의 영적 성숙과 그리스도를 닮은 성품을 지향하도록 도와줌으로써 회복의 과정에 극히 중대하게 관여하게끔 되어 있다. 인간의 성품 어느 부분도 죄악의 더러운 흔적이 닿지 않은 채로 남아 있는 부분이 없다. 행동, 동기, 감정, 사고, 선택, 행실, 신념, 열망 등 인간 생활의 모든 국면이 다 죄로 얼룩져 있다. 예수 그리스도는 그분의 타락한 피조물을 원래 그들의 광휘에로 회복시키시기 위해 오셨다. 상담이란 근본적으로 '성경의 진리를 각 개인의 삶에 기술적으로 응용하는 일'이라 한다면 그것은 분명 교회에 속한 일이다. 교회의 사역자들은 교회가 사람들을 효과적으로 회복시키는 공동체가 되는 것을 도와 줄 목적으로 상담을 지교회의 당연한 임무 속에 도입시켜야 할 것이다.[38]

그러나 이것은 아가페 상담이 교회 안에서만 이루어진다는 것을 의미하는 것은 아니다. 아가페 상담은 교회 안에서 이루어지는 목회상담이나 신자들 간의 상담만을 의미하는 것이 아니라, 크리스천심리치료자의 활동, 기독교의 이름으로 사람들을 돕기 위해서 세워진 봉사기관의 참여자들이나, 다양한 영역에서 일하는 크리스천전문사역자들에 의해서 수행된다. 그러므로 아가페상담은 가시적 교회의 영역을 넘을 수 있으며, 신자만이 아니라 비신자들도 취급할 수 있게 된다.

이에 대해 존스와 버트만은 크리스천심리치료자의 사역의 성격을

37) 강용원, 「기독교상담의 성격과 구성」, 『기독교교육의 과제와 전망』, 389~90.
38) 이홍찬, 『개혁주의 목회상담학』, 275~76.

교회와의 관계에서 강조하고 있다. 그들에 의하면 "성경에서 말하는 구원은 순간적인 회심을 통해서 단번에 완성되는 것이 아니며, 하나님과의 관계에 있어서 이루어지는 전인성의 치유이며 회복을 의미한다. 그러므로 인간의 전인성의 성장을 촉진시키는 일을 맡은 크리스천심리치료자의 사역은 교회의 구속적인 역사를 반영하고 있으며, 그 일에 참여하고 있는 것이다. 비록 그들이 교회사역자는 아니지만, 그들의 일은 내담자들의 삶의 핵심부분을 관통하고 있으며, 그러한 핵심부분에서 종교적이며 영적인 요소들은 심리적인 요소들과 구별되지 않기 때문에, 이 일은 하나님의 나라의 관심사와 매우 밀접하게 교차되어 있는 것이다. 그러므로 크리스천심리치료자들은 하나님의 나라를 영화롭게 하며 하나님의 백성을 위하여 행하시는 하나님 자신의 노력과 양립되는 방향으로 자신의 사역을 구조지어 나가야 할 것이다. 만일 우리가 이것을 최상의 관심사로 생각하지 않는다면, 그들의 일은 하나님의 백성의 복지를 위해 봉사하는 교회와 경쟁하는 어떤 조직에 대한 기여가 될 위험성이 있다. 우리는 하나님의 교회의 사역을 보충하거나 공급하는 일을 수행해야지, 그 대안을 제공하는 일이 되어서는 안 된다."는 사실을 명심해야 할 것이다.[39)]

아가페 상담자의 자격

아가페 상담에서 상담의 주체는 보혜사 성령이시므로 문제해결을 위해 성령의 임재와 개입을 요청하는 것은 필수적인 것이다. 그러므

---

39) Stanton L. Jones & Richard E. Butman, *Modern Psychotherapies* (Downer Grove: IVP, 1991), 404.

로 아가페 상담에서 문제의 해결은 상담자, 내담자, 그리고 성령과의 상호관계 속에서 효과적으로 나타날 수 있는데 상담을 역동적으로 이끄는 것은 바로 성령의 사역이라는 것을 상담자와 내담자가 모두 인정해야 한다.

데이빗(David A. Seamands)에 의하면 성령이 인간의 마음을 열어 그 껍데기 층을 벗겨냄으로써 진정한 문제가 무엇인지를 발견하도록 도와주신다고 주장했다.[40] 그러므로 아가페 상담에서 상담자는 내담자가 그리스도에게 인도되고 그를 알고 그를 신뢰하고 그에게 배우며 그에게 모든 것을 고백하고 그로부터 치유의 은혜를 체험하게 되며 그와 더불어 화해하고 그와 합하여 하나가 됨으로써 문제를 극복할 수 있는 결단과 해결을 가져오도록 도와야 하는데 이 모든 것을 역동적으로 가져오게 하는 것은 바로 성령이시라는 고백해야만 한다.[41] 그러므로 무엇보다도 상담자는 기독교세계관으로 무장한 사람이어야 하며, 세계관에 기초한 심리학 및 심리치료의 이론으로 무장하고 영성을 기초로 한 신앙과 삶, 이론의 실천이 가능한 사람이 되어야 할 것이다. 그러므로 아가페 상담자는 무엇보다 신실한 크리스천으로서 하나님 나라에 대한 지식, 주님을 두려워하는 일(kingdom knowing and fearing the Lord), 하나님의 통치에 대해 선포하는 일(declare “the Lord reigns”), 기독교 심리학의 개발(developing a Christian psychology), 인간을 다차원적으로 위계적으로 보는 일(viewing humans multi-dimensionally and hierarchically) 등의 크리스천 세계관으로 무장된 자어야 할 것이다.[42]

---

40) David A. Seamamds. *Healing of Memories* (Wheaton. IL. Victor. 1985), 27.
41) 이홍찬. 『개혁주의 목회상담학』. 55.

크리스천상담학자 버포드(R. K. Bufford)는 크리스천상담은 주로 치료자나 상담자의 세계관, 가치관이 그 핵심을 이루는 것임을 말하면서, 상담자의 개인적인 경건, 상담자의 인격, 삶, 그리고 사역을 지적하면서 "상담자가 깊은 신앙을 가지고 있을 때, 탁월함으로 상담을 할 때, 기독교 세계관을 가지고 있을 때, 상담의 수단들, 목적들, 동기들을 선택함에 있어서 기독교적인 가치관에 의해서 인도될 때, 하나님의 현존과 일하심을 능동적으로 추구할 때, 그리고 윤리적인 지침 안에서 능동적으로 영적인 개입과 자원을 사용할 때 상담은 가장 진실한 의미에서 그리스도 중심의 상담이 이루어질 것"이라고 주장하였다.[43]

한편 최근의 연구들은 유능한 크리스천상담자가 되기 위해서는 전문적인 훈련이 필요하듯 개인적인 영성 훈련의 필요함을 강조하고 있다. 즉, 크리스천상담에서는 상담자 자신의 인격과 신앙적 성숙이 매우 중요하다. 크리스천상담이 단순한 문제해결이나 증상 제거에 목적이 있는 것이 아니라 영혼의 돌봄에 있다면, 사역자의 개인적인 성품과 자질이 상담과정에 영향을 주지 않을 수 없다. 영적으로 상담자가 하나님의 현존과 지혜가 충만할 때 상담과정을 통해 내담자에게 이런 점들이 전달될 것이다.[44] 따라서 크리스천상담자가 갖추어야 할 것은 먼저 믿음과 삶의 일치이며, 또 하나는 일상의 삶과 전문적 삶의 연속성이다. 크리스천상담자는 이론에 알맞은 실

42) Eric Johnson, "Christ, the Lord of Psychology", *JPT* 25(1), 1997, 19-26.
43) R. K. Bufford, "Consecrated Counseling: Reflections on the Distinctive of Christian Counseling", *JPT* 25, 1997, 120.
44) Siang-Yang Tan, "Practicing the Presence of God: The Work of Richard J. Foster and its Application to Psychotherapeutic Practice", *JPC* 5(1), 1996, 18.

천방법을 가지고 있어야 한다. 맥민(McMinn)은 “다리가 하나 부족한 삼각대가 설 수 없는 것처럼, 크리스천상담자들은 영성에 대한 이해 없이는 상담실에서 종교적 주제들을 다루기에는 적합하지 않다.”고 말한다.[45] 탄(Tan)은 이를 전문적 통합(professional integration)이라고 부르며, 홀(Hall)은 이를 “치료실에서의 통합”이라고 한다.[46] 이것은 치료의 단계를 인도하고 이끄시는 성령님께 대한 의지, 내담자의 유익과 성장을 위해 전문적으로 능숙한, 윤리적으로 책임성 있는 그리고 임상적으로 민감한 방법으로 암묵적이거나 명시적인 통합을 사용하든지 이 둘을 사용하는 것이다.[47] 크리스천상담자의 경건성과 개인적 실천은 상담과정과 그 결과에 많은 영향을 미치기 때문이다. 크리스천상담자의 중심에는 기독교세계관, 영성, 이론 및 실천의 일관성, 신앙과 삶의 양식의 일관성, 그리고 일상의 삶과 전문적 삶의 일관성이 있어야 한다.

아가페 상담의 인간 이해

아가페 상담에 있어서 내담자에 대한 성경적 이해는 매우 중요하다. 상담자는 내담자를 바로 이해하여야 상담의 문제점을 바로 지적하며 상담과정을 통하여 하나님의 말씀과 성령의 역사하심으로 내담자의 변화를 초래할 수 있다. 내담자 이해가 바르게 되지 못하면

---

45) Mark R. McMinn, *Psychology, Theology, and Spirituality in Christian Counseling* (Wheaton: Tyndale House Publishers, Inc., 1996), 채규만 역, 『심리학, 신학, 영성이 하나 된 기독교 상담』 (서울: 두란노, 2001), 10.

46) M. E. L. Hall & T. W. Hall, “Integration in the Therapy Room: An Overview of the Literature”, *JPT* 25, 1997, 86-101.

47) Siang-Yang Tan, “Integrating Spiritual Direction into Psychotherapy: Ethical Issues and Guidelines”, *JPT* 31(1), 2003, 14-23.

성경의 가르침보다 인본주의의 사고에 따라서 상담하는 일이 생기게 된다.[48]

첫째, 내담자는 하나님의 형상으로 지음 받은 자이다. 성경이 가르치는 인간은 '하나님의 형상으로 지음 받은 인간'이라는 사실이다(창 1:26). 첫 사람인 아담이 어떤 존재였는가라는 점을 살펴보면 인간의 본질적 모습이 어떠한지 알 수 있다. 타락 이전의 아담의 창조 모습에 대하여 애덤스는 다음과 같이 규정하고 있다.

첫째는 물질적 존재로 창조된 인간이다. 성경은 아담이 '흙'으로 만들어졌다(창 2:7)고 가르치고 있는데 이것은 인간의 물질적 성격을 말한다. 인간은 창조 시에 이 세상과 조화가 되며 연속성을 갖도록 창조되었다. 하나님께서는 물질적 존재인 인간을 창조하시고 '좋다'라고 말씀하셨다. 그러나 물질적 피조물이 인간의 범죄로 인하여 저주를 받게 되었다는 사실을 기억해야 한다. 인간에게 있어서 물질은 '열등한' 부분이고 영적인 것은 '고등한' 부분이 아니다.

둘째는 영적 존재로 창조된 인간이다. 하나님이 흙으로 인간을 만드시고 코에 생기를 불어넣으니 생령이 되었다(창 2:7)는 사실은 인간 창조의 독특성을 설명한다. 즉, 인간은 물질적 존재이면서 또한 영적 존재라는 사실이다. 인간의 이러한 이중적 구조는 기독교상담학에서 매우 중요한 의미를 가진다. 이분설(Dichotomy)인가, 삼분설(Trichotomy)인가라는 문제는 교의신학만의 문제가 아니라 상담학에서도 중요한 위치를 차지한다. 일부 기독교상담학자들이 삼분설을 주장하기도 하지만 성경이 강조하는 것은 심신 양면이 통합된 이분

---

48) Jay E. Adams, *More Than Redemption*, 정정숙 역, 『기독교 상담학』 (서울: 도서출판 베다니, 1994), 73-78.

설이다(창 2:7; 마 10:28; 고전 7:34; 고후 7:1 등).

셋째는 도덕적 존재로 창조된 인간이다. 인간이 하나님의 형상으로 지음 받았다는 사실을 여러 각도에서 설명할 수 있으나 인간이 다른 동물과는 다르게 지음 받았으며 지적이며 도덕적으로 책임을 져야 하는 피조물이란 점에는 의견이 일치한다. 인간은 도덕적 존재로 지음 받았기에 자신의 행동에 책임을 져야 한다. 일부 상담학자들은 인간의 책임성을 인정하지 않으려고 하지만 하나님은 인간에게 자유의지를 주시고 아울러 책임도 주셨다.

넷째는 사회적 존재로 창조된 인간이다. 최초의 인간 아담은 혼자 고립된 존재로 지음 받은 것이 아니라 하나님과 커뮤니케이션을 하는 존재이며 아담은 지음 받은 후 가정을 이루며 살아가게 하였다. 여기서 인간은 사회적 속성을 가지게 되었고, 이것이 사회생활로 연결되게 하였다. 하나님은 '가정'을 통하여 사회적 삶을 영위하게 하였고 이 영역을 확장하여 사회적 관계를 형성케 하였다. 인간의 사회적 소외에 대한 크리스천의 응답은 크리스천의 교제와 결혼에 있어서의 친밀성이다. '성도의 교제'를 고백하는 성도로서 바른 사회관계의 형성의 필요성을 깨달아야 한다.

다섯째, 노동하는 존재로 창조된 인간이다. 하나님은 창조된 아담에게 '노동'하게 하셨다. 이 노동은 다양한 특성을 가지고 있으며 창조적이고 생산적 능력을 내포하고 있다. 노동은 죄로 인한 저주의 결과가 아니라 타락하기 이전에 모든 인류에게 주어진 하나님의 창조명령이다. 하나님의 백성은 항상 노동을 한다. 엿새 동안 열심히 일하고 거룩한 주일은 안식하는 원리가 성경의 가르침이다. 골로새서 3:22~4:1에서 '노동의 윤리'는 크리스천의 삶의 기본적 자세를 제시하여 준다. 노동이란 하나님의 백성의 축복이며 특권이다.

둘째, 내담자는 죄로 타락한 자이다. 인간론을 다룸에 있어서 타락한 인간의 모습은 중요한 주제이다. 성경은 아담의 죄로 인하여 인류가 죄책과 오염에 처하게 되었다고 말한다. 이것은'전적 부패'(Total Depravity)이며 '전적 무능력'(Total Inability)을 의미한다. 이러한 전적 부패가 다른 모든 죄악의 원천이 되며 인간은 죄를 지었기 때문에 죄인이 되는 것이 아니라 죄인이기 때문에 죄를 짓는 본질상 죄인이다(시 51:3, 5). 인간은 죄책을 가지고 태어난다. 아담의 죄는 인류를 대표하는 자의 죄였다(롬 5장). 아담의 범죄로 인하여 모두가 죄인이 되었다(롬 5:19). 죄의 값은 사망이며(롬 6:23), 아담의 범죄로 인하여 모든 사람이 사망에 이르게 되었다. 죄의 결과는 사망과 비참함이다. 이러한 비참과 고통은 하나님께서 자신의 주권적인 목적을 위하여 정하신 것이며 그리스도의 대속적 죽음 외에는 이 고통에서 해방시킬 방법이 없다. 죄악된 인간의 본성은 옛사람의 모습대로 살아가는 습관을 가지게 하며 인간의 가치관을 변질시켰다. 인간의 사고와 행동이 죄의 영향을 받으며 인간 본위의 삶을 살아가게 한다. 이러한 인간의 모습을 바울은 다음과 같이 묘사하고 있다. "……하나님을 알되 하나님으로 영화롭게도 아니하며 감사치도 아니하고 오히려 그 생각이 허망해지며 미련한 마음이 어두워졌나니 스스로 지혜 있다 하나 우준하게 되어 썩어지지 아니하는 하나님의 영광을 썩어질 사람과 금수와 버러지의 우상으로 바꾸었느니라"(롬 1:21, 22) 인간의 타락은 인간의 모든 분야에서 이루어졌고 죄가 인간의 사고에도 작용하여 생각의 본질 자체가 부패해진 존재가 인간이다. 그러므로 상담에 있어서의 내담자는 원죄와 자범죄로 인하여 전적으로 부패한 존재이며, 인간의 마음으로는 하나님을 섬길 수도, 경배할 수도 없는 존재임을 바로 알아야 한다.[49]

셋째로 내담자는 성령의 역사로 변화할 수 있는 자이다. 죄로 인하여 전적으로 타락하고 부패한 인간이지만 성령의 역사로 점진적 변화가 가능하다. 비록 죄악의 본성과 죄악된 삶의 유형을 가진 내담자이지만 성령의 역사에 의하여 중생과 성화를 통해서 변화할 수 있다. 변화란 인간의 노력에서 오는 것이 아니라 성령의 역사로 말미암아 가능하다. 하나님은 인간의 변화를 약속하였고, 하나님이 약속하신 모든 변화는 가능하다. 인간의 연령이나 사회적 신분이 변화의 방해 요소가 될 수 없다. 변화의 원천은 하나님이 준비하시고 공급하신다. 상담자는 상담사역에서 내담자의 어떠한 죄악된 습성이나 삶의 태도 혹은 문제들도 하나님의 역사 안에서 변화될 수 있다는 믿음을 가져야 한다. 이것은 내담자의 이해만이 아니라 기독교상담의 중요한 방향을 제시하는 관건이다. 변화를 지속시키기 위하여 훈련을 통한 경건이 필요하다. 그러나 이것은 부차적인 것이요, 하나님의 인도하심에 따라 말씀으로 살아가는 삶의 훈련이 있어야 한다.[50]

넷째, 내담자는 인격적인 문제를 가지고 있는 자이다. 아담의 죄로 인해 하나님으로부터 버림받았을 때 엄청난 마음의 충격과 상처를 입었다. 버림받은 인간은 두려움, 열등감, 불안 그리고 불신의 상

---

49) Jay E. Adams, 73~78.
50) Jay E. Adams, 73~78.

처를 입는다. 즉, 인간의 내면에는 우리가 느끼지 못하는 원죄가 있듯이 깨어진 마음이 있다. 이렇게 인간의 모든 문제는 죄와 함께 시작된다. 따라서 하나님의 형상으로 창조된 깨끗하고 건강한 인간의 마음도 결국 죄로 인해 병들기 시작한다. 죄의 결과 인간은 절망, 고독, 죄책, 회의, 무의미, 자살, 죽음 등을 겪게 되었다. 또한 인간 개인에게뿐 아니라 공동체 사이에도 분열이 들어왔다.[51] 의식하지 못하지만 인간의 마음에 원죄가 전가되듯이 깨어진 마음도 전가된 것이다.[52] 인격의 자리는 마음이다. 마음에 상처를 받아 인격에 손상이 오면 열등감과 죄의식 때문에 그 누구도 믿지 못하고, 받아들이지 못한다. 또한 무시를 받으면 원망과 분노가 올라오며, 버림받을 것에 대한 두려움 때문에 관계를 맺고 싶어도 맺지 못한다.[53]

이처럼 인격적으로 문제를 가지고 있는 인간 마음의 작동 구조에 대해 상담학자 심수명은 두 가지 반응을 보인다고 하였다. 첫째는 원 마음의 상처는 무의식 가장 밑바닥에 자리를 잡고 있는데 이 상처는 억압되어 평상시에는 그 실체가 잘 드러나지 않는다. 그러다가 거부나 비판 등의 사건이 무의식에 있는 깊은 상처를 자극하게 되면 현재 사건에 대한 적절한 분노보다 훨씬 더 큰 분노로 촉발하게 된다고 하였다. 둘째는 거부와 비판 사건이 무의식의 상처 부위를 자극하지만 방어기제로 억압하기 때문에 표면적으로는 안정된 상태로 나타난다고 하였다. 대부분의 사람들은 마음을 다치게 하는 사건이 일어날 때 본능적인 방어기제로 자기를 숨기면서 아무런 영향을 받

51) 심수명, 『인격 치료』 (서울: 학지사, 2004), 31.
52) L. Berkhof, *Systemic Theology*, 고영민 역, 『뻘콥 조직신학, 제3권』 (서울: 기독교문사, 1978), 48~49.
53) 심수명, 『인격 치료』, 32.

지 않는 것처럼 위장한다고 하였다. 이러한 위장하는 이유는 마음 깊은 곳에 있는 상처가 건드려지면 자신의 존재가 무너질 것 같은 무력감과 그로 인한 두려움 때문이라고 하였다. 그는 현재의 상처는 원 마음의 상처와 어린 시절 상처받은 경험, 자존감이 건드려진 경험과 결부되어 있다고 보았다. 이 해결되지 않은 과제는 건드리지만 않으면 그 존재를 느낄 수 없다. 그러다가 어떤 일에 자극을 받으면 순간적으로 되살아나면서 현재의 아픔 속에서 옛날의 고통을 체험하게 된다고 하였다. 그리하여 해결되지 않은 옛날 일이 현재 어떤 사건과 부딪쳐 지금 일어나고 있는 일처럼 생생하게 자신을 지배하여 분노로 표현하게 되는 것이라고 하였다.[54]

따라서 인간의 복잡한 본성을 가능한 한 충분히 파악하기 위해서는 다양한 관점(생물학적, 환경적, 행동적, 인지적, 정서적, 동기적, 의지적, 자서전적, 인격적, 윤리적, 종교적 관점 등)에서, 다양한 방법(관찰, 사례연구, 다문화적, 비교적, 실험적, 통계적 방법 등)으로 인간을 파악하는 것이 필요하다. 물론 "이런 다양한 측면들과 방법들이 현대 심리학에서 사용되기는 하지만, 과제의 복합성과 학문 활동 속에서 가치를 드러내놓고 사용하는 것을 제한하는 신실증주의적이며 자연주의적인 가정들(neo-positivist and naturalistic assumptions) 때문에, 현대 심리학은 어떤 관점들을 무시하며, 이제까지 발견되어온 거대한 사실들을 해석하고 위치지어 주고 관계 맺어 주는 전반적인 것을 포괄하는 평가의 틀을 제공할 수 없었다."[55] 그러나 하나님께서 보시는 것과 같이 우리가 사물을 볼 수 있기 위해서는 가능하면

54) 심수명, 『인격치료』, 32~33.
55) Eric L. Johnson, *Christ, the Lord of Psychology*, 24.

인간의 다차원적인 복잡성을 볼 수 있어야 하며 또한 그 안에 있는 위계적 상호관계들(hierarchical interrelations)을 이해하는 것이 필수적이다. 예를 들면 인간의 본성에 대한 모든 관점들이 다 중요한 것이기는 하지만, 특히 인간에게 있어서 종교적인 차원은 아주 중요한 것이다. 따라서 인간에 관한 생물학적이고 행동적인 발견들은 인간의 선택과 책임을 인정하는 더 넓은 인간 중심적인 틀 속에서 해석되어야 하겠지만, 동시에 그것은 모든 인간이 하나님 앞에 서 있음을 이해하는 하나님 중심적 틀(theocentric framework) 안에서 해석되어야 하는 것이다. 그러므로 크리스천상담자는 내담자의 문제를 확인하는 과정에서 문제의 상호관련성의 특성을 잘 이해하여 내담자의 심리적이며 정서적인 문제와 논리적 사고 등의 결여 문제를 전부 신앙적인 것으로 이해할 것이 아니라 내담자의 마음이 하나님을 향하도록 하는 데 궁극적인 초점을 맞추어야 한다.

이상과 같이 크리스천가족은 하나님의 언약의 공동체이다. 그러므로 가정은 하나님을 믿는 신앙으로 결속하여 공동체적 삶의 장이 되어야 하며, 나아가서 모든 종족을 구원하는 기초공동체이므로 크리스천가족상담의 중요성을 강조할 수 있는 것이다. 따라서 크리스천상담은 상담사역이라는 포괄적인 교회의 사역에서부터 출발한다. 예수님께서 공생애 가운데 행하신 삼중사역(마 4:23), 즉 복음전파 사역(preaching ministry), 가르치는 사역(teaching ministry), 치유 사역(healing ministry)을 따라 주님의 보여주신 사랑의 모범을 따르는 아가페 상담이어야 한다. 이런 의미에서 앤더슨(R. S. Anderson)은 "Counseling as Christian Ministry"라고 불렀다. 그러므로 크리스천상담의 목표는 전인적 치유이다. 크리스천상담의 목표가 영적인 목표에만 국한된다는 것은 크리스천상담을 통전적으로 이해하는 관점과는 맞지 않는다. 일반상담의 목표는 내담자의 행동, 태도, 가치관, 자기 이해를 수정함으로써 보다 잘 적응할 수 있게 하고, 위기를 자신의 내적이고 환경적인 자원을 잘 활용하여 스스로 문제해결의 방도를 찾을 수 있게 하는 것이라고 할 수 있다. 그러나 크리스천상담의 목표는 일반상담의 목표와 많은 부분을 공유하지만, 일반 상담과 다른 특별한 목적, 즉 영적 성장을 궁극적 목적으로 가진다. 그것은 내담자로 하여금 예수 그리스도와 인격적인 관계를 맺고, 기독교적 가치관과 삶의 자세를 가지도록 인도하는 것이다.[56] 크리스천상담자는 한 사람의 삶에서의 증상과 아픔의 기능뿐만 아니라 삶에 있어서의 내담자의 문제의 깊은 의미를 살필 것이 요구되고 있는 것이다.

56) Gary Collins (ed), *Helping People Grow: Practical Approaches to Christian Counseling* (Ventura: Vision House, 1982), 25.

2장

가족치료의 역사

본 장에서는 가족치료 이론의 역사적 배경에 관하여 두 가지 관점에서 살펴보고자 한다. 먼저 가족치료의 이론의 역사적 발달과정으로 가족치료 운동을 태동하게 된 원인이 무엇이며 어떠한 과정을 통해 발전되어 왔는가를 살펴봄으로써 가족치료 이론의 역사적 변천과정을 이해하게 될 것이다. 둘째는 가족치료 이론의 역사적 발전사를 살펴보면서 시대마다 가족치료 이론의 중요한 이슈들을 통하여 가족치료 이론이 어떻게 점차적으로 발전되어 왔는가를 살펴봄으로써 현대 가족치료의 다양한 역사적 뿌리를 이해하며 나아가 미래의 가족치료 이론을 조망할 수 있을 것이다.

1. 가족치료 이론의 발달 과정

가족치료는 가족을 하나의 단위로 보고 가족구성원들 중 어느 한 구성원만이 가졌다고 확인되는 문제의 경우에도 그 문제를 개인의 영역에 한정시키지 않고 그 개인이 상호작용하고 있는 가족에 초점을 두는 역동적 치료법이라 할 수 있다. 그러므로 가족치료는 개인만을 치료하는 것이 아니라 전체 가족을 치료대상으로 보고 그 속에서 가족 성원들이 문제에 대해 상호작용하는 가족 패턴을 관찰하여 그 문제점을 발견한 후 여러 기술을 사용하여 병리적 패턴을 변화시키도록 유도한다.

이러한 가족치료 이론이 발전하는 데 있어서 역사적 발달 과정에 대해 I. Goldenberg와 H. Goldenberg는 1940년대 후반과 1950년대 초반에 각기 독립적으로 이루어졌던 5가지 과학적 연구 결과들이 그 토대가 되었다고 주장하였다. 그것은 정신분석적 요법의 치료가 그 치료 범위를 전체 가족에게까지 확대시켰으며, 일반치계이론(General System Theory), 정신분열증의 가족에 대한 연구, 결혼상담 및 아동지도, 그리고 소집단 역동과 집단 치료 등의 새로운 임상적 치료 기법에 대한 관심의 증가에 따른 것이다.[57]

1) 정신분석적 요법의 발달

가족치료 이론의 발전의 역사적 발달과정에는 먼저, 지그문드 프로이트(Sigmund Freud, 1856~1939)가 제창한 정신분석이론은 심리치료의 한 방법으로 그의 성격이론은 하나의 고전적인 사례로서 자신의 규칙을 깨고 아들의 치료를 그 아버지가 감독하게 함으로써 '한

57) I. Goldenberg & H. Doldenberg, 『가족치료』, 장혁표 외 공역 (서울: 중앙적성출판사, 1995), 106-28.

스 소년(Little Hans)'을 치료하게 되었다. 그래서 프로이트는 한 사람 이상의 가족원을 대상으로 치료하였다는 점에서 가족치료를 처음 시행한 그룹의 한 사람이라고도 할 수 있다.[58] 그의 치료방법이 개별지향적일지라도 개인의 인성발달에 가족관계의 영향을 고려하게끔 하였다. Freud에서 시작하여 지금에 이르기까지 심리치료 이론의 중심은 개인에서 대인관계로, 그다음에는 체계로 변화하여 왔다. Freud가 정신분석요법을 통한 개인적 치료를 발전시켜 가족구성원으로 확대될 수 있는 길을 열어 준 반면에 H. S. Sullivan은 개인의 성격발달에 미치는 대인관계의 역할을 강조하였고, 특히 모자(母子) 관계의 상호작용은 중요한 병리의 소재를 제공한다고 보았다. 또한 Alfred Adler는 인간을 고립된 개인으로서가 아니라 타인을 향하여 움직이는 사회적 존재로 보았다.[59] 여기에서 더 발전하여 체계론적 가족치료 이론은 가족을 하나의 체계로 보고 개인의 증상의 원인을 가족 내부의 역기능적 상호작용에 둠으로써 지금까지의 고전적 정신분석에 입각한 개별 치료에 비해 가족 성원들이 문제에 대해 상호작용하는 가족 패턴을 관찰하여 그 문제점을 발견한 후 여러 기술을 사용하여 병리적 패턴을 변화시키도록 유도한다는 것은 이전의 개인 중심적인 치료에 비하면 그야말로 코페르니쿠스적인 전환이라고 할 수 있다.

정신분석 요법은 1904년에 『일상생활의 정신병리학(Psychopathology

---

58) Dorothy S. Becvar & Raphael J. Baevar, *Family Therapy: A Systemic Integration* (Massachusetts, MA: Allyn & Bacon Inc., 1988), 45.

59) Vicent D. Foley, 『가족치료 입문』, 이형득 외 공역 (서울: 형설출판사, 1994), 19. Freud가 개인의 성격심리이론과 심리치료의 개발에 치중했던 것에 반대하여 인간행동의 사회적, 문화적 그리고 대인관계를 강조하는 신프로이트학파의 입장은 이러한 맥락에 있다.

of Everyday)』이라는 저서로 유명해졌다. 1912년 이후부터 Freud는 제1차 대전 말까지 그는 주로 무의식(the Unconscious)에 관한 문제에 탐구하였고 이러한 연구에 기초하여 1920년부터는 억압(Repression)의 구성요소들에 대하여 탐구하기 시작하였으며 그 후 계속하여 종교와 도덕성, 그리고 문화에 관한 문제를 탐구하였다.60) 정신분석학의 창시자 Freud는 개인의 성격 형성, 특히 신경증적 행동의 발달에 가족 관계가 미치는 역할에 대해서 의식하고 있었다. 말에 대한 공포증(phobia)으로 고생하는 한스(Hans) 소년의 유명한 사례에서 Freud는 한스가 무의식적으로 어머니에게 성적인 욕망을 품고 있었기 때문에 아버지에 대해 경쟁심을 가졌지만, 자신의 적개심에 대한 아버지의 반응을 두려워했다는 것이다. 그러던 중 말이 거리에서 쓰러지는 것을 보고 한스(Hans)는 자기 아버지가 다치기를 바라고 있었기 때문에 이 장면과 아버지를 무의식적으로 연합시켰다는 것이다. Freud에 의하면 한스가 아버지로부터 거세당하지 않을까 하는 두려움이 전에는 무해하다고 생각했던 말에 물리지 않을까 하는 공포증으로 전환되었다는 것이다. 1909년에 이 유명한 사례에서 소년은 Freud의 지도하에 아버지에 의해서 치료되었다. Bloch와 La Perriere는 이 사례가 아동분석과 가족치료에서 실시된 첫 케이스라고 지적하였다.61)

그러나 Freud와 그의 제자들은 대부분 개인의 성격 형성과 그의 심리적 갈등을 치료대상으로 삼았다는 점에서 가족치료와는 차이가 있다. 오히려 현재의 가족치료와의 연관성을 찾는다면, 정신분석적

60) 이홍찬, 『개혁주의 목회상담학』 (파주: 한국학술정보(주), 2007), 288.
61) I. Goldenberg & H. Doldenberg, 108.

요법 이론이 가족연구에 도입된 것은 정신분석가이자 소아정신과 의사였던 Nathan Ackerman이 『Bulletin of the Kansas Mental Hygience Society』에 최초로 기고한 논문에서 가족을 역동적인 심리적・사회적 단위로 간주하고 가족의 역할을 강조했다. Ackerman은 생물학적으로 충동적인 개인(정신분석적 개념)과 사회적 환경(체계 개념) 간의 부단한 상호작용의 개념을 30년 이상 적용했다. 그 후 Ackerman은 심인적(心因的)인 어휘를 가족 및 사회체계에 확대 적용시켰다.62) 즉, 치료 중에 드러난 공격적이며 성적인 충동을 건설적으로 표현하도록 가족들을 격려해 줌으로써 적극적인 통찰의 훈습(薰習)을 강조함으로써 Ackerman은 가족치료 운동의 선두주자가 되었다.

2) 일반체계이론 패러다임(paradigm)도입

일반체계이론(General Systems Theory)은 오스트리아의 생물학자인 Ludwig von Bertalanffy가 1945년 처음 발표한 이론으로 체계적인 사고의 여러 가지 개념들과 생물학을 살아있는 체계의 보편적인 이론으로 결합하려고 시도했다. 원래 내분비체계 조직 사이에 상호작용에 관하여 연구하였던 그는 그 연구를 근거로 좀 더 복잡한 사회체계에 적용하여 추정하기 시작했고 '일반체계이론(General Systems Theory)'이라고 불리는 모델을 발전시켜 현대 가족치료의 개념 형성에 중요한 영향을 미쳤다.63) 그가 말하는 체계란 서로 상호작용하는

62) 이정숙, 「가족치료의 역사적 배경」, 『가족치료 총론』, 이화여대 사회사업학과 편 (서울: 동인, 1995), 17.
63) Michael P. Nichols & Richard C. Schwartz, 『가족치료: 핵심 개념과 실제 적용』, 김영애 외 공역 (서울: 시그마프레스(주), 2005), 84.

구성요소들의 복합을 의미한다. 이런 견해는 각 부분이 서로 고립된 상태에서 서로 더하기만 하면 전체를 이룬다고 보는 것이 아니라 각 부분 간의 관계를 강조한다. 다시 말해서 다양한 구성요소들은 전체 체계의 기능으로 보아야 보다 잘 이해할 수 있다는 것이다. 체계는 환경과의 상호작용에 의해 존재하며, 생명체계는 환경적 · 생물학적 요구가 일어나 긴장을 초래함으로써 부단히 변화하게 된다고 보는 것이다. 그는 체계가 어떻게 작용하는지 알기 위해서는 단순히 각 부분을 합쳐서 되는 것이 아니라, 체계의 각 구성요소들 간에 일어나는 의사거래과정을 살펴보아야 한다고 말한다.[64)]

Bertalanffy의 일반체계 이론에 의하면 보통 가족들은 다른 살아있는 체계와 마찬가지로 두 개의 중요한 과정에 의지하고 있다. 첫째로 그들은 부정적인 피드백을 통해 환경적인 도전에 제대로 대항해 통일성을 유지해야 한다. 어떤 살아있는 체계도 응집력이 없이는 생존할 수 없다. 반면에 지나치게 견고한 구조는 변화하는 환경에 적응하여 적절하게 대처할 수 없게 한다. 이것이 정상적인 가족들도 긍정적인 피드백의 방어기제를 갖추어야만 하는 이유이다. 긍정적인 피드백은 변화된 환경에 적응하기 위해 혁신을 강화시킨다. 긍정적인 피드백을 위한 통로가 의사소통이라는 것을 인정한다면 사건을 더 솔직하게 말하는 것이 가능할 것이다. 건강한 가족들은 명확하게 의사소통하고 적응능력이 있기 때문에 변화한다.[65)] 즉, 개방성의 정도에 따라 개방체계와 폐쇄체계로 나눈다. 폐쇄된 체계는 자기 외부로부터 아무것도 받아들이지 않기 때문에 엔트로피(entropy)가

64) I. Goldenberg & H. Doldenberg, 110.
65) Michael P. Nichols & Richard C. Schwartz, 143.

일어난다. 이러한 체계는 에너지나 정보가 전혀 전달될 수 없는 불투과성의 자신 내에서만 작용하게 된다. 그러나 개방체계는 그 경계가 적어도 부분적으로나마 투과성을 갖고 있기 때문에 환경과 자료, 에너지, 정보를 서로 교환할 수 있다. 모든 생명체는 개방적이다. 개방체계는 일부 엔트로피적 변화가 일어나지만 꾸준히 네겐트로피(negentropy) 상태를 유지하려고 한다.66) 개방적 체계는 세 가지의 속성, 즉 전체성, 관계성, 그리고 동결과성을 지닌다. 전체는 독립적인 부분의 합이 아니라 그 이상이라는 공간적 공리가 체계의 전체성(wholeness)이다. 전체성은 관계성(relationship)으로 이어지는데, 체계이론에서 관계란 요소들의 기본 구조와 그들이 어떻게 상호 작용하는가를 관찰하는 것이다. 그리고 이것은 체계의 속성인 동결과성(equifinality)으로 이어지는데, 이것은 우리가 어디서 시작하든지 그 결과는 동일하다는 것을 의미한다.

일반체계이론은 정신분석적 요법과 대조적으로 인간을 체계 내에서 작용하는 복합적인 존재로 보았다. 환자의 문제를 정신적 투쟁에서 보지 않고, 다양한 체계, 즉 가정, 단체, 사회 내에서 다양한 원인에서 찾으려고 한다. 이러한 체계적 접근 치료법이 가족치료자에게 새로운 패러다임을 제공하였는데, 체계론적 관점의 가족치료자들의 기본원리와 전제는 동일하다. 즉, 가족은 인간문제의 배경이 된다는 것이고, 가족은 체계로서 구조와 과정을 가지고 있다는 것이다.

---

66) 엔트로피(entropy)는 장애를 일으키는, 즉 미조직화되고 미분화된 상태로 나아가려는 체개의 경향을 말한다. 네겐트로피(negentropy)는 높은 수준의 질서 또는 낮은 수준의 엔트로피를 말한다(I. Goldenberg & H Goldenberg, 112).

3) 정신분열증과 가족연구

정신분열증에 미치는 가족의 영향에 대한 인식은 Freud에 의해 처음 시작되었다. Freud는 망상증과 정신분열증의 심리적 요인을 논의하면서 아동기 초기에 부모와의 관계가 중요하다고 주장하였다. 1927년 Sullivan은 정신분열증 환자에 대한 연구에서 대인관계에 초점, 환자의 실제 가족을 대체하는 의사, 간호사 등 '병원 가족(hospital family)'이 치료에 도움이 된다고 제안하였다. 이때까지만 해도 가족을 환자로부터 제거해야 할 병리적 환경으로 간주하였으나 1940년대와 1950년대에 정신분열증을 유발하는 가족에 대한 시발적 연구는 Bateson, Lidz, Wynne와 역할 이론가들에 의해 이루어지기 시작했다.

가정환경과 정신분열증의 관계성을 연구한 Lidz는 정신분열증 환자의 어머니가 가진 특징을 연구한 결과 모자(母子) 관계에서 심각한 병리적인 요소를 발견하였다. 즉, 그의 연구에서 남자 어린이의 정신분열증과 병적인 어머니, 그리고 무력한 아버지 간에 서로 인과관계가 있었다는 것이다. 인류학자 Bateson과 그의 동료들(D. Jackson, J. Haley, J. Weakland)은 가족이나 집단 내의 커뮤니케이션 유형과 행동 간의 관계를 연구하여 1956년 공동으로 연구논문을 출판하였는데, 그들은 가정 내에서 가족에게 정신분열증을 발병케 하는 원인으로 '이중구속이론'을 제시하였다. 이 이론에 의하면 한 사람이 동일한 사람으로부터 모순된 메시지(contradictory message)를 받는 상황을 말한다. 따라서 이 메시지 속의 두 가지 요구 중 어느 한쪽에 반응하든지 실패하기 마련이다. Bateson과 그의 동료들은 일부 가정에서 이중구속적 상황이 대단히 규칙적으로 나타난다고 생각하였다. 어린이들은 동일한 사람으로부터 사랑과 증오, 접근과 회피에 동시에 직면하게 될 때, 혼란을 느끼게 되고, 반복적으로 그리고 장기간 동안 접하게 될 때, 똑같이 불일치된 메시지로 반응함으로서 마음의 상처와 벌을 동시에 피할 수 있는 방법을 학습한다고 한다.[67)]

또한 Murray Bowen에 의하면 한 가족에게 정신분열증이 나타나기까지는 3대에 걸친 과정이 요구된다고 하였다. 즉, 부모 중 한 사람이나 두 사람이 모두 이미 자기 부모와 심각한 정서적 갈등을 빚어 성숙하지 못했기 때문에 현재 자기 자녀를 그와 비슷한 갈등 상황에 놓이게 한다는 것이다.[68)] Lyman Wynne과 그의 동료들은 정신분열증 환자 가족들이 가족들 사이에 내재되어 있는 거리감을 숨기는 방법을 '유사상호소통'이라고 하였으며, 정신분열중 환자 가족들의 모호하고 혼란된 커뮤니케이션 유형을 집중적으로 연구하였다.[69)]

이상과 같은 정신분열증 환자와 가정에 대한 연구는 1950년대 네 그룹을 중심으로 발전하게 되었는데 곧 ① 팔로 알토(Palo Alto) 그룹, ② 리츠(Lidz) 그룹, ③ 윈(Wynne) 그룹, ④ 보웬(Bowen) 그룹을 중심으로 가족치료라는 새로운 분야를 발전시키는 토대를 제공하게 되었다.

---

67) I. Goldenberg & H. Doldenberg, 114.

68) I. Goldenberg & H. Doldenberg, 120.

69) L. Wynne, I. Ryckoff, J. Day, S. Hirsh에 의하면 '유사상호소통'이란 "상호관계에서 개인들의 정체성의 분화를 희생시키면서까지 서로에게 맞추고자 두드러지게 열중하는 것"이라고 하였다. 즉, 외관상 보기에는 가족끼리 서로 위하고 개방적이고 이해심이 많은 것 같지만 실재로는 전혀 그렇지 못한 관계를 의미한다. 이런 가정환경에서 성장하면 개인적 정체감을 발달시킬 수 없다. R. J. Corcini, 『현대심리치료』, 김정희 외 공역 (서울: 중앙적성출판사, 1992), 584.

4) 부부상담과 아동지도상담

전문적인 부부상담의 역사는 다른 가족치료 운동보다 더 오래되어 가족치료의 선구자이다. 부부상담은 현실적인 문제에 중심을 두고 부부 각자의 독립적인 성장뿐 아니라 부부간의 정서적 유대감과 의사 결정 능력을 증진시킨다. 가족치료의 선구적 위치에 있었던 부부상담 및 아동지도상담 분야는 심리적 장애가 개인의 심인적 갈등으로부터는 물론이고 개인들 간의 갈등으로부터 유래된다는 개념에 토대를 두었다. 이를 위한 효과적인 개입은 치료자가 고통을 받는 부부관계 및 부모-아동관계(parent-child pair)를 동시적으로 돕는 데 있었다.[70)]

부부상담에서는 부부가 각각 독립된 개채로서의 성장뿐만 아니라 부부 사이의 친근한 정서적, 성적 관계를 통한 성장에 관심을 둔다. 뿐만 아니라 부부상담에서는 문제를 깊이 파고드는 심리치료와 달리 현실적인 문제, 즉 의사소통의 유형, 각자가 상대방에게 거는 기대, 역할 기대 등에 중심을 두고 부부의 의식적인 의사결정과정을 촉진시킨다.[71)] 이와 같이 가족치료의 선구자로서 부부상담은 개인을 대상으로 한 심리치료에서 나아나 부부를 동시에 치료해야 한다는 안목을 열어주는 토대가 되었다.

아동지도상담 역시 가족치료에 또 다른 영향을 끼친 역사적 배경이 된다. 20세기 초기에 사회개혁과 아동의 법적 지위의 변화로 인해 아동 교육기회의 확대와 청소년 비행의 통제 노력, 아동 노동의

70) 이정숙, 25.

71) I. Goldenberg & H. Doldenberg, 123.

금지 등 아동 권리의 신장이 이루어졌다. 이러한 아동지도 운동의 강조점이 부모를 불건전한 대리인으로 보는 관점에서 병리(Pathology)가 환자와 부모 및 중요한 타인 사이에 발달되는 관계에서 기인된다는 관점으로 옮겨졌다. 그 영향으로 정신 병리는 이제 더 이상 개인 내적인 문제가 아닌 것으로 인식되었고, 부모는 가해자, 자녀는 피해자라는 도식에서 벗어나게 되었다. 즉, 현재 상호작용의 성질이 문제가 되는 것이어서 더 낙관적인 진단이 가능하고, 치료 자체의 성격도 변화하게 되었다. 그 결과 아동을 가족에서 분리시키려고 하는 대신에 가족이 아동을 지원하도록 돕기 시작하였다. 이에 대한 필연적인 결과로써 정서장애 아동을 돕고자 하는 전문가 집단 형성에 대한 관심이 높아지기 시작했으며, 이에 따라 아동지도운동(the child guidance movement)은 가족치료의 길을 열어주는 또 다른 계기가 되었다.[72] 특히 정신의학자 William Healy는 비행 아동의 치료를 위해서 혁신적인 방법으로써 전공 분야가 다른 여러 전문가들이 공동으로 아동과 그의 가족을 치료하였다. 정신의학자는 심리치료를 맡고, 심리학자는 교육적 교정적 치료를 맡고, 사회사업가는 환자 아동의 부모 및 가정에 대한 자료를 수집하며 사회 여러 기관과 협조하여 가정의 사회적 환경을 개선시키는 역할을 맡았다. 이때 아동의 치료에 부모를 포함시켰는데 그 목적은 부모와 협력하여 아동의 성장을 돕고, 아동의 경험과 가족의 상황에 대한 필요한 정보를 얻고, 환경을 변화시켜 아동의 지속적인 성장과 발달을 도모하자는 데 있었다.[73] 그의 이러한 아동지도상담은 아동의 장애를 치료함에 있

72) 이정숙, 27.
73) I. Goldenberg & H. Doldenberg, 124~25.

어 부모와 아동과의 상호작용에서 발생하기 쉽다는 점을 염두에 두고, 가족 간의 관계를 변형시켜야 한다는 것이었다.

5) 소집단 역동과 집단치료

가족을 연구하고 치료하는 사람들은 가족과 소집단 사이에 유사점이 있음을 발견하였다. 집단 역동 연구자들은 가족이 개인의 성격의 복합체이고 동시에 집단 구조의 대표적인 속성을 보인다는 것이다. 집단치료가 개별적인 교육이나 강의보다 더 좋은 방법임을 강조, 공동(conjoint)가족치료 모임에서 심리치료를 하는 것이 개별가족원을 따로 만나는 것보다 가족원의 행동변화에 더 효과적임을 주장하였다.

오스트리아의 정신의학자 Jacob Moreno는 1910년 연극적 치료를 한데 묶어 심리극(Psychodrama)을 창시함으로써 처음으로 집단심리치료를 시작하였다. Moreno는 환자의 심리적 문제를 유발시켜 왔을 수도 있는 다양한 인간관계의 상황을 치료적 과정에서 재연하는 것이 필요하다고 믿었다. 치료자와 환자의 1대1 상황하에서는 이런 기법을 수행하기 어려웠기 때문에, Moreno는 치료자의 역할에서 환자로 하여금 관중 앞에서 자신의 중요한 생활사건을 연기하도록 무대를 활용하게 했다. 이러한 심리극에서 치료자는 환자에게 자신에 대한 좀 더 깊은 인식을 갖도록 할 수 있었다. 1925년 Moreno는 미국에 심리극을 도입하였으며, 드디어 1931년 '집단치료(group therapy)'라는 용어를 만들어 냈다.[74)]

그 후 제2차 대전이 끝나고 많은 제대군인들이 전쟁 후유증을 갖고 귀향함에 따라 서구 사회 특히 미국에서는 이들의 심리적 문제와 생활적응을 돕는 것이 필요해졌다. 특히 개인치료에 비하여 훨씬 많은 환자를 치료할 수 있는 집단치료 방법에 대한 요구는 그 어느 때보다도 높았다. Wolf는 이러한 사회적 요청에 부응하여 그의 심리치료대학원의 제자 중의 한 사람이었던 E. Schwartz와 『Psychoanalysis in Groups』를 공동으로 연구하였으며, 1954년에는 대학원에 집단치료 자격증제도를 창설하여 집단치료를 정식 훈련을 받도록 하였다.[75] 집단치료는 소집단이 변화의 매개체로서 집단성원이 된 사람들에게 큰 영향을 줄 수 있다는 점에서 효과적인 상담방법이었다. 이러한 집단치료에서의 상담 과정과 효과에 대한 인식을 토대로 전체 가족을 대상으로 하는 가족치료가 출발되었다고 할 수 있다.

이상에서 살펴보았듯이 현대의 가족치료가 탄생하는 데는 적어도 다섯 가지의 배경이 있었다. 정신분석적 요법은 개인 위주의 치료 방법이지만 개인의 성격 발달에 가족 관계의 영향을 연구하는 계기를 제공해 주었다. 일반체계이론은 치료 접근에 있어서 새로운 모델과 모형(paradigm)을 제공하여 체계론적 가족치료 이론에 영향을 미쳤다. 정신분열증 환자에게 미치는 가족의 영향에 대한 연구로 결과 얻어낸 개념인 "이중구속적 상황", "유사상호소통" 등은 가족치료 형성에 이론적 기초를 제공하였다. 부부상담과 아동지도상담은 치료 방법론에 있어서 전통적인 개인 위주의 치료 방법을 바꾸어 주었으며, 나아가 소집단 역동 및 집단치료는 치료 효과의 증대라는 측

74) 이정숙, 28.
75) 곽준규, 「집단 상담」, 『상담의 이론과 실제』, 대학상담학회 편 (서울: 중앙적성출판사, 1993), 451.

면에서 전체 가족을 대상으로 하는 치료의 시발점이 되었다.

2. 가족치료이론의 발전사

가족치료 이론의 태동한 시기와 형성에 대해 다양하고, 때로는 상충된 설명들에 주목하여 보게 된다(예, Ackerman, 1967; Guerin, 1976; Keith G Whitaker, 1982). 그러나 이렇듯 다양성을 보였던 이유는 첫째로, 인간은 자신의 행위에 대한 행위자이자 동시에 관찰자가 될 수 있다는 점에서 고유한 존재이다. 사실, 치료목표 가운데 하나는 내담자들로 하여금 그들이 관여하고 있는 생활경험으로부터 거리를 둘 수 있어서 그 경험에 대해 어떤 시각을 갖도록 하는 것이다. 마찬가지로 역사에 대한 저술은 가족치료자들이 자신의 행동으로부터 스스로 거리를 두고 관찰자의 입장에서 기록하는 과정이다. 둘째로, 동일한 가족(외부인의 관점에서 볼 때)의 각 구성원이 약간 다른 가족(내부인의 관점에서 볼 때)에서 살고 있다는 Maturana의 지적(Simon, 1985)과 마찬가지로, 역사가들도 동일한 경험에 대해 저마다 상이한 의미를 부여하고 약간 다른 설명을 한다. 이러한 관점의 차이 때문에 D. S. Bacvar & R. J. Becvar의 가족치료 체계론적 통합이라는 렌즈를 통해 여과된 다양한 설명들을 통합하였다.[76)]

---

76) Dorothy S. Becvar & Raphael J. Baevar 부부는 미국 Texas Tech. University의 가족학과 교수로 재직하였으며, 체계이론과 사이버네틱 인식론이 가족치료에 어떻게 적용될 수 있는가를 역설한 가족치료 분야의 저명한 학자였다. 이들은 Gregory Bateson의 아이디어를 바탕으로 하여 가족치료에서 인식론의 이슈가 얼마나 중요한가를 역설한 사람들로서 서구의 분석적 성향과 동양의 통합적 성향의 통합하여 가족치료에 적용하고자 노력한 자들이다(Dorothy S. Becvar & Raphael J. Baevar, *Family Therapy: A Systemic Integration* (Massachusetts, MA: Allyn & Bacon Inc., 1988), 14~15).

1) 가족치료의 발아기

사이버네틱스 영역의 초기 탐구자였던 여러 학문 분야의 연구자들과 이론가 집단이 가족치료 운동의 씨를 뿌렸다. 이 집단에 소속된 사람들은 수학자인 Nobert Wiener, John von Neuman 그리고, Walter Pitt, 내과 의사인 Julian Bigelow, 생리학자인 Warren McCulloch와 Lorente de No, 심리학자인 Kurt Lewin 인류학자인 Gregory Bateson과 Margaret Mead, 경제학자인 Oskar Morgenstern 그 외에 해부학, 공학, 신경생리학, 심리학 및 사회학 분야의 사람들이었다(Wiener, 1945). 사이버네틱스(Cybernetics)라는 과학이 출발하게 된 것은 우리가 세계를 공부하고 알게 된 방식으로부터라고 인식되었는데, 초창기에 사이버네틱스는 물질과 내용에라기보다 조직, 유형 및 과정에 관심을 두었다. 또한 사람의 선구자인 Ashby(1956)의 말에 의하면, 사이버네틱스는 "사물이 아니라 행동방법을 다룬다. 사이버네틱스는 '무엇을 행하느냐?'를 묻지 않는다. … 따라서 사이버네틱스는 본질적으로 기능적이고 행동적이다." 사이버네틱스 분야의 역사는 대략 1942년으로 거슬러 올라가며, Norbert Wiener가 이 과학에 이름을 붙인 것으로 인정받고 있다. 그러나 1948년 Wiener는 그의 저술에서 다음과 같이 그 용어를 정의하였고, 그 뿌리를 추적하였다.[77]

사이버네틱스라는 말은 배의 조종사(steersman)를 의미하는 그리스어인 kybernetes에서 따왔다. 이러한 그리스 말로부터 라틴어인 gubernator를 거쳐 governor라는 용어가 생겨났다. Governor라는 용어

77) 위의 책, 16~18.

는 오랫동안 어떠한 통제기제 유형을 가리키기 위해 사용되었으며 오래 전 스코틀랜드의 물리학자인 James Clark Maxwell이 쓴 훌륭한 연구논문의 제목이었다. Maxwell과 사이버네틱스 연구자들이 이 용어를 선택함으로써 서술하고자 한 기본 개념은 피드백 기제인데, 배의 조종엔진이 이를 특히 나타내 준다.[78)]

피드백 기제뿐 아니라 정보처리 과정 및 의사소통 유형에 초점을 둠으로써, 1940년대 초에 사이버네틱스는 복잡한 체계를 이해하고 조정하기 위한 시도로 생명이 없는 기계와 살아있는 유기체를 비교하고 연구하기 시작하였다. 이 분야에서 이루어진 초기의 대부분의 연구와 이 분야의 학제적 성격은 제2차 세계 대전이라는 사건으로 도움을 받았으며 가족치료가 출현하였던 계기가 되었다.[79)]

2) 가족치료의 형성기

인류학자인 Gregory Bateson과 그의 연구진이 1956년 또는 1957년에서야 비로소 가족을 조사하기 시작하였지만, 1954년까지 Bateson은 그의 유명한 이중구속 가설을 발전시켰다. Haley가 상술한 하나의 흥미로운 역사적 사건은 "우리는 1956년 6월에 이중구속에 관한 논문을 썼는데, 이 논문은 추측하건대 역사상 가장 빨리 발행된 학술논문으로 1956년 9월의 학술지에 발표되었다. 왜 그토록 즉각적인 관심을 불러일으켰는가? 이 질문에 답하기 위하여 이 이론을 몇

---

78) Wiener N., "Cybernetics", *Scientific American*, 1179 (5), 1948, 14.
79) Heims, S. P. "Encounter of Behavioral Sciences with New Machine-organism Analogies in the 1940's", *Journal of the History of the Behavioral Sciences*, 11, 1975, 141~59.

가지 측면에서 자세히 살펴봐야 한다. 이는 또한 이전에 설명되지 않은 개념을 명확히 하는 데 도움이 될 것이다. 이 이론의 권위자들에 의하면 이중구속 상황이 성립하기 위해서는 몇 가지 구성요소가 있어야 한다. 그것은 ① 두 사람 이상이 있고, 그중의 한 사람은 '희생자'로 지정되며, ② 두 사람 간의 경험이 반복되고, ③ 희생자에 대한 일차적인 부정 명령이 내려지며, ④ 더욱 추상적인 차원에서 일차적인 부정 명령과 불일치하는 이차적인 부정 명령이 내려지는데, 이는 일차적인 것과 같이 처벌 또는 생존을 위협하는 신호로 강요되고, ⑤ 희생자가 이 상황에서 탈출하지 못하도록 하는 삼차적인 부정 명령이 내려지며, ⑥ 마지막으로 희생자가 이중구속 유형에 처한 자신의 세계를 지각하도록 배웠을 때 위의 모든 구성요소들은 더 이상 필요가 없고, 이때 이중구속 과정의 거의 모든 부분은 공포나 분노를 불러일으킬 것이다.

이렇게 서로 불일치한 부정 명령은 심지어 환청에 의해서도 들을 수 있다. 이중구속의 영향을 평가할 때, 이중구속 상황이 발생할 때마다 논리 형태를 식별할 수 있는 개인의 능력에 문제가 생길 것이다'라고 연구 가설을 세운다. 이중구속 상황이 성립하기 위해서는 이러한 상황 외에 몇 가지 요건이 더 필요하다. 첫 번째 요건은 개인이 중요한 관계에 관여해야 한다는 것이다. 즉, 개인이 어떤 종류의 메시지가 의사소통되는가를 정확히 식별하여서 그에 맞도록 반응하는 것이 매우 중요하다고 느끼는 관계에 개입해야 한다. 두 번째로 이 사람과 관계를 맺고 있는 상대방이 두 가지 수준의 메시지를 표현하는데, 한 수준이 다른 한 수준을 부정하는 상황에 처해 있다. 그리고 세 번째로 이 사람은 자신이 어떤 메시지에 반응해야 하는가에 관해 스스로 분별하는 것을 확실히 알기 위해 표현된 메시지에 의견을 제시할 수 없다. 즉, 그는 메타의사소통적인 발언을 할 수 없다. 이 이론에 의하면, 이러한 이중구속 상황의 희생자는 정신쇠약을 보이며, 보통 사람들은 의미하는 바를 가리키는 메시지의 신호들에 민감성을 갖는 데 반해, 이중구속 희생자는 이러한 민감성을 갖지 못하고, 개인의 메타의사소통 체계-의사소통에 관한 의사소통-가 고장나서 어떤 종류의 메시지가 진짜 메시지인가를 알지 못할 것이다.[80)]

비록 이중구속이론의 구성요소가 선형적 인식론을 가정하고 있을지라도, 이 이론의 기본적인 메시지는 혁명적이었다. Bateson 연구진은 정신분열증을 개인의 정신 내적 질병으로 간주하였다기보다 대인적·관계적 현상으로 보았다. 그러나 이 논문의 중요성을 감지하기 위해서는 관심을 다시 역사적 맥락으로 돌려야 할 것이다. 즉, 이중구속이론이 발표된 당시에 치료는 정신역동적 이론에 의해 지배되었고, 통찰이 유일한 변화수단으로 이해되었다. 그러한 정신역동적 이론이 당시의 정신치료를 지배하였다는 점은 별로 놀랍지 않다. 이 이론의 기본 원리는 엄격한 개인주의 및 과학의 힘에 대한 미국의 기본적인 신념과 일치하였다. 사실 개인주의는 서구 사회에 대해서 가장 자주 인용되는 특징이며, Freud가 이룩했던 것은 서구 사회가 개인과 자아를 강조한 점을 합법화한 것이었고 궁극적으로는 제도화한 것이었다.[81)] 더욱이 미국에서 과학은 숭배에 가까운 위엄으로 존중되고 있으며, 과학의 무한한 가능성에 대한 믿음은 인간이

---

80) Gregory Bateson, *Steps to an Ecology of Mind* (New York, Ballantine Books, 1972), 22.
81) Reeves R. *American Journey* (New York: Simon & Schuster, 1982), 119.

환경을 개조하고 지배할 수 있는 능력을 가지고 있다는 미국인의 신념의 일부를 나타낸다. 확실히 프로이트 이론은 이러한 비평과 일치하였다. 반대로 바로 이러한 이유 때문에 그들은 체계이론과 가족치료가 반문화적이라고 말하였던 것이다. 그들은 검증과 이해를 통해 통제될 수 있는 마음의 내면적 작용에 더 이상 관심을 두지 않는다. 그보다도 이제 관계의 외부적 차원을 고려해야 할 때이다.[82]

가족치료 발달과 관련된 시대적 동향과 전후에서 1950년대 사건들을 볼 때, 사회적 경제적 정치적 맥락에서 2차 세계대전의 여파, 원자력 시대의 초기, 맥카시(McCarthy) 시대, 그리고 50년대 말까지 반문화적 운동의 시작이라는 화제가 가족치료와 관련이 있다. 따라서 이 시대에 번창한 재결합한 가족들의 스트레스의 증가, 전쟁으로 인한 결혼의 지연, 베이비붐과 대조를 이루었고, 국제적 차원의 평화는 국내적인 의혹 및 내적인 자유에 대한 위협과 대조를 이루었다. 그러나 체계 차원에서 체계의 몇 구성원 차원으로 옮겨 감에 따라 물리과학과 행동과학에서 주요 화제의 변화였음을 알 수 있다. 이러한 변화는 가족치료가 건강한 성장과 발달을 도모할 수 있는 형성기가 되도록 한 것은 당연하였다고 말할 수 있을 것이다.

3) 가족치료의 확대기

『과학혁명의 구조』에서 Thomas Kuhn은 과학자 사회가 한 가지 특정 패러다임에 의해 지배받는 상태로부터 다른 패러다임을 수용

---

82) Dorothy S. Becvar & Raphael J. Baevar, 20~23.

하는 과정을 설명하고 있다. Kuhn에 의하면 패러다임은 세계가 무엇과 같은가에 관한, 조사할 가치가 있는 문제들에 관한, 그리고 이러한 문제들의 조사를 위해 적합한 방법들에 관한 일련의 전제를 의미한다. 이른바 정상과학의 시대 동안 주요한 초점은 현재 수용되고 있는 이론적·방법론적 신념체계나 패러다임을 특징짓는 가정과 규칙들에 따라 수수께끼를 해결하는 데 있다. 그래서 문제 해결은 정상과학이 패러다임이 제공하는 미리 형성되고 비교적 고정적인 상자 내에서 자연을 억지로 설명하려고 시도함으로써 일정한 틀이나 관점 안에서 추구된다. 만약에 시간이 지나 기존 패러다임의 규칙들에 의해서는 설명되지 않는 심각한 문제가 야기되거나 사건이 발생한다면, 예외적인 것이 존재한다고 하여 새로운 설명을 찾으려는 시도가 시작된다. 이 시기는 위기의 순간으로, 소위 말하는 비상과학의 시기가 뒤따르게 되는데, 이때 오래된 규칙들이 흐트러지고 기본 신념이 재구축되는 과정이 시작된다.[83]

새로운 패러다임을 수용함은 새로운 패러다임이 그에 필적하는 패러다임보다 더 좋은 것 같지만, 그렇다고 해서 직면할 수 있는 모든 사실을 설명할 필요는 없으며, 실제로 결코 설명하지도 못한다는 사실을 요한다. 일단 받아들이면, 과학자들이 그들의 정상과학으로 되돌아가게 됨에 따라 이러한 과정이 완전히 반복되는데, 정상과학이란 패러다임이 특별히 드러나는 사실과 패러다임의 예측 사이에 균형을 이루는 정도를 증가시킴으로써, 그리고 패러다임 자체를 조금 더 심사숙고해 봄으로써, 패러다임이 특별히 드러나는 것으로 보

83) Kuhn T. *The Structure of Scientific Revolutions* (Chicago, IL: The University of Chicago Press, 1970), 18~24.

이는 사실에 대한 지식을 넓힌다는 점에서 수수께끼를 푸는 활동을 말한다.

1940년대에 일어났던 사이버네틱 인식론의 수용은 Kuhn이 설명한 과학혁명 과정의 예이다. 사실상 더 큰 과학자 사회 안에서 발생하였던 선형적 세계관으로부터 순환적 세계관으로의 게슈탈트 전환은 Bateson이 지적하였듯이, 그의 생애 동안 일어난 큰 사건들 가운데 하나이다. 비록 1950년대 후반까지 가족치료가 행동과학에 보급되지는 않았지만, 가족치료 운동은 사이버네틱스 혁명과 분명히 일치하였다. 체계론적 틀을 채택하거나 받아들이려고 했던 연구자들과 임상가들에게 그 시기는 이제 지식을 넓히고 개념을 설명하며 새로운 관점의 기본 가정에 논리적인 여러 기법들을 확장하는 것 같은 정상과학, 즉 수수께끼를 푸는 활동으로 되돌아오게 하였다. 그래서 1960년대에 가족치료가 여러 방향으로 확산되었다. 즉, 학술회의에서 가족치료 양식에 대한 인식이 높아졌고, 이전에 시작된 연구가 계속되었으며, 새로운 연구과제가 시작 되었고, 또한 가족치료에 관한 책과 논문의 출판이 쏟아졌다.[84)]

1960년대에 가족치료 운동에서 가장 대표적인 학자였던 Virginia Satir는 1964년『공동가족치료(Conjoint family Therapy)』를 출판하였으며, 또한 가족치료 분야에서 가장 영향력 있는 인물 중의 한 사람으로 자신의 자리를 확보하였다. Satir는 의사소통에 관심을 두며, 정서적 성장과 자아존중을 강조하였고, 그래서 가족치료 집단에서 인본주의자로 여겨진다. Satir는 자신의 접근을 "과정모델(process

---

84) Dorothy S. Becvar & Raphael J. Baevar, 34~35.

model)"이라고 명명하였다. 또한 1960년대에 가족치료 이론의 대표자로서 Salvador Minuchin은 구조적 가족치료 접근의 건설자이다. Minuchin은 1960년에 뉴욕의 윌트윅 소년학교(Wiltwyck School for Boys)에서 남자 비행청소년들에게 몰두하였는데 특히 저소득층과 빈민가족에 초점을 맞추기 시작했고, 이 집단에 적합한 기법을 개발하게 되었다. 이 집단과 관계있는 가족치료자들 가운데는 Harry Aponte, Stephen Greenstein, 그리고 Marianne Walters가 있다. 이와 같이 1960년대는 가족치료 운동의 안과 밖에서 발생한 사건들 속에서 가족치료가 꽃필 시기가 분명히 도래하였던 것이다.[85]

4) 가족치료의 혁신기

1970년대에는 새로이 개발된 가족치료 접근들이 발전하여 완전히 성숙한 학파를 이루게 되었고, 이론적인 모델을 정성들여 만드는 경우도 있었다. 실제로 가족치료 창시자들이 발행한 출판물은 1970년대에 최고조에 달하였다. 학생들은 스승으로부터 훈련을 받기 위하여 여러 가족치료 센터로 몰려들기 시작하였다. 가족치료의 주요 접근들 간의 경계는 더욱 분명히 구분되었다. 가족치료의 주요 창시자들이 개발한 모델에 관하여 1970년대의 가장 중요한 부분을 요약하고자 한다.

---

85) 위의 책, 38.

정신역동적 접근

Murray Bowen과 그의 추종자들은 Bowen 모델을 가족체계론적이라고 칭하였다. 그러나 Bowen이 정신 내적 근원에 초점을 둔 점은 명확하게 구별할 수 있기 때문에 그를 정신역동적 접근의 대표자로 간주하는 것이다. Bowen은 정신역동적 접근의 대표자일 뿐 아니라 가족치료 분야의 중요한 이론가 중의 한 사람이기도 하다. 정말로 Bowen의 우선적인 관심사 중의 하나는 가족치료가 일관성 있고 보편적인 이론에 의해 주도되어야 한다는 것이며, 그의 이론적 틀은 이러한 목적을 달성하려는 것이었다.

Bowen의 이론은 20여 년간의 연구와 임상경험 위에서 발전하였으며, 그동안 그는 수많은 논문을 발표하기도 했다. 1978년 그는 또한 『임상적 실제에서의 가족치료(Family Therapy in Clinical Practice)』를 출판하였는데, 이 책에서 그는 자신의 이론적 입장 및 그의 모델과 일치하는 치료기법을 자세히 설명하였다. 기본적으로 Bowen은 근원가족으로부터의 자기분화, 그리고 내적으로는 지적 기능과 정서적 기능의 분리에 관심을 가졌다. 치료는 삼각관계와 정서적인 밀착을 피하고 내담자의 인지과정을 격려하는 관점으로 개인이나 부부를 감독하는 것으로 본다. Bowen의 이론은 여덟 개의 상호 관련된 개념과 전략으로 이루어진다. 치료의 목적은 가족원들이 이와 같은 눈에 보이지 않는 충성심(loyalties)을 인식하고 보다 조화롭게 의무를 수행하도록 도와줌으로써 건강한 개인과 가족이 될 수 있도록 하는 것이다. 부모와 조부모 세대의 구성원들이 모두 치료에 참여하도록 하며, 더욱 성숙한 관계가 이룩되도록 격려한다.[86)]

경험적 접근

1976년에 Carl Whitaker는 「임상에 있어서 이론의 방해(The Hinance or Theory in Clinical Work)」라는 논문을 발표했는데, 이 논문에서 그는 가족치료 시 자신이 선택한 방법은 이론이라기보다도 경험이 축적되어 조직된 것, 거기에다 자유를 허용하여 관계가 자연스럽게 맺어지도록 하는 것을 더 좋아한다고 하였다. 이 학파의 구성원들은 주로 Whitaker와 함께 가족에서 경험적 심리치료가 의존하는 모든 법칙은 다음의 두 가지 계율에 의해 정해진다. ① 모든 정보와 치료의 중심점으로서 현재의 상호작용에 관심을 둠, ② 치료자가 전적으로 개입하여 대상가족에 미치는 치료자 개인의 영향을 명확하고 풍족하게 한다는 등이다.[87)]

Kempler는 게슈탈트 학자인데, 그의 철학과 성향은 사람들이 보는 것은 별개의 사건이 아니라 의미 있는 전체를 나타내는 'Gestalten'이라는 이론적 입장으로부터 비롯된다. 1961년에 Kempler는 로스엔젤레스에서 켐플러 가족발달연구소(Kempler Institute for the Development of the Family)를 창설함으로써 가족의 치료를 위하여 임상적으로 실행 가능한 기초로서 게슈탈트 치료(gestalt therapy)에 대한 생각을 시작하였다. 1960년대와 1970년대에 Kempler는 미국과 북유럽을 여행하면서 자신의 모델을 설명하였고, 1973년에 그는 『게슈탈트 가족치료의 원칙(Principles of Gestalt Family Therapy)』을 출판하였다. Whitaker와 마찬가지로 Kempler도 특정한 모델보다도 일반적인 치료접근을

86) 위의 책, 38~39.

87) Kempler, W. *Family Therapy: An Introduction to Theory and Technique* (Monterey, CA: Cole Books, 1972), 336.

제안한다. 치료목적은 "가족의 모든 구성원들, 부모, 자녀에게 개인의 잠재능력을 일차적으로 도모하는 곳이 가족이라는 사실을 일깨워 주고, 가족이 올바른 장소가 되도록 회복시켜 주는 것"이다.88)

구조적 접근

구조적 접근의 제창자인 Salvador Minuchin은 1974년 출판한 『가족과 가족치료(Families and Family Therapy)』에서 접근의 개요를 설명하였다. 이 모델은 전체 가족의 조직, 또는 가족구조를 특징짓는 규칙, 경계선, 제휴 등에 초점을 두었다. 구조적 가족치료는 수많은 가족치료 실습생들의 엄청난 호응을 얻었으며, 1970년대 후반까지 모든 가족치료체계 가운데 아마도 가장 영향력 있고 널리 실행된 모델이었을 것이다. Minuchin은 천식 및 거식증 등의 만성병 연구와 치료에 이 접근을 시행하여 굉장한 성공을 거두었다. 1978년에 Minuchin, Rosman 그리고 Baker는 『정신신체증상이 있는 가족: 맥락에서 본 거식증』이라는 제목의 책을 출판하였는데, 이 책에서 이러한 연구를 설명하였는데 근본적으로 질병을 특정한 가족적 맥락에 뿌리를 둔 증상으로 보며, 따라서 문제를 해결하려 한다면 가족구조가 변화되어야 한다고 주장한다.89)

전략적 접근

1967년부터 1976년까지 Jay Haley는 필라델피아 아동지도 클리닉에서 Minuchin과 함께 일했으며, 이들은 서로의 연구에 중요한 영향

88) Dorothy S. Becvar & Raphael J. Baevar, 40~41.
89) 위의 책, 41.

을 미쳤다. 그러나 Haley는 전략적 가족치료 접근의 주도적 인물로 가장 잘 알려져 있다. Haley의 모델은 그가 초기에 의사소통에 초점을 둔 것과 최면술사인 Milton Erickson에 관한 그의 연구로부터 강한 영향을 받았다. 1973년 Haley는 『비상한 치료(Uncommon Therapy)』를 출판했는데, 이 책에서 그는 가족 발달적 관점에서 Erickson의 접근을 평가하였으며, Erickson의 최면기법을 설명하였다. 실제로 전략적 접근은 흔히 역설의 이용과 동일시되며, Erickson의 치료 기법에 관한 Haley의 설명은 역설적 치료의 가장 명확한 몇 가지 예를 제시하였다. 1976년에 그는 『문제 해결 치료(Problem-Solving Therapy)』를 출판하였다. 이 책의 서론에서 Haley는 "비록 이 책은 문제에 초점을 두었지만, 이 책의 접근은 인간문제의 사회적 맥락을 강조하였다는 점에서 증상중심 치료와 다르다."고 지적하였다.[90] 1976년에 Haley와 그의 아내인 Madanes는 워싱턴 D.C.로 이사하였고, 이곳에서 가족치료연구소(Family Therapy Institute)를 설립하였으며, 또한 그곳에서 줄곧 미국에서 가장 인기 있는 훈련 프로그램 중의 하나를 운영하였다.

의사소통 접근

MRI(Mental Research Institute)의 구성원들이 구조적 접근의 경향을 보이지만, 이들의 이론과 문제해결적 치료기법은 의사소통 수준과 실재를 창조함에 있어서 언어의 기능을 구분하는 데 초점을 두었다. 이들은 가족치료 분야에서 가장 중요한 책 중의 하나인 1974년

90) Haley, J. *Problem-solving Therapy* (New York: Harper Colophen Books, 1976), 1.

에 『변화: 문제 형성과 문제 해결의 원리』를 쓴 공적을 남겼다. 이들은 Kussell의 논리유형론에 이들의 가정과 설명의 기초를 두고, 일차적 및 이차적 변화 과정을 설명하였다. Watzalawick은 또한 1976년 『실재의 본질(How Real is Real)』과 1978년에 『변화의 언어(The Language of Change)』를 출판하였다. 단기 가족치료 형식에 의하면, 치료는 최대 10회까지로 제한되며, 치료목적은 현재의 문제를 가장 편한 방법으로 해결하는 것이다. 어느 정도의 반론이 있기도 하지만, Virginia Satir를 의사소통 이론가에 포함시키는 것이 아마 가장 적절할 것이다. 그러나 그녀가 과정을 강조한 점으로 볼 때, 그녀의 모델은 경험적 접근으로도 논의될 수 있을 것이다. Satir의 책인 『공동 가족치료』(1964)와 『사람 만들기』(1972)는 가족치료 분야에서 가장 읽을 만한 두 권의 책임이 분명하다. Satir는 또한 1975년 『가족의 변화 도모(Helping Families to Change)』를 공동 출판하였으며, 1976년에는 Bandler 및 Grinder와 함께 『가족의 변화(Changing with Families)』를 공동 출판하였다. Satir는 전 세계에 걸쳐 실행되고 있는 사설 치료와 워크숍에서 가족 및 학생들과 더불어 직접 일하는 등 깊은 영향을 끼쳐 왔다.91)

행동주의 접근

행동주의 접근의 범주에 속한 사람들은 가족치료의 실제에 학습이론의 원칙을 적용한 사람들이다. 1960년대 중반부터 후반까지 발달된 행동적 접근의 대표자는 Kobert Weiss와 그의 오리건 부부학

91) Dorothy S. Becvar & Raphael J. Baevar, 43~44.

프로그램, 오리건사회학습센터의 Gerald Paterson과 John Keid, Neil Jacobson, Gayola Virginia Rohnson, Helen Singer Kaplan이다. Horne에 의하면, 이 치료양식은 효율적인 학습이 일어날 수 있는 환경을 제공하고자 한다. 즉 행동 대안을 넓히고, 새로운 선택을 제시하여 가족과 부부가 부족함을 치료하며, 가까운 인간관계 속에서 발생한 문제를 다룰 새로운 능력을 개발하도록 한다. 이러한 학습은 체계적으로 가르치는 모델 프로그램으로 이루어지는데, 이 프로그램은 심리학 및 행동과학으로부터 도출된 학습과정을 중시한다.[92] 개인 중심적 치료와 마찬가지로 행동주의 가족치료도 연구와 평가를 중시한다. 그래서 행동주의 접근이 가족치료 분야에 가장 최근에 진입하였지만, 이 접근은 모든 가족치료 접근들 가운데 가장 주의 깊게 연구되어 왔다. 행동주의 치료모델은 행동주의 부부치료, 행동주의 부모훈련, 그리고 공동 성치료의 영역에서, 각 영역의 제창자들의 노력을 통해 직접적인 영향력을 발휘해 왔다. 행동주의 치료모델의 영향은 다른 가족치료 접근의 제창자들, 가장 두드러지게는 Minuchin과 Haley가 조건 형성, 강화, 행동조성, 그리고 소멸 등의 원칙을 응용한 데서 찾아볼 수 있다.[93]

5) 가족치료의 통합기

Salvaor Minuchin은 1980년대가 통합의 시기라고 말하였다. 즉, 이

92) Horne A. M. *Counseling Families-Social Learning Family Therapy* (Itasca, IL: F. E. Peacock, 1982), 360.

93) Dorothy S. Becvar & Raphael J. Baevar, 44.

시기에 가족치료자들 가운데 Sigmund Freud가 가족 역동성보다 개인과 정신 내적 역동성에 초점을 두었지만 그는 증상이 발현한 상호작용 맥락을 의식하고 있었다. 더욱이 아동이 발달함에 따라 심리성적 단계를 성공적으로 밟아가기 위해서는 부모가 적절한 반응을 보여야 한다. 프로이트는 정신분열증 및 다른 질병의 발전에 있어서 가족관계의 역할을 알고 있었으며, 치료 시 환자 외의 다른 사람을 절대로 보지 않았던 것은 가족관계의 역할을 알고 있었던 점에 근거하였다. 사실상 프로이트의 신봉자들은 무의식적으로 투입된 가족을 밝혀내기 위하여 실제 가족을 배제하였다. 그러나 프로이트는 항상 개인과 정신 내적 갈등의 해결에 초점을 두었지만 가족의 영향을 의식하고는 있었다. 그러므로 그는 맥락을 의식하였을 뿐 아니라 당시에 반대를 무릅쓰고 일관성 있는 틀을 제공하였다는 점에서 가족치료 운동의 선구자 중에 속한다.

반면에 Carl Gustav Jung은 엄격한 프로이트적 입장에 반대하여 이 입장에서 벗어나기로 했던 인물이었다. 사이버네틱스 시대가 탄생 되고 있었을 당시 사망하였던 프로이트와는 반대로, Jung은 정신분석학과 가족치료의 탄생을 목격하였다. 비록 Jung은 가족치료 운동보다 정신분석이론과 더 많이 관련되는 인물이지만, 그의 "기본개념은 분명히 고전 심리학의 기계론적 모델을 초월하였으며, 자신의 과학을 어느 다른 심리학 학파보다 현대 물리학의 개념 틀에 훨씬 더 근접시켰다."[94] 즉, Jung은 전체성에 관심을 두었고, 또 환경에 상대적인 정신의 총체성(totality)에 관심을 두었다. 그의 이론적

94) F. Capra, *The Turning Point* (New York: Simon & Schuster, 1983), 186~87.

틀은 양극 간의 변동 및 양극의 통합 또는 합성을 향한 움직임으로 특징되는 변증법적 개념틀이었다. 그의 이러한 입장은 현대 물리학과 가까운 것이었으며, 체계이론가 및 가족치료자들의 입장과 상당히 비슷하다. 정신치료에 관하여 Jung은 비록 가족치료 문헌에서 그의 사고에 대한 언급을 찾아보기란 힘들지만, 그의 사고는 여러 면에서 가족치료의 기본 가정과 일치하였다.

또한 프로이트주의에 반대한 Alfred Adler(1870~1937)로, 그의 사고는 실천적이고 응용적인 생활심리학으로 발전하였으며, 그는 아동발달에 영향을 미치는 것들을 밝히고자 하였다. 그는 전체 가족의 개입을 강조하는 아동지도 클리닉을 창설할 때 도움을 주었다. 교사와 학교는 그의 또 다른 초점의 대상이었으며, 적극적인 연사로서 그는 학교가 동등한 기회를 부여하고 아동이 열등감을 극복하도록 돕도록 하였다. 실제로 Adler의 많은 개념들(예, 출생순위, 사회적 관심)이 가족치료에 적용되는 경우가 흔하다. 그의 연구는 발달하는 아동의 환경을 구성하는 사람들과 개인이 출생한 사회에 관심을 두었다. 그러나 Adler의 이론은 개인심리학으로 알려져 있고, 그의 사고에 의하면 그는, 특히 개인이 변명을 부인하는 데 대한 글을 쓰는 데 몰두하였다. 그는 이것을 다음과 같이 말한다고 생각했다. "나는 나의 가정교육, 나의 사회계층, 나의 이웃에서 관계를 맺고 있는 사람들 등의 영향 때문에 지금 이처럼 행동한다."[95] Adler는 행동을 개인의 목적을 성취하고자 지향하는 것으로 보았으며, 사회적 관심을 유기체적 발전의 산물로 보았다. 그래서 그의 사고는 이 논문에

95) J. F. Rychlak, *Introduction to personality and the Psychotherapy* (Boston, MA: Houghton Miffin, 1981), 168.

서 설명된 의미에서 볼 때 체계론적 관점을 보이지는 않았다.

6) 가족치료의 전망

1960년대에 행해진 급진적이고 새로운 실험으로서의 가족치료는 이 분야의 문헌, 기관들, 전문가 군단들과 함께 하나의 확립된 영역으로 성장하였다. 하나의 이론이나 접근을 중심으로 형성된 다른 분야와 달리(정신분석, 행동주의 치료), 가족치료 분야는 언제나 경쟁하는 학파들과 수많은 이론들과 더불어 모두 문제가 가족을 통해 전달된다는 신념에 동의하고 있었다. 그러나 그것을 넘어서면 각 학파는 그들 자체의 지도자와 주제, 그리고 치료 방법을 가지고 있는 잘 규정된 별개의 집단들이었다. 그러나 오늘날 이 모든 것이 변화하고 있다. 각 분야는 더 이상 구별된 학파로 깔끔하게 나눌 수 없으며, 이들 임상가도 더 이상 하나의 이론에 전적으로 집착하고 있지 않다. 가족치료 운동은 어떤 한 접근법이 모든 해답을 가지고 있다는 신념에 대한 도전으로 인해 흔들리게 되었고 변화되었다.[96]

지금까지 가족치료는 페미니스트, 포스트모더니스트, 구성주의자, 사회구성주의자, 다문화주의자 그리고 폭력과 학대를 다루는 사람, 동성애자, 만성질환자들로부터 일련의 장한 비판 공세를 받아왔다. 치료자들은 보다 협동하며, 민족, 인종, 계급, 성, 성적 경향성에 민감하며, 동시에 행동이나 구조보다 신념이나 가치에 보다 관심을 두어야 한다는 자극도 받았다. 임상전문가는 동정심이 있고 대화에 능

96) Michael P. Nichols & Richard C. Schwartz, 308.

한 사람에게 자리를 내어주게 되었다.

가족에게 어떤 지시를 내리거나 어떤 상황에 직면시키는 것을 지양하고 협력적 관계를 맺는 것에 대해 새로운 관심을 갖게 되었는데 이것은 어쩌다가 우발적으로 나타난 현상은 아니다. 그것은 이 분야가 성숙하고 있음을 반영해 주고 있는 것이다. 가족치료 초기에 치료자들은 가족이 항상성을 유지하려고 하거나 저항을 하는 강한 반란군으로 보았다. 이것은 치료자들이 내적으로 형성된 어떤 편견을 가지고 있는 상태에서 접근하였던 점에서 부분적으로 그 이유를 찾아볼 수 있다. '가족 희생양'을 구하는 데 전심전력하였던 치료자들은 그 가족구조 내의 어머니를 이겨내야 할 적으로. 그리고 아버지를 주변적 인물로 간주하였다. 체계는 변화에 저항한다. 그러나 가족치료자들이 많은 저항을 만나게 되었던 한 가지 이유는 그들이 너무나 간절히 사람을 변화시키기 원했으면서도 그들을 이해하는 데 너무 느렸기 때문이다.

가족치료자들은 우리에게, 과거에 가족구성원을 개별적인 인격체로 보았던 것을 가족을 구성하고 있는 하나의 유형으로 보도록 가르쳤다. 이때 가족은 경직되어 있으면서 언어로 표현되지 않은 규칙이 지배하고 있고, 가족을 개인들의 삶이 상호연관되어 이루어진 하나의 조직체로 본다. 그러나 이러한 과정에서 이들은 기계적인 가족체계를 만들어내고 가족치료를 이러한 가족체계와 싸우는 것으로 간주하였다. 최근에 가족치료 분야에서 일어났던 도전들은 기계적 접근에 대한 반응이었다. 만일 체계적인 혁명이 한쪽 방면으로 너무 멀리 갔다면 이에 대한 비판 역시 그렇다고 할 수 있을 것이다.

21세기 가족치료를 이끌어 가는 중요한 주제는 사회구성주의이다. 가족치료 초기에 개인으로부터 가족으로 초점의 전환이 이루어졌을 때처럼 최근 들어 행동에서 인지로, 가족에 대한 도전에서 협조로 전환하고 있는 것은 새로운 가능성의 세계를 열어주고 있다. 그러나 많은 혁명적인 움직임이 그러하듯이 이러한 전환도 새로운 것으로 나아가는 것을 의미할 뿐이고, 체계론적 사고와 가족의 역동에 대한 관심으로부터 눈을 돌리는 것을 의미한다. 과거의 주요한 개념들을 버리는 것은 새로운 것을 깊이 탐구해 보는 데 반드시 필수적인 작업이겠지만 아마도 시계의 추는 다시 돌아올 것이다.

포스트모던 회의주의가 가져다 준 두 가지 가장 중요한 가치는 다양성과 민주주의적 방식이다. 물론, 다양한 관점을 존중하는 것은 좋은 일이다. 이러한 가치로 인해 통합주의 모델이 일어나게 되었고 가족이란 조직의 다양한 형태를 다시 새롭게 존중하게 되었다. 그러나 만일 모든 형태를 부인하고 모든 개인을 절대적인 독특성으로만 본다면 좋다고 할 수 없다. 이것은 지식이 필요 없으며 안내지침을 위한 여지도 남겨 놓지 않는다는 것을 뜻한다. 가족치료자들은 비체계적인 접근을 옹호하고 영향력의 부과에 대항하는 것으로 인해 민주주의적 방식을 기꺼이 받아들였다. 그러나 Bateson이 지적했듯이 계급조직은 본래부터 고유한 것이며, 물론 치료 중인 가족들도 다른 사회체제와 마찬가지로 어떤 종류의 행정상의 결정하는 팀이 필요하다.

이상과 같이 가족치료 발전의 주요 이슈는 1차 수준에서 2차 수준 사이버네틱스로, MRI에서 해결중심치료로, Milan 체계에서

Hoffman과 Goolishian으로, 구성주의에서 사회구성주의와 현재 이야기 접근으로 발전되어 왔다. 이런 가족치료의 주도적인 접근이 발전하고 있을 때, 가족치료자들은 그 흐름에서 인기를 덜 탄 치료적 접근들, 즉 행동주의, 정신분석, 구조주의, 전략주의, 정신역동적, 경험주의, 통합적 접근들도 계속 실시되어 왔다는 점은 중요하다. 그러므로 새롭게 주의를 끄는 것만이 이 분야에서 행해지고 있는 유일하거나 주요한 것이라고 생각하면 잘못 생각하는 것이 될 것이다.[97]

97) 위의 책, 309.

3장

가족치료의 주요 개념

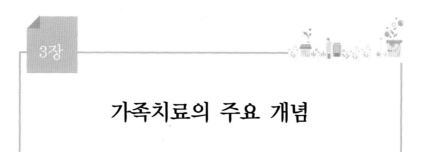

본 장에서는 체계론적 가족치료 이론의 주요 이론들을 크리스천 가족상담에 적용하기 위한 전제들에 대해 논의하려고 한다. 가족치료 이론은 심리학의 실존적 인본주의적 지향에 뿌리를 두고 있기 때문에 이러한 이론들을 그대로 크리스천가족상담에 적용하는 데는 많은 난관에 부딪치게 된다. 그러므로 가족치료 이론들을 크리스천 가족상담에로의 적용하기 위한 몇 가지 전제들을 살펴봄으로써 상담자로 하여금 크리스천가족상담의 과정에서 만나게 되는 장애들을 피하여 효율적인 가족상담으로 이끌어 가게 하려는 것이다.

1. 가족치료를 위한 가정들

가족치료는 개인치료와 달리 가족의 전체 시스템을 하나의 단위로 이해하고 개인의 증상이나 문제를 가족이라는 시스템 안에서 탐색하며 또한 해결방안도 가족 안에서 찾으려는 시도이다. 가족의 문제나 행동의 변화는 가족들이 관계성 안에서 상호 간의 미친 부정적・긍정적인 영향력을 인식하고 바람직한 관계형성이 되도록 하는 과정이다. 이러한 가족치료의 독특성을 미리 이해함으로써 치료과정에 나타나는 여러 가지 예견치 못한 상황들을 대처하기 위한 몇 가지 구체적인 과정들을 살펴보고자 한다.

1) 가족들의 상호관계성

가족들의 역할이나 기능이 사회의 변화와 함께 맞물려 시대의 변화에 대처하지 못하는 가족들은 더 많은 문제로 갈등을 일으킬 수밖에 없었다. 이러한 복잡한 문제들을 다루었던 "초기 정신분석훈련을 받은 대부분의 가족치료자들은 가족치료를 시작하면서 심층심리학에 대한 생각들이 체계이론으로 바꾸었다. 미뉴친(S. Minuchin)과 잭슨(D. Jackson)은 정신분석의 틀에서 완전히 빠져나왔고, 영국의 심리학자 라잉(Laing)도 가족들의 상호관계성을 고려한 관계중심으로 변하였다."[98] 따라서 "가족치료는 가족들의 상호관계성의 영향력을 중요시하기 때문에 관계치료(Relationship therapy)라고 말할 수 있다. 가족치료는 원인과 결과에 의한 직선적인 사고에 의한 인과관계보다는 A가 B에게 영향을 주고, B가 C에게 영향을 주고, 또 C가 A에게 영향을 미칠 수 있는 순환적인 사고와 인과관계를 이해하여야 한다. 가족치료는 가족을 하나의 부분적인 요소들로 이해하면서 동시

98) 김혜숙, 『가족치료 이론과 기법』, 2판 (서울: 학지사, 2008), 26.

에 서로 상호작용하는 전체로 이해한다. 가족체계의 한 부분의 변화는 가족전체의 변화를 가져온다. 한 사람의 변화는 더 큰 맥락의 변화에 영향을 미친다고 본다."[99] 이와 같이 가족치료는 가족을 한 사람의 행동방식 그 자체로만 이해하기보다는 그 사람과 상호작용하는 관계성 안에서 상호 간의 부정적이고 긍정적인 영향력을 인식하고 건강한 관계형성이 되도록 하는 과정이라는 사실을 중요하게 여겨야 한다.

2) 개인증상에 대한 관점

가족치료는 개인의 성격특성과 행동패턴에 대한 전통적인 관심과 탐구에서 벗어나, 인간의 문제 중에서도 증상의 발달과 완화의 문제를 개념화해주는 새로운 관점으로 가족을 탐구하기 시작하면서 가족상담의 이론과 방법들이 발전하기 시작하였다. 그러므로 가족치료자가 가족치료에 있어 개인증상에 대한 관점은 치료과정에 매우 중요한 관계형성을 이끌 수 있다. 따라서 "가족 가운데 증세를 나타나는 IP(Identified Patient, 확인된 환자)의 증세에 대한 관점을 가족치료에서는 개인치료와 다르게 이해되어야 된다. 개인의 문제증상이 개인의 어떤 장애로 인하여 일어난다고 보는 관점보다는 가족들의 역기능적인 시스템 안에서 생존의 한 방식으로 나타나는 부적응적인 반응으로 이해하는 것이 더 바람직하다고 본다. 가족치료에서는 개인의 증세에 대한 관점이 개인보다는 대인관계에서 오는 맥락

99) 김혜숙, 『가족치료 이론과 기법』(서울: 학지사, 2003), 47~48.

에 초점을 두고 바람직한 새로운 관계형성을 할 수 있도록 원조한다."[100] 그러나 증상의 발달은 한 사람이 관계의 정의를 통제하기 위한 방법인 동시에 자신이 그렇게 하고 있다는 것을 부정하는 것이다.[101] 가족상담은 개인을 둘러싼 가족이나 사회체계를 문제의 원인으로 보고, 개인의 내면을 탐색하기보다는 개인을 둘러싼 가족의 맥락, 가족들과 상호작용하는 방식이 어떠한가를 분석하며, 증상을 초래하는 상호작용 방식에 변화를 주어 가족의 기능을 향상시키므로 개인의 증상에 변화를 가져 올 수 있다는 새로운 관점으로 가족을 탐구해야 할 것이다.

3) 가족의 패턴양식

가족치료에 있어 치료자가 가족 안에 이미 고정된 패턴양식을 이해하는 것은 가족의 문제를 해소할 수 있는 계기를 마련할 수 있다. "가족의 집단은 부부가 결혼을 해서 자녀를 출산하고 양육하는 과정에서 자녀가 태어나기 전에 가족의 환경과 분위기를 만들어 놓고 있다. 부모들의 행동방식이나 의사소통, 가족의 규칙, 역할, 세력에 대한 분배 등이다. 부모의 바람직하지 못한 환경에 대한 부적응이 가족원들에게 증세로 나타날 수 있다. 부모와 자녀간의 관계에서 일방적이고 강압적인 교류패턴들은 자녀들의 분노가 억압되어 변형된 분노의 표출로 이상행동으로 이어질 수 있다. 가족치료는 가족 안에서 역기능적인 의사소통, 편집된 권력구조, 역할, 가족의 규칙 등이

100) 김혜숙, 48~49.
101) 이영분 외 5인 공저, 『가족치료』(서울: 학지사, 2008), 207.

변화하도록 함으로써 가족원이 갖는 문제나 증상을 해소할 수 있다."[102] 그러므로 가족치료에서 개인의 특성보다도 가족 내의 살아 있는 실체를 알기 위해서 가족 안에 존재하고 있는 고유한 양식들을 이해함으로써 가족원들이 가진 문제와 증상을 원활하게 해소할 수 있을 것이다.

4) 가족의 신화

가족신화(family myth)[103]는 일반적으로 현실에 대한 왜곡이나 부정은 물론 현실을 위장하는 요소를 가지고 있으며, 가족 내에서 가족구성원의 행동은 물론 가족구성원 간의 관계에 영향을 미치는 등의 가족구성원이 상호작용에 영향을 주고 가족의 일체감과 안정성을 보장하는 가족규칙을 강화하는 데 기여한다. 이와 같이 가족신화는 가족구성원의 행동을 결정해 줄 뿐만 아니라, 특정한 가족관계를 나타내 주기도 하며 가족의 항상성 기능을 유지하는 데 기여한다.

가족치료에 있어 가족 내에서 개인의 다양성이나 개별성에 존중 없이 형성된, 매우 경직되고 비타협적인 가족신화를 이해함으로써 가족들을 구속하고 있는 커다란 장애를 제거하는 것이다. 무엇보다 가족치료에 있어 가족신화를 이해해야 할 필요성에 대해 가족치료

102) 김혜숙, 『가족치료 이론과 기법』, 61.

103) 가족규칙은 행동적 요소와 인지적 요소를 가지고 있는데 가족규칙은 가족원의 인지과정에 영향을 미치고 가족성원에 의해 정당화되고 패턴화된 인지패턴은 개인의 삶의 전략으로서 선택된다. 이렇게 가족 내에서 형성된 인지패턴이 기능적일 때, 개인은 타인과의 삶속에서 서로 존중하고 유익을 끼치면서 자신의 욕구를 적절하게 충족시키는 건강한 개인으로 성장할 수 있다. 그러나 역기능적인 규칙에 의해 형성된 인지왜곡은 가족 내에서 개인의 다양성이나 개별성에 대한 존중 없이 형성된 매우 경직되고 비타협적인 신념을 형성하게 한다. 이러한 비타협적인 신념은 가족에게 다른 선택권의 여지가 없게 한다. 비타협적이고 경직된 신념체계는 가족신화로 기능한다. 이러한 가족신화는 현실왜곡과 인지왜곡을 가져오게 되고 개인의 기능에 부정적인 영향을 미친다(이영분 외, 94~95).

학자 김혜숙은 말하기를 "가족들의 관계는 다른 어떠한 관계보다도 도덕과 윤리적 행위양식을 강요당하기 때문에 더욱더 객관적인 인식을 할 수 없게 만든 것이 가족이다. 그런 연유로 가족들은 확실한 증거나 심층적인 분석 작업도 없이 가족에 대한 자동적인 사고로 무비판적으로 수용하는 신화(myth)를 가질 수밖에 없다. 가족들이 기능적으로 대처하고 문제해결을 위한 인식의 틀의 변화를 위해서는 가족들을 옭아매는 가족의 신화부터 자유롭게 하는 것이다. 가족치료에서는 가족의 문제에 대한 객관적인 인식에서부터 출발하며 드러나지 않은 가족의 신화, 비밀로부터 맺힌 것을 풀어주는 기능을 한다."고 하였다.[104] 따라서 치료자는 가족체계로부터 형성된 인지왜곡이 개인과 가족에게 어떤 영향을 주었는지를 함께 탐색하고 변화시키는 개입을 할 수 있다.[105]

5) 가족의 세대 간의 역동성

가족치료에 있어 가족을 이해할 수 있는 관점으로 가족의 세대 간의 역동성을 이해하는 것이다. 왜냐하면 "가족 안에서 한 자녀의 출생은 개인 한 사람의 출생으로 끝나지 않고 가족들의 연계성과 혈연집단의 영속성을 내포하고 있다. 가족에서 개인의 가치나 행동방식, 대처방식, 부모와의 관계성, 구속의 강약, 친밀감 형성 정도, 가족 간의 우애와 화목 등은 개인 혼자서 마음대로 결정할 수 있는 요인이 아니다. 자녀는 부모에게 의존하고 양육의 도움을 받아야만 생

104) 김혜숙, 『가족치료 이론과 기법』, 61.
105) 이영분 외 5인 공저, 『가족치료』, 95.

존이 가능한 것 같이 자녀들의 사고방식, 가치관, 행동방식들은 거의 부모와의 교류를 통해서 습득한 가족환경에 의한 것들이다. 현재 나의 정체성과 행동방식은 내 가족의 흐름 속에서 자연스럽게 터득하고 익숙해진 것들로 채워진 부분들이기 때문이다. 세대 간의 역동성을 통해서 개인의 행동을 이해할 수 있는 관점이 가족치료에서는 중요하다."는 것이다.[106] 이와 같이 가족치료는 가족의 세대 간의 역동성을 이해하여 가족의 전체성에 초점을 맞추고 사정과 평가를 거쳐 치료목표를 설정하고 전문가의 치료적인 개입을 통하여 변화를 시도해야 하는 것이다.

2. 가족생활주기

가족생활주기는 시간의 경과에 따른 가족 내의 발달적인 경향을 묘사하기 위하여 일반적으로 사용하는 용어이다. 가족은 가족생활주기의 전환기에서 적응상의 문제를 일으킬 수 있으며 이 적응상의 위기는 가족문제의 근원이 될 수 있다.

그러므로 가족의 속성에는 가족들의 지속적인 관계성, 변성, 가변성, 예측불가능성 등이 동시에 존재한다. 그래서 가족은 항상 문제에 직면하고 해결하면 또다시 다른 문제가 따르고 연속적인 문제해결의 과정이다. 가족은 끊임없는 도전에 대처하면서 성공적이 되기도 하고 실패를 경험하는 위기에 노출되기도 한다. 따라서 가족들이

---

106) 김혜숙, 『가족치료 이론과 기법』, 49~52.

위기상황에서 대처능력은 세 가지 요인이 중요한 역할을 하는데 이에 대해 가족치료학자 김혜숙은 “첫째는 가족들이 위기상황에서 어떤 방식으로 반응하고 대처하느냐는 위기극복에 아주 중요 부분이 된다. 둘째는 가족들의 대인관계와 사회 관계망이 어느 정도 형성되어 있는지는 위기상황에 중요한 작용을 한다. 셋째는 가족들이 가지고 있는 자원들의 여부, 경제력, 교육수준, 가치관, 건강상태, 의사소통능력, 가족들의 친밀 정도 등 가족들의 자원이 풍부할수록 가족들의 위기는 잘 극복될 수 있다.”라고 지적하였다.[107]

이처럼 가족들이 안고 있는 임상적 문제는 어떤 발달단계에서 다음의 발달단계로 이행할 때 생기는 어려움과 관련된 경우가 많다.[108] 따라서 상담자는 개인이나 가족의 생활주기에 관한 지식을 가지는 것이 바람직하다. 상담자는 특히 어떻게 하면 가족이 이행이라는 발달과정을 수용하고 촉진시킬 수 있는가와 연결하여 생각할 필요가 있다. 한 개인에게 발달단계가 있듯이 가족 역시 시간의 흐름에 따라 정서적 발달을 하는데, 그 같은 발달을 달성하기 위해 가족이 수행해야 하는 발달과제가 있다. 그런데 가족이란 믿음, 기대, 가치 등을 공유하는 정서적 체계이므로 가족생활의 각 단계에서 요구하는 발달과제를 달성하는 것은 그다지 간단한 일이 아니다. 개인의 경우 어떤 발달단계에서 요구하는 과제를 충분히 달성하지 못하면 그 단계에 고착하는 것처럼, 가족의 경우에도 어떤 단계에서 요구하는 과제를 수행하지 못하면 어려움을 겪게 된다. 이처럼 가족이 생활주기에서 각 단계의 이행이 순조롭게 진행되지 못하면 스트레

107) 김혜숙, 『가족치료 이론과 기법』, 63~64.
108) 이영분 외, 『가족치료』, 87~88.

스를 받기 쉽다. 이 같은 스트레스에 직면하면 가족은 이전의 단계로 돌아가려는 퇴행현상을 보이는 것이 일반적인 반응이다. 그러므로 치료자는 가정 모습의 기초선을 제공하는 가족생활주기를 통해 정형적인 가족의 위기 요인을 파악할 수 있게 될 것이다.

1) 가족생활주기의 변화

가족생활주기는 그 자체가 하나의 정서적 발달의 기본 단위이다. 이것은 특유한 단계와 경과를 가진 가족구성원의 움직임과 상호관계를 이해하는 준거틀로서 의의가 있다. 모든 가족은 개인과 마찬가지로 결혼, 첫아이의 출생, 청소년기의 시작과 같은 어떤 예측 가능한 사건이나 국면을 통과하게 된다. 그러나 가족생활주기를 거치는 동안 각 단계에서 요구되는 발달과제를 해결해야 하는데, 이와 같은 발달과제가 순조롭게 해결되지 않을 경우에는 외부의 도움이 필요하다. 상담자들은 각 발달단계에서 요구되는 개인의 발달과제가 달성되느냐의 여부는 그 개인의 정신건강에 커다란 영향을 준다고 보았다. 이것은 종래의 출생부터 5, 6세까지가 한 개인의 인격을 형성한다고 보았던 결정론의 시각과는 달리, 인간은 전 생애에 걸쳐 끊임없이 변화한다는 생각을 지지하는 것이다. 최근의 생활주기 이론은 종래의 발달론적 관점에 성인기 이후 노년기까지의 인간의 생물학적 · 심리적 · 사회적인 변화를 그 이전의 발달과정과 연결해 보다 포괄적으로 볼 수 있게 한 것이다. 한편 생활주기를 생각할 때 우리는 개인이 세월이 지나감에 따라 흘러가고, 한 시기의 도전을 잘 견디어 내고, 다음 단계로 넘어가는 것이라고 생각하는 경향이 있다. “삶의 주기는 순서가 있지만 꾸준하게 지속적인 과정이 아니라 평평한 곳과 변화를 요구하는 장애물이 있는 단계를 따라 진행한다. 성장과 변화의 시기 다음에는 변화가 견고해지는 비교적 안정적인 시기가 이어진다.”는 것이다.[109]

2) 가족생활주기의 단계

1980년 카터와 맥골드릭(Carter & McGoldrick)은 일반체계이론을 통합한 새로운 가족생활주기의 개념을 정리해 발표하였다. 그들은 가족생활주기의 기본적인 단계를 나눌 때, 현대사회의 새로운 동향이 반영된 과제를 첨가해야 한다고 주장하였다.[110] 이들은 이와 같이 새로운 경향으로 소속되지 않은 어른(young adult)과 이혼 및 재혼가정을 들었다. 그들은 현대사회에서는 자신의 원가족과 결혼가족 어디에도 소속되지 않은 어른의 기간이 있으므로 이것을 가족의 출발점, 즉 첫 단계로 보아야 한다고 주장한 것이다. 또한 이혼에 동반하는 가족생활주기의 혼란과 그 전후의 가족 과정이나 재혼에 의한 새로운 가족 형성의 문제를 예외적 현상으로 생각하지 않고 기본적인 가족과정으로 보았다. 또한 그들은 가족발달과제를 가족이라는 전체 속에서 관계를 확대하거나 축소, 그리고 재편성하는 것으로 보았기 때문에 이들이 제안한 가족생활주기의 단계는 실제 가족상

---

109) Michael P. Nichols & Richard C. Schwartz, 『가족치료』, 김영애 외 4인 공역 (서울: 시그마프레스, 2003), 98.

110) E. A. Carter & M. McGoldrick, *The Family Life Cycle: A Framework for Family Therapy* (New York, NY: Gardner Press, 2005), 2~3.

담 과정에 많은 도움을 준다. 이러한 관점에 근거해 여섯 단계의 가족생활주기 단계와 발달과정에 필요한 가족상황의 이차적 변화에 대해 제시하였다.[111)]

첫째 단계는 자신이 태어난 원가족과 앞으로 만들어 갈 결혼가족 중간에 있으며, 원가족에서는 분리했으나 아직 다른 가족을 구성하지 않아 소속되지 않은 어른의 단계다. 이 단계에 속한 개인은 원가족에서 자신이 분화했다는 의식과 동료와 친밀한 관계를 형성하는 능력을 몸에 익혀야 한다.

둘째 단계는 결혼에 의한 가족결합이다. 이 과정에서 서로에 대한 헌신이 필요하며 새로운 부부체계가 형성된다. 이 단계에는 확대가족이나 친구 사이에서 생기는 관계를 적절히 조절하며, 결혼을 계기로 원가족과의 관계를 재구성해야 한다.

셋째 단계는 어린 자녀가 있는 가족이다. 자녀의 등장은 가족체계에 이미 존재하는 부부체계에 새로운 부모자녀체계가 더해지는 것이다. 새로운 세대를 가족체계에 받아들이는 것뿐만 아니라, 확대가족과의 관계에서도 변화가 일어난다.

넷째 단계는 청년기 자녀가 있는 가족이다. 부모자녀 관계에서 자녀가 자립하기 위한 단계적이지만 커다란 변화가 예상된다. 부모세대가 자립을 위한 자녀의 발달과제를 수용하면서 지금까지 부모로서 보다 많은 관심을 가졌던 관점을 부부에게로 전환하는 것이다.

다섯째는 자녀가 집을 떠나 자립의 시기다. 이 시기는 젊은 세대가 자립하는 시기이므로, 가족구성원의 들락거림이 더욱 심해진다.

---

111) E. A. Carter & M. McGoldrick, 2~12.

자녀들은 사회에서 자립한 성인으로 역할하게 됨으로써 가정에서도 자녀를 평등한 어른으로 인정하는 새로운 부모자녀관계를 모색해야 한다.

마지막 단계는 노후이다. 부모세대는 조부모 세대로서 둘만 남게 되므로 이들은 새로운 관심이나 사회생활을 만들 필요가 있다. 동시에 중간세대가 가족 속에서 보다 중심적 역할을 하게 되며, 윗세대의 지식과 경험을 존중하며 수용하지만 그들에게 의존하기보다는 오히려 그들을 돌보는 위치로 바뀌게 된다.

이와 같이 가족생활의 주기상 전환점에서 가족은 필연적으로 변화에 대한 요구에 직면하게 되고, 그에 대한 가족의 대처능력은 이전단계에서 체계의 적응정도와 밀접한 연관을 갖는다. 따라서 내담자 가족을 돕는 데 있어 치료자는 내담자 가족이 가족생활 주기상 어떤 시기에 처해 있는지 가족이 필연적으로 경험하고 있는 발달과정에 있어 변화요구가 무엇인지 그로 인해 가족이 경험하는 스트레스는 무엇인지 탐색해야 한다.

3) 가족생활주기의 불연속적 변화

가족이 다른 복합적인 체계와 공통되는 점은 매끄럽고 연속적인 변화를 갖기보다는 불연속적인 도약을 한다는 점이다. 가족은 일종의 폭포와 같다. 즉, 한 개인이 태어나서 늙고 죽는 과정을 거치면서 세대에 걸쳐 만들어진 겹겹이 쌓인 유형의 층을 통과할지라도 이 다양한 유형의 층은 하나의 전체적인 구조로서 지속된다. 사랑에 빠지거나, 창조적 행위, 개종, 진화적 도약, 개혁, 또는 혁명을 예로 들 수 있다. 또한 하나의 체계가 갈등을 겪거나 역기능적이라는 것은 반드시 재앙을 암시하는 것이라기보다는 더 새롭고 복합적인 통합이 이루어지도록 압력을 주는 것으로도 볼 수 있다.[112]

가족은 도약을 통해 변화하는 실체의 대표적인 예라 할 수 있다. 가족을 구성하고 있는 개인은 내적이며 생물학적인 설계에 따라 성장하지만, 가족 내의 더 큰 집단인 하위체계와 세대는 상대와의 관계에서 일어나는 주요한 변화를 견뎌내야만 한다. 가족의 과제는 늙은 세대가 권력을 잃고 쇠퇴하며 죽기 때문에 새로운 세대로 하여금 출산하게 하고, 독립적이 되도록 하며, 새로운 가족을 형성하고, 그 과정을 반복하도록 훈련시키는 것이다. 가족생활의 파수꾼이 세대를 통해 계속적으로 변화하는 것이다. 이 과정은 민주국가에서 정당이 바뀌는 것처럼 가끔은 순조로우나 흔히는 위험과 분열에 대비하여 싸워야 한다. 대부분의 정신적 증후와 의료적 증후는 이러한 긴장 시기에 나타나는 것이 보통이다. 이러한 증거에서 추정할 수 있는 것은 대부분의 가족들이 쉽게 새로운 통합으로 도약하는 것이 아니며, '변형'은 결코 자기 보증적(self-assured)이 아니라는 점이다.[113]

요약하면 불연속적 변화이론은 우리가 소위 변형이라는 것을 갖기 이전에는 스트레스와 파괴되는 시기를 피할 수 없음을 보여 준다. 이러한 시기의 공통된 특성은 소위 말하는 역설적 명령이거나 또는 다른 용어로는 단순구속이다. 이중구속이란 이 단순구속이 무

---

112) Better Carter & Monica McGoldrick, 『가족생활주기와 치료적 개입』, 정문자 역 (서울: 중앙적성출판사, 2000), 185~87.

113) Better Carter & Monica McGoldrick, 207.

효가 되거나 부인될 때만 생기기 때문에 변형에 필요한 압력이나 도약이 일어날 수가 없다. 이런 경우에 변화에 대한 가족의 요구와 변화를 반대하는 것을 모두 보여 주는 하나의 증상이 생긴다고 예상할 수 있다. 가족구조는 자연스러운 전환점에서 변화에 대한 압력을 가장 많이 받기, 때문에 대부분의 증상이 이때에 일어나는 것은 놀라운 일이 아니다. 폭넓은 지식을 가진 임상가나 가족생활을 전공하는 사람은 이러한 행동들이 가족변화에 따라 기대되는 것임을 알 것이다. 이들은 증상을 만드는 항상적 순서를 파괴하려 할 것이고, 그렇게 함으로써 변화를 위한 압력이 커져 더 이상 증상이 필요 없는 변형이 일어날 것이다.

4) 특이한 생활주기의 전환

결혼이나 출산, 죽음과 같은 일반적인 생활주기 사건이나 전환들은 거의 빠짐없이 특정한 의식(rituals)을 치른다. 결혼식이나 유아세례, 유아작명 등의 의식은 불연속적인 사건들이기는 하나, 살아가면서 여러 번 겪는 과정이며, 사전 준비와 사후 반성이 따르게 된다. 생활주기의 의식을 계획하고 실행하는 데에 참석할 사람을 선택하는 문제는 가족 규칙을 보여주는 일종의 은유(metaphor)라 할 수 있다. 생활주기에 따른 의식을 준비하는 과정에서 가족 내의 협상(negotiations)은 이차적 변화(second-order change)를 위한 좋은 기회가 될 수도 있다. 그러므로 이러한 의식들은 생활주기의 전환을 보여주는 일종의 압축된 드라마이다. 모든 개인과 가족은 규범적인 생활주기 전환을 경험하며 이러한 전환을 촉진시키는 의식에 참여하지만, 외견상 다르거나 특이한 성격 때문에 특이한 생활주기 전환에 직면하여 적절한 의식을 거치지 못하는 개인과 가족도 많이 있다. 이처럼 특이한 전환으로는 장애아의 출산, 사산, 입원으로 인한 강제 별거, 수감, 폭행을 당하는 것, 강요된 별거 후의 재결합, 이민, 동거, 동거하던 사람과의 결별, 동성애자 간의 결혼, 양육기관에 위탁하는 것과 위탁 후 재결합, 자살을 포함한 예상 외의 급사, 횡사, 가족원의 지지 없이 입양되어 한 가족이 되는 것, 정신적 또는 신체적 장애를 가진 젊은이가 집을 떠나는 것으로 특히 집 떠나는 것을 예상하지 못한 경우, 만성적이며 무기력한 질병 등이 있다.

위의 상황들은 일부에 지나지 않는데, 이런 상황들은 시간이 지나면서 변화하는 더 큰 사회적 과정에 의해 형성되며 문화나 사회경제적 지위에 따라 다를 수도 있다. 예를 들어 혼외 임신이란 사건은 가족의 규범, 가족이 기준으로 삼는 참조집단, 보다 큰 지역 사회의 반응에 따라 특이한 생활주기 사건으로 여겨질 수도 있고 아닐 수도 있다. 위에서 열거한 상황들이 특이한 것처럼 보일 수도 있는데, 카터와 맥골드릭은 다음과 같은 몇 가지 공통된 요소를 지니고 있음을 지적하였다. 첫째는 요구되는 변화를 촉진시키고 개인과 가족, 그리고 지역사회를 연결시키는 익숙하고 반복할 수 있으며 널리 수용되는 의식이 없다. 둘째는 규범적인 생활주기 전환과 유사하게 관계를 재형성하는 작업이 여러 측면에서 요구되지만, 기대되는 전환을 할 수 있는 유용한 지침(map)이 부족하다. 셋째는 원가족, 지역사회, 거시적 문화로부터의 환경적 지지가 부족 하다. 넷째는 타인과 같다는 것과 타인과 다르다는 것 간의 균형을 유지하기가 어려우며, 결과적으로 차이를 부정하거나 또는 타인과의 연결감을 갖지 못하는 정도로까지 차이를 극대화시킨다. 다섯째, 사회적 낙인(stigma)은 지역사회의 편견에서 비롯된다. 여섯째, 보다 큰 체계에 개입하는 것이 때로는 문제를 만든다. 일곱째, 가족은 정체성을 갖게 하는 가족 의식이 가족의 고통스러운 기억을 되살리는 경우, 이 의식들을 포기하거나 중단한다. 역설적인 것은 이러한 의식 치르기를 포기하거나 중단하는 것은 관계를 치유하고 발달시키는 것을 방해한다는 점이다.[114]

5) 가계도와 가족생활주기

생활주기에서 가족의 위치를 평가할 때, 가계도(genogram)와 가족연대기(family chronologies)는 유용한 도구가 된다. 가계도와 가족연대기는 3세대에 걸친 가족의 모습을 보여줄 뿐 아니라 거동(motion)도 생활주기를 통해 알 수 있게 해준다. 가계도가 어떻게 가족생활주기의 틀을 설명할 수 있는지와 생활주기를 이해하는 것이 가계도를 해석하는 데 어떻게 도움이 될 수 있는지에 대해 살펴보고자 한다. 가족생활주기는 복잡한 현상이다. 이는 시간에 따라 세대가 출생하고 죽음에 이르기 때문에 가족 진화의 성쇠를 보여준다.

가계도는 결혼이나 재혼과정을 통해 두 가족의 결합을 보여주는데, 여기서 각 배우자는 자신이 원가족의 생활주기와 비교하여 어느 단계에 있는지를 알 수 있다. 하나의 새로운 가족을 만들기 위해서

---

114) Better Carter & Monica McGoldrick, 292~93.

배우자들은 각각 자신의 원가족과의 관계를 끝내야만 한다. 가계도를 보면 각 배우자는 자신의 원가족과 얼마나 연결되어 있으며 기대되는 역할이 무엇인가에 대해 알 수 있다. 만약 한쪽 배우자가 상대방 배우자의 가족과 경쟁을 하거나 부모가 자녀의 배우자 선택에 찬성하지 않을 때, 사돈 간에 삼각관계가 형성될 수 있다. 또한 가계도는 이전의 관계 때문에 현재 배우자 간의 결속이 방해받을 수 있음을 보여준다. 가계도는 가족생활주기의 각 단계에서 가족의 지도를 만드는 데 사용될 수 있다.[115] 가계도에서의 특이한 배열은 각 단계에서 탐색해볼 수 있는 삼각관계나 문제의 가능성을 암시한다. 가계도는 단지 가족에 대한 도식적인 지도에 불과하다. 필요한 정보를 수집 하는 것은 광범위한 임상 면접의 일부분이 되어야 하며, 가계도는 수집된 자료를 요약한 도표가 된다. 물론 가계도를 이해할 수 있도록 하기 위해서 많은 정보가 생략되어야 한다. 이런 제한점에도 불구하고 가계도를 가족 연대기와 함께 사용하면 가족생활주기를 추적하는 데 아직까지는 가장 좋은 도구라고 생각된다.[116]

3. 가족치료의 주요 개념들

가족치료자들은 개인의 행동이 우리가 언제나 볼 수 있는 상호작용에 의해서만 형성되는 것은 아니라는 사실을 발견했다. 체계적인

---

115) Goldenberg I., & Goldenberg H., *Family Therapy* (Pacific Grove, CA: Brooks Cole, 1996), 181~83.
116) Cerson. R., & McGoldrick, M., "Constructing and interpreting genograms: The example of Sigmund Freud' s Family", In *Innovations in clinical practice: A source book* (Vol. 5), 178.

개념, 피드백, 순환관계 등은 복잡한 상호작용을 예측 가능하게 하는 유용한 도구이다. 이러한 개념들이 임상 현장에서 어떻게 실제적으로 응용되는가를 중요하게 강조하면서 가족치료의 기본적이고 실용적인 개념에 대해 고찰해 보자.

1) 대인관계의 맥락

가족치료의 기본적인 전제는 인간은 관계 맥락(context)의 산물이라는 것이다. 부모나 배우자가 관계 맥락 차원에서 가장 가까운 사람들이기 때문에 인간은 특히 가족구성원들과의 상호작용에 의해 매우 큰 영향을 받는다고 볼 수 있다. 그러나 관계 맥락을 가족으로만 국한시키는 것은 문제가 있다. 비록 가족이 가장 중요한 영향을 끼치기 때문에 어떤 사람의 행동을 이해하기 위해 가족관계를 살펴보는 것은 중요하지만 그렇다고 사람들의 문제가 반드시 가족관계 때문에 발생했다고 볼 수 없다.[117)]

내담자가 처한 상황이 치료 차원에서 중요한 것은 치료자가 내담자를 일주일에 한 번 50분 만나는 것에 비하여 내담자의 나머지 시간의 일상적인 삶은 다른 사람과의 상호작용으로부터 영향을 받기 때문이다. 다른 말로 표현하자면 사람들의 문제를 해결할 수 있는 가장 효과적인 방법은 종종 그 사람뿐만 아니라 그 사람에게 중요한 타자들을 함께 만나 그들과의 상호작용을 재구성하는 것이다.

---

117) Michael P. Nichols & Richard C. Schwartz, 『가족치료』, 92~93.

2) 상보성

상보성(complementarity)은 어떤 관계의 규정적 특징인 상호성을 말한다. 모든 관계에서 한 사람의 행동은 다른 사람의 행동과 걸맞게 조화를 이룬다. 우주에 있는 남성성과 여성성의 힘인 음양의 상징을 기억하라. 그들이 어떻게 함께 상보성으로 한 공간을 점유하고 있는지 주의해서 보라. 인간관계도 이와 같다. 만일 한 사람이 변하면 관계도 변하고 다른 사람은 자동적으로 영향을 받는다. 가족치료자들은 한 사람이 다른 한편에 대해 불평하는 것을 들을 때마다 상보성에 대해 생각해야 한다.[118] 치료자는 가족구성원들의 행동의 상보성에 대해 지적해 주어 서로 비난하는 것과 이에 수반되는 무력감에서 벗어날 수 있도록 도울 수 있다.

3) 순환적 인간관계

가족치료가 출현하기 전에 정신병리학의 설명은 의학적, 정신역학적, 혹은 행동적 모델과 같은 단선적 모델에 근거를 두었다. 병인은 질병, 정서적 갈등 혹은 학습 능력 등과 같이 현재 가지고 있는 증상의 원인이 되는 이전의 사건에 의거한다고 이해되었다. "순환적 관계를 이루는 가족체계의 특성상 개인의 변화는 가족체계의 변화를 가져오고, 가족체계가 변화되면 다시 가족원 개개인의 분화가 촉진된다."[119]

118) Michael P. Nichols & Richard C. Schwartz, 94.
119) 이영분 외 공저, 『가족치료 모델과 사례』, 153.

원래의 행동은 순환적인 연결을 가속시키며, 여기에 다음 행동은 순환적으로 다른 것에 영향을 준다. 직선적 원인과 결과는 상호 영향의 고리 안에서 사라지고 만다. 많은 가족들은 그들이 가지고 있는 문제의 원인을 발견하고 누가 책임이 있는가를 결정하기 위해 오기 때문에 상호적이고 '순환적인 인과관계(circular causality)'의 개념은 가족치료자들에게 상당히 유용하다. 누가 무엇을 시작했는가를 찾기 위해 논리적이기는 하지만 비생산적인 탐구를 하기 위해 가족과 협력하는 대신에 순환적 인과관계는 문제가 계속되는 일련의 행동과 반응에 의해 유지된다는 점을 암시한다. 누가 시작했는가? 이것은 거의 중요하지 않다. 당신은 상호작용의 고리를 변경시키기 위해 첫 번째 원인으로 되돌아갈 필요는 없다.[120]

4) 삼각관계

가족체계에서 삼각관계(triangulation) 형성은 두 사람의 관계가 멀어졌을 때 제3의 사람과의 관계를 맺음으로써 자신의 불안을 다루는 방식으로 쉽게 사용할 수 있다. 삼각관계 형성은 감정반사적인 행동의 한 가지 패턴이며 원가족 관계의 반복적 패턴으로 자주 일어나고, 고정되어 패턴화된 가족유형을 발전시킨다. 분화수준이 낮은 부부는 스트레스 상황에서 반사적이 되기 쉽고, 두 사람 중 한 사람이 거리두기를 취하면 배우자는 애착관계에 불안을 느끼게 되어 이를 보충하기 위해 다른 대체물을 찾게 된다. 그 대체물이 자녀 중 한

120) Michael P. Nichols & Richard C. Schwartz, 95.

사람이었을 때 삼각관계 대상이 된 자녀와 밀착되고 융화된 관계를 맺게 된다. 그 결과 자녀는 부모의 분화수준보다 낮은 분화수준을 형성하게 된다. 한편으로 거리 두기를 했던 다른 한쪽 배우자는 상대방과 자녀 간의 밀착된 관계를 보면서 소외감을 느끼게 되어 가족 내의 다른 자녀와 가까운 관계를 맺으려 한다. 이렇게 해서 가족 내에서 삼각관계가 연동적으로 형성되면서 가족 안에는 일정한 형식의 관계 패턴이 고정되게 된다. 삼각관계가 고정되어 예측 가능한 것이 되면 가족 내에 증상을 일으키는 가족성원이 출원하게 된다. 따라서 개인의 증상은 가족 전체 체계의 역기능성을 나타내는 증상이라고 할 수 있다. 삼각관계의 대상은 부모의 원가족 형제 순위나 문화적 요소, 원가족 패턴과 매우 긴밀한 연관이 있는 자녀가 된다. 때로는 가족 밖의 활동이나 대상이 삼각관계가 되기도 한다. 삼각관계는 부부-자녀 삼각관계, 부부-형제 삼각관계, 인척관계 삼각관계, 사회적지지망 삼각관계로 나타난다.[121)]

이러한 삼각관계의 유형으로 '연합(coalition)'이 있는데 연합이란 가족들이 제 삼자에 대항하기 위해 부모가 자녀와 서로 결탁하는 것을 말하는 것으로, 안정연합(stabile coalition), 우회연합(detouring coalition), 세대 간의 안정연합(trans-generationale stabile coalition)이 있다.[122)] 이에 대해 김혜숙은 다음과 같이 설명하였다. 안정연합이란 가족 안에서 부부간에 문제나 갈등이 있을 때 아내가 자녀와 연

121) 이영분 외 공저, 『가족치료 모델과 사례』, 144.

122) 삼각관계와 삼인관계는 구분되는데 삼각관계는 장기적 반복적으로 형성된 미분화된 가족체계의 패턴이다. 이에 대해 삼인관계는 가족 내에서 두 사람이 일시적으로 친밀한 관계를 맺는다고 해서 두 사람의 관계에 포함되지 않은 다른 가족원이 불안을 느껴 감정반사적 행동으로 보이지 않는 관계를 말한다(P. Guerin, T. Fogarty, I. Fay & J. Kautto, *Working with Relationship Triangle*, 최선령, 최인수 공역, 『가족치료임상에서 삼각관계활용』 (서울: 시그마프레스, 2005: 52)

합함으로써 자기 편을 만들어서 심리적으로 안정감을 찾고 남편을 가족관계애서 왕따처럼 따돌림으로써 무시하는 경우이다. 우회연합이란 두 사람의 갈등이나 문제를 제삼자에게 회피함으로써 근본적인 갈등해결은 어렵지만 순간의 문제해결방식으로 부부간에 갈등이 심한 경우 아내가 남편에게 문제에 대한 불만이나 갈등을 직접대화로 해결하지 못하고 자녀에게 불만을 토로하여 직접적인 갈등을 우회로 푸는 현상이다. 그리고 세대 간의 안정연합이란 가족 간의 연합이 세대 간에 형성되는 경우로서 핵가족 세대 간에 또는 확대가족 세대 간에 모두 가능하다. 부부간의 갈등으로 부부가 둘 다 자녀들과 연합하는 경우는 아래 세대 간의 안정연합이며, 부부가 자신들의 부모들과 정서적으로 밀착하여 연합하는 것은 위 세대 간의 안정연합니다. 위아래 세대 간의 대항적 연합은 문제증상을 가진 자녀와 한 부모가 연합할 때 확대가족의 조부모와 한 부모가 연합하여 상대 배우자에게 대항하는 경우가 있다고 하였다.[123]

5) 가족구조

가족구조란 가족구성원들 간에 서로 어떻게 관계해야 하는지, 어떤 역할을 해야 하는지 등을 규정하는 무언의 이해와 합의이다. 이러한 구조는 가족이 경험하는 복합적이고 변화하는 내외적인 세계들을 다루어 나간다. 가족은 그들 자신의 관계, 즉 발달과정에서 형성된 개별 구성원들의 변화를 다루어야 하고, 이와 동시에 변화하고

---

123) 김혜숙, 『가족치료 이론과 기법』, 88~89.

요구되는 환경들에 대해서도 적극적으로 대처해야 한다. 이와 같이 변화하는 내외적인 과업에 의해 가족구성원들은 일시적인 부재나 무력의 상황에서 다양한 가능들을 수행해야 하며 다른 가족구성원의 역할을 해야 하는 경우도 생겨난다. 따라서 모든 가족은 이처럼 복잡한 내외적인 환경변화에 부응하고 이를 통합하기 위해 구조 안에 여러 세부 항목들을 보유할 필요가 있다. 가족에서 이루어지는 작업과정은 구조를 정의하고 구조는 경계, 제휴 그리고 권력을 포함하는 것이다.[124)]

먼저, 경계(boundaries)는 가족과의 작업과정에서 누가 참여하였는지, 즉 누가 이 과정의 내부에 있고 외부에 있는지를 정의하는 규칙이다. 이러한 작업과정에 들어가면서 가족경계는 분화되고 상대적으로 융통성이 있고 자연스럽게 융화되어야 한다. 제후(alignment)란 기능을 수행하는 과정에서 체계 내의 한 구성원과 다른 구성원 간의 합류(joining)나 반복을 뜻한다. 그리고 권력(power)이란 가족 기능과 관계 깊은 권력은 가족구성원이 행위 결과에 미치는 영향력이다. 권력은 개인이 궁극적으로 특정 결과를 가져오지 못하도록 만들 수 있다는 점에서 권위와는 다르다.[125)] 아기는 가족구성원들의 수면과 식사 시간에 지대한 영향을 미치는 힘을 가지지만 권위는 낮다. 그러나 아동은 흔히 가족 기능에 상당한 권력을 가지는 것이다.

---

124) Robert Constable & Daniel B, Lee, *Social Work with Families: Content and process*, 이은진 외 공역, 『가족치료와 사회복지실천』 (서울: 학지사, 2008), 155~56.

125) Robert Constable & Daniel B. Lee, 157.

6) 증상의 기능

가족치료자들이 지목된 환자의 증상이 흔히 가족을 안정시키는 작용을 하고 있다는 것을 알았을 때 그들은 이 항상적인 영향을 '증상의 기능(function of the symptom)'이라고 불렀다. 정서적 장애를 입은 어린이들은 부모 사이의 긴장과 연루되어 있다고 보았다. 어린이의 특성은 가족으로부터 걱정 어린 관심을 얻기 위하여 선택한 방식 때문에 생긴 것이며, 이 방식 때문에 가족으로부터 일탈한다고 주장한다. 반면에 부모들은 그들의 관심을 아이에게 기울이고 있는 한 그들의 갈등은 잊어버릴 수 있다. 가족구성원의 증상이 항상성의 기능을 할 수 있다고 하는 생각은 치료자들로 하여금 제기되는 불만 뒤에 있을 지도 모르는 잠재된 갈등을 바라볼 수 있도록 했다.[126)]

증상이 가족의 목적을 위해 도움이 된다는 가정의 최악의 결과는 가족들과 치료자 간의 관계를 적대적이 되도록 한다. 이런 적대감은 흔히 어린이를 동정하고 부모는 억압자로 보는 경향에 의해 더욱 고조된다. 부모가 되는 것은 쉽지 않다. 사실상 이것이야말로 세상에서 가장 어려운 일일 것이다. 다루기 어려운 아이의 부모는 한층 더 어렵다. 거기에 더하여 만일 부모가 자녀의 문제로 인해 어느 정도 이익을 얻고 있다고 생각하는 치료자를 대해야 한다면 누가 그들이 저항하는 것을 비난할 수 있겠는가?

오늘날 증상이 가족이 기능하도록 돕는다는 생각은 대부분 신뢰받고 있지 않으며 대부분의 치료학파들은 내담자와의 협조적인 관

---

126) Michael P. Nichols & Richard C. Schwartz, *Family Therapy*, 97.

계가 매우 중요하다고 강조한다. 그러나 증상이 반드시 항상성 기능을 돕는다고 생각하는 것은 잘못된 것이지만, 어떤 경우에 어머니의 우울증이나 어린이의 등교 거부는 가족을 위한 보호적 기능을 하고 있는 것으로 밝혀질 수 있는 가능성에 대해 생각해 볼 가치는 분명히 있다.

2부

가족치료를 위한 신학과 심리학의 관계

4장

신학과 심리학의 접근 모델

가족치료 이론을 크리스천가족상담에 적용함에 있어서 우선적으로 제기되는 것은 과연 일반 심리학의 배경을 가지고 있는 이론들을 크리스천상담학적 입장에서 수용할 수 있는가? 만일 수용한다면 어느 정도의 수준에서 수용할 수 있는가의 문제이다. 사실 신학과 심리학의 관계를 어떻게 규정하는가에 관해 어떤 입장을 가지느냐에 따라 크리스천가족상담의 내용과 형식이 달라지기 때문에 이 문제는 매우 중대하면서 기본적인 과제이기도 하다. 따라서 본 장에서는 크리스천가족상담 영역에서 신학과 심리학의 문제를 어떠한 방법으로 접근할 것인가를 제시하기 위해 신학과 심리학의 관계 정립에 관한 세 가지 종류의 접근 모델과 통합에 대한 주제들을 살펴보면서 '개혁주의 세계관의 통전적 이해'[1]를 바탕으로 체계론적 가족치료

1) '개혁주의 세계관의 통전적 이해', 즉 개혁주의 세계관은 기독교의 삼위일체적 신앙고백의 모든 주요 용어들을 보편적이고 포괄적인 의미로 이해한다. 즉, 창조, 타락, 세계, 새롭게 하심, 하나님의 나라 등의 용어들을 우주적 범위 안에서 이해한다. 원칙적으로 하나님을 제외한 어떤 것도 성경적 신앙 안의 이러한 기초적인 실재들에서 벗어날 수 없다(Albert M. Wolters & Michael W. Goheen, *Creation Regained: Biblical Basics for Reformational Worldview*, Grand Rapids, MI: Wm B. Eerdmans Publishing Co, 1985).이는 칼빈주의 세계관으로 죄의 치명적인 영향이 삶의 모든 구조에 스며들어 있음을 전제하고 우리의 삶의 구조가 하나님께서 원래 창조하신 의도에로의 회복을 바라보며 그리스도 안에서 개변(改變)되고 바뀌어야 한다는

이론들을 크리스천가족상담에 적용할 수 있는 가능성에 대한 기초적 이론을 마련하려고 한다.

크리스천가족상담은 그 용어 자체가 보여주듯이 신학적 영역과 심리학적 영역의 학제 간(interdisciplinary)의 학문이다. 크리스천상담에서 신학과 심리학의 통합을 위해 어떻게 접근해야 할 것인가에 대해 신학과 심리학의 관계정립을 위한 세 종류의 모델, 즉 카트(John D. Carter)와 내러모어(Bruce Narramore)의 접근모델, 크랩(Lawrance J. Crabb)의 접근모델, 닐 앤더슨(Neil T. Anderson)의 접근모델을 통해 신학과 심리학의 통합의 과정들을 논의하고자 한다.

1. 카터와 내러모어의 접근 모델

크리스천상담 분야에서 이러한 중대한 과제들을 새로운 통찰과 안목으로 신학과 심리학의 접근 방법의 잠재성과 방향성을 제시한 크리스천 심리학자들 가운데 카터[2]와 내러모어[3]의 공저 『The Integration of Psychology and Theology』에서 제시한 네 가지 유형, 즉 대립적 모델(Against Model), 종속적 모델(The of Model), 병행적 모델(Parallels Model), 그리고 통합적 모델(Integrates Model)에 대해 살펴보고자 한다.

변혁적 세계관이기도 하다(Robert E. Webber, *The Secular Saint: The Role of the Christian in the Secular World*, Grand Rapids, MI: Zondervan Publishing House, 1982).

2) John D. Carter 박사는 미국심리학회와 복음주의신학협회 회원으로, 그리고 Biola University & Rosemead School of Psychology의 심리학을 가르치는 교수이다.

3) Bruce S. Narramore 박사는 Biola University & Rosemead School of Psychology에서 Distinguished Professor of Psychology로 섬기고 있다.

1) 대립적 모델

신학과 심리학의 관계를 위한 다양한 접근방법들의 잠재성을 인정하기 위해 그들이 제시한 네 가지 모델[4]에 대한 진리의 본질과 요소, 종교적 요소들과 심리학적 요소들의 통합 가능성에 대해 세속적 입장과 성경적 입장을 구별하여 제시하고 있다.[5] 첫째, 세속 입장의 대립적 모델은 기독교와 심리학 사이에 본래적인 갈등이 존재한다는 가정에서 시작한다. 이 모델을 옹호하는 사람들은 신학과 심리학은 서로가 적대 관계를 가진 것처럼 서로를 대립시킨다.[6] 세속적 입장에서 보면 합리주의와 경험주의만이 진리를 찾게 해 주는 유일한 수단이며, 계시된 종교는 과학적 심리학의 견해들과 필연적으로 상충될 수밖에 없다는 입장이다. 세속적 대립모델의 인식론에서 주장하는 것은 과학만이 진리의 유일한 근원이며 종교는 그러한 과학적 사고에 정면으로 위배된다는 것이다. 둘째, 기독교 입장의 대립주의자들은 성경만이 유일한 진리이며 이성이나 과학적인 검증보다 계시가 진리의 원천이다. 그들은 이성과 경험적 증거의 타당성을 한 동안 긍정할 수도 있지만 대부분의 문헌에서는 현대 심리학 이론과 자료에 대한 의심을 갖는다. 따라서 카터와 내러모어는 대립적 모델에 대해 평가하기를 두 입장에서 근본적으로 나타나는 대립적

---

4) 심리학과 신학의 통합과 관련한 모델들에 관한 저자들의 입장은 H. Richard Niebuhr의 저서 *Christ and Culture*라는 책에서 개화된 기독교와 문명 상호 간의 역사분석을 일반적으로 따른 것이다.

5) John D. Carter와 S. Bruce Narramore가 말하는 '세속'과 '성경적'이라는 표현은 진리에 두 가지 국면이 있다거나 하나님 안에서 모든 진리를 통일하는 데 결여된 점이 있다는 것을 의미하는 것이 아니라 이론적으로 접근하게 되면 하나님과 신성한 계시의 존재와 그렇지 못한 것들로 막연하게 범위를 나눌 수 있다는 것을 뜻한다.

6) John D. Carter & S. Bruce Narramore, 91~95.

양상 때문에 자신의 입장에서 벗어나 상대의 가설(suppositions), 방법론(methodology), 추론(reasoning)을 이해하려는 태도를 갖지 못한다는 견해이다. 세속 대립주의자들은 계시에 대해 아무런 관심을 갖지 않으며 기독교 대립주의자들은 일반계시와 보편적 은혜에 대해서 거의 반응을 보이지 않고 있다. 두 입장 모두는 하나님께서 모든 진리의 근원이시며 그 진리는 영감으로 기록된 성경과 창조 세계에 대한 연구를 통해 발견된다는 정통적인 믿음을 부인하는 것이나 마찬가지이다. 대립적 모델의 약점은 죄에 관한 피상적 개념으로 내면적인 무의식 세계를 강조하는 경향에 대한 반작용과 과거의 역학적 심리학자(dynamically oriented psychologists)들의 영향 때문에 기독교 대립주의자들은 죄 또는 정신 병리의 개념을 가시적인 행동이나 태도, 구체적인 행동적 징후에만 국한시켰을 것이다. 그들은 행동적 경향에 몰두하고 개인 책임에 대한 좁은 식견에 빠진 나머지 심적 태도의 중요성(시 51:6; 마 12:34-35)과 개인의 부적응에 대한 부모와 사회가 미치는 영향을 강조한 성경의 언급들은 소홀히 취급하였다.[7]

2) 종속적 모델

신학과 심리학의 관계에서 종속적 모델의 입장은 대립적 모델에서와 같이 두 영역 간에 조화될 수 없는 차이점을 찾는 것이 아니라 종교와 심리학 사이에는 반드시 밝혀져야 할 상당한 공통분모가 있다는 입장을 취하고 있다. 건전한 종교와 건전한 심리학에서는 모두

7) John D. Carter & S. Bruce Narramore, 100~102.

인간만의 독특한 영적 자질을 강조하므로 신학과 종교는 중요한 사항을 공유하고 있는 것이며 두 영역 간에 개방적인 교류가 이루어진다면 서로 엄청난 유익을 얻을 수 있다는 것이다.[8] 세속적 입장의 종속적 모델(the of model secular version)에서 순수한 종교적 특성이나 종교적 개념은 약하며 초자연주의는 무조건 거절된다. 인간의 타락과 같은 사건에 대한 계시에서 초자연적인 요소와 역사적 실재를 배제하고 그 대신 참다운 인간이 되고 내면에 얽힌 문제들을 극복하고 일어서려는 인간의 보편적 노력이라고 해석하였다. 성경에는 특수한 심리학적 의미와 이론들이 깃들여 있으며 결국 심리학적 진리를 밝혀주는 수단이 된다고 본다. 반면에 기독교적 입장의 종속적 모델(the of model)은 성경의 초자연적 요소를 부정하고 종교에 대한 인본주의, 자연주의적 태도를 강하게 추구하는 신학적 자유주의에 근거한다는 점에서 세속적 모델과 유사하다. 비록 이 모델을 지지하는 사람들이 성경말씀과 과학적, 이성적 사실을 신중하게 구분한다고 해도 현실적으로는 과학적 주장과 이성을 성경의 권위보다 높게 평가하는 경향이 있다.[9] 즉, 전통적 성경해석에 새로운 측면을 덧붙이는 것이 아니라 기존 입장을 대체하는 것이다.[10] 따라서 종속적 모델은 성경에 대한 정통적인 견해를 고수하는 사람들의 입장에서는 여전히 결정적인 한계가 존재한다. 기독교의 독특한 특성들이 사

8) John D. Carter & S. Bruce Narramore, 103~112.

9) Hiltner는 신학적, 심리학적 개념을 연계하려고 시도하는 가운데 원죄(orignal sin) 개념을 거부하고 자신의 심리학적 신념에 더욱 완벽하게 들어맞는 환경적 입장을 취하였다. 여기서의 원죄 개념이 아담과 하와의 죄가 후손들에게 개인적으로 전가된다는 의미는 사라지고 사회의 조절 과정으로만 표현되었다. 죄가 사회적 영역을 차지하고 있으며 종종 우리는 죄의 본성을 지니고 있는 만큼 죄를 많이 짓는 것이 사실이지만 Hiltner의 분석은 자신의 심리학 체계에 적합하도록 성경을 재해석한 것이다. 그의 언급 속에서 예리한 통찰들을 많이 얻을 수는 있으나 그의 방식은 성경을 심리학에 '속한 문헌'으로 취급한 것이었다.

10) John D. Carter & S. Bruce Narramore, 100~02.

라진 상황에서 통합이라는 것은 더 이상 용어 자체가 모순이 될 수 없다. 인간적인 측면에서 생각한 심리학만이 남아 있기 때문이다.[11)]

3) 병행적 모델(Parallels Model)

신학과 심리학에 관계에서 병행적 모델의 입장은 심리학은 타당성 있고 필수적인 과학으로 인식되며 기독교는 정상적인 개인적, 사회적 현상으로 인식된다. 심리학은 과학으로, 종교는 개인적 경험이나 헌신으로 간주되어 기독교와 심리학이 각자의 적당한 위치를 차지하고 있는 것이다.[12)] 세속적 병행적 모델(the parallels model)은 심리적 문제에 관계된 직업을 가진 자들이 지지하는 유형으로 종교 지향적인 영적 상담과 과학 지향적인 인성 상담 사이에는 분명한 선이 그어져야 한다. 영적 접근과 과학적 접근의 이론적, 철학적 배경은 근본적으로 다르다는 것이다.[13)] 반면에 기독교 입장의 병행적 모델(the parallels model)에서는 성경과 심리학 모두가 중요하다는 것이다. 그들은 정신분석학적 자료와 성경을 비교하기를 성경에서 언급하는 '옛 사람'(롬 7:6)은 신학자들이 일컫는 아담으로부터 물려받은

11) John D. Carter & S. Bruce Narramore, 115~22.

12) 이러한 병행모델에는 두 가지 입장이 있는데 첫째는 고립적 입장(Isolation version)이다. 성경과 심리학이 서로 분리되어 있으며 특별히 중복될 만한 중요 사항이 거의 없다고 보는 입장이다. 양방 모두가 저마다의 타당성을 표현하고 있으므로 따로 고립되어 있더라도 두 분야를 개별적으로 확증할 필요가 있다. 두 번째는 상관적 입장(Correlation version)이다. 여기서는 성경과 심리학의 일부 개념들의 상호 관련과 제휴를 모색한다. 가령 초자아(Super ego)는 양심과 동등한 것으로, 이드(Id)는 탐욕(Lust), 육욕(Flesh), 옛 본성(Old nature) 등에 대비시킬 수도 있다는 것이다. 때때로 상관적 입장을 지지하는 사람들은 실제로는 서로 다른 영역의 개념을 대비시키면서도 자신들이 통합을 이루고 있다고 생각한다. 기독교와 심리학 모두의 중요성을 인정한다는 점에서 병행모델은 대립모델이나 종속모델에 비해 상당히 진보된 개념이다. 또한 이 모델은 아마도 기독교와 심리학의 중요성을 간과하지 않을 뿐 아니라 그 중요성을 감소시키는 표면적 시도 역시 거절하는 사려 깊은 심리학자들이 가장 많이 선택하는 모델일 것이다(이홍찬, 『개혁주의 목회상담학』, 127~32).

13) John D. Carter & S. Bruce Narramore, 122.

'옛 본성(old nature)'과 맥락을 같이하는 것으로, 심리학에서는 '통제되지 않는 이드(id)의 충동(uncontrollable ud impulses)'과 유사한 의미를 갖는다고 주장한다.[14] 따라서 병행적 모델의 기본 입장은 기독교와 심리학 사이에 본질적으로 상호관계가 없다는 주장이다. 기독교와 심리학 사이에 갈등이 일어날 수 없는 이유는 두 분야가 취급하는 영역이 본질적으로 다르기 때문이다. 그러므로 상호관계와 중복의 부분이 발견된다면 이것은 두 분야를 포괄할 수 있을 만한 연합체가 존재한다는 증거가 아니라 흥미는 병행 관계라고만 보는 것이다.[15]

4) 통합적 모델(Integrates Model)

기독교 입장의 통합 모델은 하나님께서 모든 진리의 창시자라는 가정에서 출발한다. 진리 추구에 있어 이성, 계시 과학적 방법들은 각기 필요한 역할을 담당한다. 인간은 하나님의 형상을 따라 지어졌고 하나님께서 성경에 기록되어진 특별계시와 창조 세계를 통한 일반계시를 통해 자신을 드러내시므로 성경과 심리학적 발견 사이에 일치점이 있음을 기대할 수 있다는 것이다. 통합적 입장에서는 하나

---

14) Milard Sall, *Faith, Psychology, and Christianity Maturity* (Grand Rapids: Zondervan, 1975), 22-23.

15) 따라서 카터와 내러모어는 상호관계적 입장의 세속모델은 다음과 같이 요약하였다. ① 기독교와 심리학은 서로 분리되어 있는 두 영역의 지식이다. ② 통합이란 상호 병행적인(동등한) 개념의 발견이다. ③ 인간존재, 병리, 치료 등의 본질에 관한 두 영역의 병행성은 상대의 독자적인 특성이나 영역을 침해하거나 훼손하지 않는다. ④ 상호관계 입장에서는 실제적으로 영적인 문제는 목사에게 심리학적 문제는 심리학자나 정신과 의사에게 위임하는 경향을 보인다. 즉, 상호관계 모델은 실제적 적용에 실패하여 고립적 입장에 가까워지고 진정한 통합에 반대되는 방향으로 흐른다. 상호관계적 입장에서 종속모델을 지지하는 세속 학자들은 있지만 그들의 성경 해석법은 심리학적 이론에 근거한 것이므로 분리된 영역의 지식으로서의 신학과의 통합은 사실상 사라지며 상호관계라기보다는 심리학에 종속된 관계로 전락한다(John D. Carter & S. Bruce Narramore, 125-27).

님께서 모든 진리의 근원이시고 창조주이시므로 궁극적으로 가설들은 하나의 설명으로 모아질 수 있다고 본다.[16] 또한 세속 입장의 통합론자들은 자연계와 성경말씀을 통해 자신을 계시하시는 하나님의 존재를 믿지 않으므로 과학에서 발견한 진리와 성경의 계시를 완전하게 결부시킬 수 없다. 세속 이론가들은 종속모델을 따르거나 상호관계적 병행모델을 따를 수는 있지만 전적인 통합모델은 실현할 수 없다. 여기에서 심리학적 사실과 성경의 계시를 동시에 믿어야 하기 때문이다. 완전한 통합의 기초이신 창조주 안에서만 진리가 통일된다는 인식에 기초한 것이다. 그러나 이 모든 점에도 불구하고 그들은 성경을 하나님의 권위 있는 계시로 인정할 만한 통찰력과 믿음이 없기 때문에 한계가 있다.[17] 통합적 모델에서 상담과 치료의 문제를 다루다 보면 성경의 계시가 치료가들 사이에도 상당히 다양한 의견들로 제시되어 있음을 알 수 있다. 통합모델을 지지하는 치료가들 사이에서도 내담자 중심적 입장(Hulme), 이성적・감정적(rational-emotive) 입장(Crabb), 분석적 입장(Wagner), 실존적 입장(Van Kaam) 등의 상담이 있다. 힐트너(Hiltner)는 상담의 선지자적 접근(prophetic approach)과 제사장적 접근(priestly approach)의 두 가지 방식을 제안하기도 하였다.[18] 이와 같이 기본적 이해를 기초로 하여 인성에 가장 적합하면서도 상대를 성경적 관점에서의 성숙으로 인도할 수 있는 상담 방

16) John D. Carter & S. Bruce Narramore, 35.

17) John D. Carter & S. Bruce Narramore, 35.

18) 힐트너는 상담의 두 가지 접근 방식으로 선지자적 접근은 확언(Convicting), 직면(Confronting), 설교(Preaching), 강연(Lecturing), 예상(Thinking for), 전달(Talking to), 진리 선포(Proclaiming), 파문을 일으킴(Disturbing the comfortable)을 제안하였으며 제사장적 접근으로는 격려(Comforting), 고백적(Confessional), 면담(Interviewing), 경청(Listening), 공감(Thinking with), 교제(Talking with), 진리 확증(Affirming truth), 위로(Comforting the disturbed)를 제안하였다.

식을 선택할 수 있을 것이다.[19] 따라서 통합이란 단순히 분리된 주제의 영역을 연관 짓는 것 이상이라는 것은 분명하다. 이것은 세 가지로 생각할 수 있는데 기독교와 세속의 개념, 사고의 방식(way of thinking)과, 그리고 기능의 방식(way of functioning)이다. 종종 모순되어 보이고 해결 불가능해 보이는 문제들을 통해 새로운 통찰을 얻는 경우가 많기 때문이다. 쉽게 통합의 시도를 포기하는 것은 개인의 창조 과정을 버리는 것과 같다.[20] 세 번째는 효과적인 통합의 기초가 되는 인격적 특성은 자신의 지성과 감성을 균형 있게 표현하는 것이다. 지각, 생각, 이론의 수립, 성경의 해석, 상담의 유형들은 모두가 개인의 지성적・감성적 취향에 크게 좌우되는 것이다. 신학자라면 성경의 교훈과 올바른 교리를 강조할 것이다. 그러나 의미 있는 통합을 실현하기 위해서는 다양한 시도가 필요하다. 헤아릴 수 없이 다양한 교회의 문제들을 이해하기 위해서는 더욱 많은 경험적 자료가 요구된다. 새로운 성경적 통찰과 이론적 개념이 형성되어야만 인간의 본성과 역할을 더 잘 이해할 수 있다. 연구, 이론, 성경적 해석들이 다방면으로 적용되어야 한다. 우리의 이해를 제한하거나 왜곡하기보다는 믿음을 가지고 진행한다면 학구적이고 전문적인 노력을 통해 결국 가장 폭넓고 올바른 입장을 세울 수 있을 것이다. 일반계시에 대한 이해와 땅을 정복하라는 광범위한 과제는 복음의 선포와 마찬가지로 하나님께서 주신 사명이다. 결국 통합이란 하나님의 창조를 이해하는 역할, 책임, 방법을 종합하는 것이다.[21]

---

19) John D. Carter & S. Bruce Narramore, 143~44.
20) John D. Carter & S. Bruce Narramore, 147~48.
21) John D. Carter & S. Bruce Narramore, 150~52.

2. 로렌스 J. 크랩의 접근 모델

크리스천상담심리학자 로렌스 J. 크랩(Lawrance J. Crabb)은 그의 저서 『The Effective Biblical Counseling』에서 신학이란 성경에 기록된 하나님의 계시에 대한 확신에서 출발하는 반면 심리학은 일반적으로 과학적 방법의 유용성이나, 실험의 본질, 경험주의적 법칙의 본질 등에 대한 논거로 시작하기 때문에 뚜렷한 차이점을 가진다. 이와 같이 심리학은 일종의 과학으로 인과론의 개념에서 출발하기 때문에 기독교 입장에서는 자유의지, 결정론, 개인의 책임에 대한 개념을 제거함으로써 충동적이고 비이성적인 사람으로 만들어 버린다고 주장한다. 반면에 심리학자들은 현대인들의 삶에 영향을 주는 형이상학적 상징체제와 윤리적 차원들을 갖고 있음으로 다원주의 상황하에서 효과적으로 이웃 사랑을 이해할 수 있는 새로운 관점들을 제공할 수 있다는 견해이다. 이러한 관계에서 신학과 심리학의 통합하려는 시도들과 성경적인 상담전략을 개발하기 위한 뼈대를 제공하려는 로렌스 J. 크랩[22]은 네 가지 접근 방법으로 분류하였다.[23]

1) 분리적 접근(Separate but Equal)

분리적 접근방법을 주장하는 자들은 성경은 신앙과 생활을 포함

---

22) Lawrence J. Crabb, Jr. 박사는 The University of Illinois(Ph.D)에서 Clinical Psychology(임상심리학)를 전공하였다. 그는 The University of Illinois에서 심리학교수와 Atlantic University in Florida의 심리상담센터의 소장을 역임했다. 현재 콜로라도기독대학교 교수로 재직 중이다.

23) Lawrence J. Crabb, *The Effective Biblical Counseling* (Grand Rapids: Zondervan, 1977) 정정숙 역, 『성경적 상담학』 (서울: 총신대학출판부, 1982), 31~52.

한 영적이고 신학적인 문제를 취급하고 있기 때문에 심리학적인 장애와 같은 많은 영역은 크리스천의 책임 밖으로 몰아내고 자격 있는 전문가들에 의해 다루어져야 한다고 주장한다. 심리학적인 역기능들과 문제들로 인하여 심리학적 증상을 나타내는 데 어떻게 상호작용을 하는가를 이해하기 위해서는 심리학의 도움을 받아야 한다는 주장이다. 그래서 성경과 심리학 사이에 벽을 만들고 두 분야를 분리적 접근으로 각각 다른 문제의 영역에서 다루자는 주장이다.[24] 그러나 이러한 분리적 접근(separate but equal) 방법에 대해 신학자 로버트 W. 파즈미노(Robert W. Pazmino)는 기독교의 믿음과 동조하면서 인간의 삶의 모든 '비종교적' 영역은 심리학 관점에 의해서 영향을 받을 수도 있다. 이 접근법은 세속적인 것과 분명한 분리를 강조하는 반면에 종교적 정신분열증이나 잘못된 종교로 갈 수 있게 만든다고 하였다.[25] 이를 도표로 표시하면 다음과 같다.

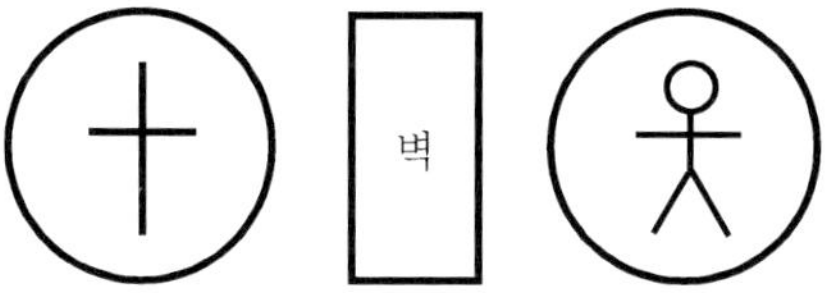

〈그림 1〉 분리적 접근

24) Lawrence J. Crabb, 31~52.
25) Robert W. Pazmino, *Foundational Issues in Christian Education* (Grand Rapids, MI: Baker Book House Co., 1997) 박경순 역, 『기독교교육의 기초』 (서울: 도서출판 디모데, 2002), 253.

2) 혼합적 접근 방법(Tossed Salad)

혼합적 접근방법을 주장하는 자들은 성경적 상담을 하기 위하여 신학과 심리학의 원리들을 제휴시켜, 두 영역을 혼합하여 조화된 원리를 맞추려는 혼합적인 방법을 취한다. 이러한 접근방법은 통찰과 심리학의 지혜가 담겨 있는 성경자료를 종합하면 효과적이고 세련된 크리스천 정신치료가 된다고 주장한다.26) 그러므로 이 접근방법의 모델은 서로 반대되는 철학적 입장에서 출발한 기독교적 전제와 심리학의 세속적 개념들을 서로 혼합시켜 여러 가지 요소들을 맛있는 혼합물로 만들기 위해 그릇에 함께 섞는 방법을 택하고 있다. 그러나 혼합적 통합모델은 크리스천 상담자들이 당면하는 문제들과 관련된 적절한 성경적 개념들과 필요한 성경구절들을 제공해 주려는 측면에서 분리적 접근(separate but equal)방법에 의해 바로잡아질 수는 있으나 신학과 심리학의 서로 상반된 사상들을 종합하는 문을 열어 놓게 되어, 교묘하게 기독교를 떠나 완전한 휴머니즘으로 우리의 사고를 옮기는 결과를 가져 올 수 있다. 크랩은 혼합적 접근방법은 지속적인 양육과 종교적인 관점에 의한 통제를 유지하기 위한 고립을 삶에 요구하는 편협주의(provincialism)와 게토화(ghettoization)를 초래할 수 있다고 주장한다.27) 이를 도표로 표시하면 다음과 같다.

---

26) 그러나 이들의 주장은 중심적인 기독교적 전제에 비추어서 모든 심리학 개념들을 주의 깊게 심사할 필요성을 강조하지 아니하고 성경의 빛을 통해 세속적인 개념들을 걸러내지도 아니하고 적절한 신학적인 문제들을 통과한 개념들을 받아들여 포괄적인 종합체로 동화시키려 하지도 않는다.

27) Robert W. Pazmino, 253.

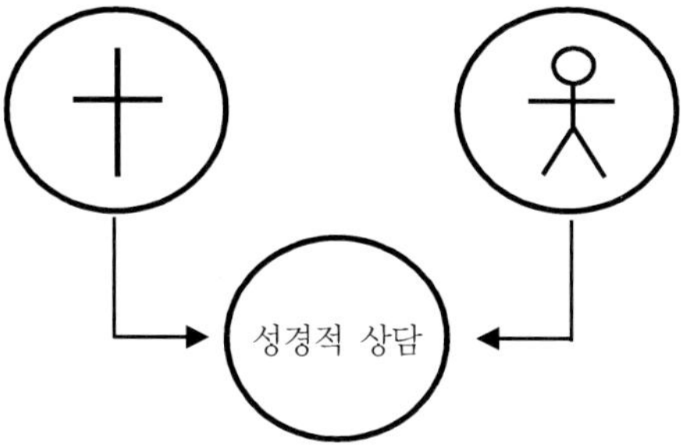

〈그림 2〉 혼합적 접근

3) 영적-신앙적 접근 방법(Nothing Buttery)

영적-신앙적 접근 방법을 주장하는 자들은 세속적인 심리학의 모든 지식을 더럽고 불필요한 것으로 불신하고 기본적 주장은 오직 은혜, 오직 예수, 오직 믿음, 오직 말씀을 강조함으로써 통합(integration)의 문제를 바라보는 견해이다. 이 주장의 철학적 배경은 성경은 외적인 신체적인 일에 대한 상세한 안내를 제공하지 않는다는 주장이다. 성경에는 하나님을 경외하는 것과 죄에 대한 취급과 거룩한 삶을 사는 원칙에 대한 하나님의 계시를 포함하고 있기 때문에 상담자는 모든 비유기체적인 문제들을 효과적으로 다루기 위해서 오직 성경을 반드시 알아야 할 필요가 있다. 이러한 입장에서는 필수적으로 두 단계의 상담이 포함되는데, 하나는 표면적인 문제가 무엇이든지 간에 죄악된 유형을 찾아야 하고 또 하나는 그 죄악된 유형을 고백하고 변화된 행동 속에 반영되는 회개에 이르도록 권면하고 인도하는 것이라는 주장이다.

그러나 영적-신앙적 접근방법에 대해 크랩은 첫째, 심리학은 아무

것도 제공할 수 없다는 영적-신앙적 접근주의자들의 주장에 대해 우리의 사고와 전략 속에 심리학적 연구 결과들에서 세속적 심리학을 걸러 낸다면 성경에 부합되는 인간의 기능에 대한 이해를 더해주는 많은 개념들을 발견하게 될 것이라고 주장한다. 둘째는 영적 성장의 배후에 있는 근본적인 역동성은 하나님의 무조건적인 사랑과 용납의 심오한 의식을 가져온 것으로 그리스도의 십자가 위에 구속사역에 의해 가능케 되었다. 그러므로 권면과 견책은 상담에 있어서 필요한 것이지만 언제나 진정한 용납의 관계에서 일어나는 것이어야 한다. 권위 있는 교정은 진정한 용납이 소통되는 신뢰감과 친밀감에 반발을 일으키고 억압된 순종을 낳게 됨으로써 결코 영적 성장을 이룩할 수 없다는 주장이다. 그러므로 영적-신앙적 접근방법의 경우에 상담을 두 사람의 복합적인 상호 작용을 단순하게 '동일시-권면-변화(identify-confront-change)'의 모델로 만들려는 경향이 있음을 지적하였다. 이를 도표로 표시하면 다음과 같다.

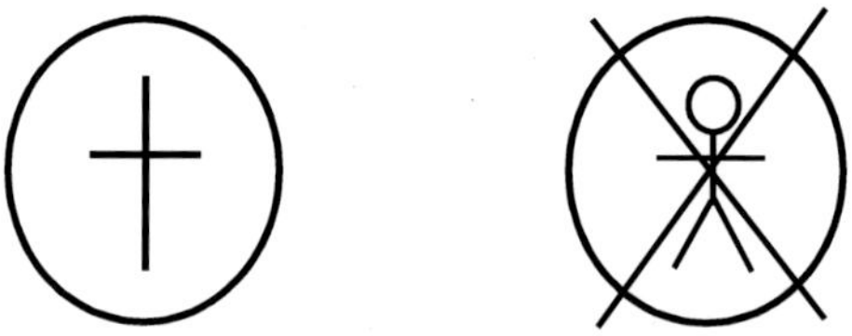

〈그림 3〉 영적 · 신앙적 접근

4) 통합적 접근 방법(Spoiling the Egyptians)

통합적 접근방법에 대한 크랩의 견해는 성경의 본질적인 내용들을 부지중에 타협하는 또 다른 성경적 혼합적 접근으로 타락시키지 않으려면 기독교적 전제들을 성경의 빛 아래 걸러내므로 심리학에서 유익을 얻을 수 있다는 주장이다.[28] 그러나 그러한 가능성을 축소시키기 위해서는 상담자가 갖추어야 할 자격을 제안하고 있다. 첫째, 심리학이 성경의 권위 아래 있다. 둘째, 성경은 정확무오한 영감된 계시라는 것에 대한 어떠한 교리적 논쟁도 하지 말라. 셋째, 비성경적 주장과 상반된 성경적인 우위성의 원리들이 실제로 진지하고 지속적으로 적용되어야 한다. 넷째로 통합자들은 심리학을 연구하는 시간만큼 성경연구를 해야 하며 구조에 대한 일반적인 통찰과 성경 전반에 대한 통찰을 해야 하며 기초적인 성경교리에 관한 지식을 갖추어야 하며 성경을 믿는 지교회에서 규칙적인 친교를 가짐으로 성령의 은사들로부터 유익을 얻는 기회를 갖도록 해야 한다는 것이다.[29] 크랩이 주장하는 통합적 접근방법은 세속심리학이 제공하는 것들이 있지만 상반된 가능성에 대하여 충분히 주의를 기울이지 않는 혼합적 접근의 부주의와 모든 크리스천상담이 성경적 계시와 철저하게 일치하는 것을 적절하게 팽개치고 있다는 영적-신앙적 접근의 과잉반응 사이에 필요한 균형을 잡게 하는 통합적 접근방법을 제시한 것이다. 또한 이 접근법은 기독교인들이 반드시 분별해야 할 발견된 진리와 더불어 계시된 진리가 있다고 가정하는데, 이것은 발

---

28) Lawrence J. Crabb, 47.
29) Lawrence J. Crabb, 47~50.

견된 진리와 계시된 진리는 서로 연관되어 있다는 조건 아래에서 가능하다. 기독교인들은 심리학을 다루는 데 주의 깊고 신중한 분별력을 가져야 하며 이 분별력으로 상담학적 환경에 대한 처방들을 제시하기 전에 설명된 심리학적 통찰력들을 세심하게 평가해야 한다.[30)] 이를 도표로 표시하면 다음과 같다.

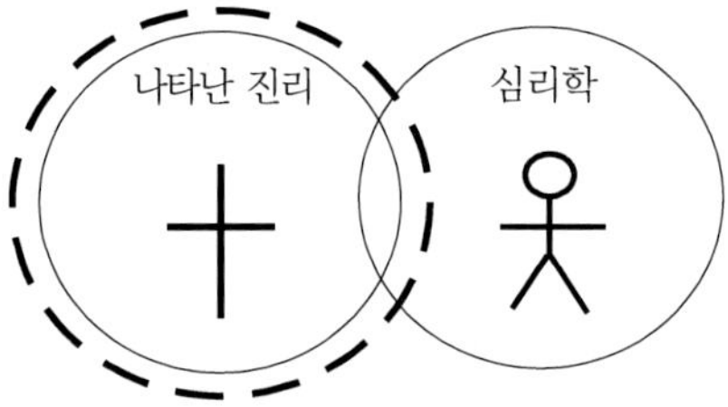

〈그림 4〉 통합적 접근

이상과 같이 통합을 위한 신학적 전제로서 통합적 접근방법은 어거스틴이 설명한 것으로 가차없이 적의 물건을 빼앗는 것이다(어거스틴, 『기독교교리: On Christian Doctrine』, 2권 40장). 이것은 심리학을 포함하여 모든 분야의 의구심에서 진리를 찾는 것인데 이것은 '모든 진리는 하나님의 진리이다'라는 것을 확신한다. '이스라엘 민족들이 광야에서 성막을 장식하는 데 이집트 사람들이 준 그릇들과 금은 장신구들을 사용한 것처럼'(출 12:33-36, 35:20-36:38 참고) 기독교상담자들은 하나님을 영화롭게 하는 것과 그들의 사고와 실천을 풍성하고 윤택하게 하는 것에 심리학에서 얻어진 지혜를 끝까지 사용해야만 한다. 통합적인 접근법을 사용하는 데는 영적인 분별력

30) Robert W. Pazmino, Foundational Issues in Christian Education, 254.

과 성경에 예시된 하나님의 진리에 대해 흔들리지 않는 확신과 예수 그리스도를 의지하여 나아가는 것이 요구된다.[31]

3. 닐 T. 앤더슨의 접근 모델

앤더슨(Neil T. Anderson)[32]은 그의 저서 『Helping Others Find Freedom in Christ』에서 그리스도 안에서 자유를 발견할 수 있도록 세워주는 '그리스도 안에서 자유하게 하는 7단계' 과정을 어떻게 사용할지 그 단계들에 대해 설명하면서 심리학적 문제들을 다루면서 제기되는 일반상담 프로그램과 심리학과의 접근에 대한 균형적인 관점을 가질 것을 제의하였다.[33]

---

31) 로렌스가 주장하는 통합을 위한 심리학적 전제로서 ① 인간은 육체를 가졌고 우리는 인간의 육체적 속성, 성욕, 성별, 자연 세계에 있어서 인간의 활동과 행동에 유의해야 한다. ② 인간은 정신을 가졌고 우리는 인간의 사고와 이성에 대하여 연구해야 한다. 인지발달의 구조와 내용에 대하여 연구해야 한다. ③ 인간은 감정을 가진 존재이고 인간의 삶에 있어서 정서적인 면은 매우 중요하다. 우리는 학습과정에서 학습자의 감정과 동기와 태도에 대해 민감하게 인식해야 한다. ④ 인간은 의지를 가졌고 자신의 삶의 다양한 부분에 대해 결정을 하는 존재다. 우리는 인간이 의도, 판단, 결정을 하며 행동하는 것을 인식해야 한다. 그러한 의도와 결정은 책무와 책임과 성실성의 문제에 관한 연구의 토대가 된다. ⑤ 인간은 공동체 안에 존재하고 우리는 다른 사람, 그룹, 기관, 사회적 조직과의 관계성에 대하여 연구해야 한다. 배려와 책임의 연결조직은 공동체 안에서의 정의와 공평을 위한 관심과 함께 뚜렷하게 인식되어야 한다. ⑥ 인간은 직관과 성격, 인격, 상상력 그리고 우리가 분석한 분야들을 초월하여 가치를 지닌 존재다. 따라서 우리는 인간의 개성 혹은 독특성에 대해 인식해야 할 사명이 있다. 이 전제들을 명백하게 인식하는 것은 기독교인들이 신앙의 정체성을 가지면서 심리학의 발달을 연구하는 데 도움을 줄 것이다. 이와 함께 또 다른 전제들은 하나의 심리학적 견해만으로 인간을 이해하는 데 생길 수 있는 고립된 시야를 확장시켜주는 데 도움을 준다(Robert W. Pazmino, 256~57).

32) Neil T. Anderson 박사는 미국탤벗신학교의 실천과장을 역임하였으며, 현재는 'Freedom in Christ Ministries'를 창립하여 이끌고 있다. 그는 많은 목회경험과 함께 '개인적 갈등 및 영적 갈등을 해결하는 법'이라는 제목으로 집회를 인도하고 있으며 영적 자유에 관한 베스트셀러 『내가 누구인지 아십니까(Victory over the Darkness)?』(조이선교회 역간), 그리고 『이제 자유입니다(*The Bondage Breaker*)』, (조이선교회 역간) 등의 저자이기도 하다.

33) Neil T. Anderson, *Helping Others Find Freedom in Christ* (Venturs, CA.: Regal Books, 1995), 안보현 역, 『그리스도안에서 자유하도록 도우십시오』 (서울: 생명의 말씀사, 1997).

1) 통합의 범위와 한계 설정

닐 앤더슨은 성경적인 상담을 받을 때는 하나님께 순복하고 하나님만 의지하겠다고 결심했는데, 일반상담을 받다 보면 그런 결심이 없어지고 대신 자신을 다시 의지하게 되며 약이나 치료집단을 의지하게 된다. 그렇다면 일반상담 프로그램은 아무 가치도 없다는 말인가? 과학은 우리 신앙의 적인가, 아니면 잠재적으로 중요하고 필요한 친구인가? 심리학은 다 원수들이 사용하는 도구인가? 아니면 모든 성도들이 반드시 이해하고 수용해야 할 성경적 심리학도 존재하는가? 신학과 행동과 한 분야의 학문들이 서로 통합될 수 있는 건지 아니면 전혀 통합될 수 없는 건지 그 여부를 검토해 보면서 이상과 같은 질문들에 대해 먼저 하나님의 뜻을 어떤 방법으로 계시하시는지를 살펴봄으로써 기초를 다질 수 있다고 보았다. 이를 도표로 표시하면 다음과 같다.[34)]

34) Neil T. Anderson, 34.

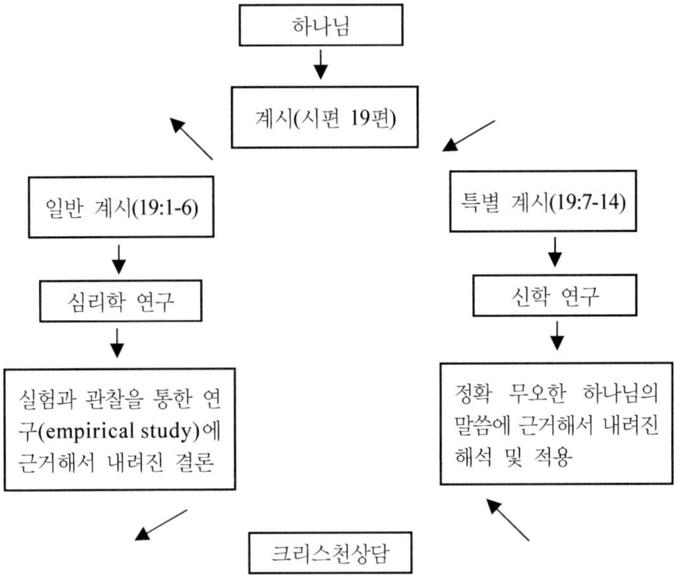

〈그림 5〉 크리스천상담의 범위

(1) 일반계시: 일반계시는 가장 기본적인 계시이다. 일반계시를 통해 하나님이 존재한다는 사실을 알지 못했다고 핑계할 수 없다. 왜냐하면 하나님이 지으신 만물을 관찰해 보면 하나님이 계신 것과 그분의 신성을 알 수 있기 때문이다(시 19:1, 롬 1:20). 앤더슨의 견해는 자연법은 결코 절대 성경과 상반되지 않는다는 주장이다. 사실은 하나님께서 성경에서 말씀하신 내용이 그분이 지으신 우주 만물 속에 드러나 있다는 것이다.

(2) 특별계시: 특별계시는 기록된 하나님의 말씀을 가리킨다. 구약(39권)과 신약(27권)으로 나누어진 정경 66권만을 특별계시로 인정한다. 구약성경에는 창조, 타락, 언약에 근거해서 하나님의 백성

들과의 관계(창 12:1-3 참조)와 율법(출 24:8 참조) 등이 기록되어 있다. 그리고 신약성경에는 타락한 인류를 향한 하나님의 구원의 계획이 무엇이며 새 언약을 통해 하나님에게서 그의 백성들과 어떻게 관계하시는지에 대해 기록되어 있다(렘 31:31, 마 26:28; 히 10:16-17). 예수 그리스도는 하나님의 궁극적이요, 최종적인 계시이다(요 1:1).

(3) 이해의 열쇠: 계시는 하나님께서 우리에게 자신을 나타내시고 자신의 뜻을 알려주시는 수단이다. 그러나 현재 우리 가운데서 역사하고 계신 성령의 사역이 없다면 우리는 계시의 수단 중 어느 것도 이해할 수 없으며 또 계시가 우리의 삶 속에서 효력을 발하지도 못할 것이다. 성령은 무엇보다도 '진리의 영'(요 14:17)이시다. 그분은 우리를 모든 진리 가운데로 인도하신다(요 16:13). 이 진리가 우리를 자유하게 하는 것이다(요 8:32 참조). 이 지구상에서 일어나고 있는 진짜 싸움은 어둠의 나라와 빛의 나라 사이에서 일어나고 있는 싸움이다. 그렇다면 무엇이 참되며 옳으며 사랑할 만한 것인지, 그것을 어떻게 결정할 수 있을까? 그동안 신학자들과 크리스천 심리학자들 사이에서는 특별계시와 일반계시의 통합 문제를 놓고 논쟁이 있어 왔다.[35] 그러나 앤더슨은 이러한 통합방식에는 심각한 문제가 있음을 전제하면서 세 가지 견해를 제시하고 있다.[36] ① 특별계시의 우월성이다. 특별계시(성경)는 권위적인 데 반해 일반계시(자연)는 설명적이다. 하늘과 땅은 하나님의 영광을 선포하며 나타내고 있지만 인간의 관찰이나 과학적 추론만으로는 '왜'라는 철학적 질문에 대한 답을 얻을 수 없다. 우리는 사실 이 땅에 여러 종(Species)이 존재하

35) Neil T. Anderson, 34.
36) Neil T. Anderson, 35~40.

는 목적에 대한 설명은 고사하고 그 기원에 대해서조차 설명하지 못하고 있는 실정이다. ② 과학은 신앙을 설명하지 못한다. 과학적 연구 방법으로는 도저히 영적 세계의 실체를 조사할 수 없다. 하나님은 과학적 검증 방법에 자신을 복종시키지 않으신다. 과학적 방법을 통해서는 하나님이 존재하신다는 사실조차 증명할 수 없다. 심지어 성경조차 하나님의 존재를 증명하려 하지 않는다. ③ 우리는 각자의 세계관을 가지고 있다. 관찰과 실험을 통한 연구조사 방법을 성경과 동일한 수준에 올려놓는 것에 대해 우려하는 이유는 그것이 세계관과 관계있기 때문이다. 합리적 검증과정은 항상 문화, 교육, 개인적 경험이라는 틀을 통해 해석되게 되어 있다. 그것을 벗어날 수 있는 사람은 아무도 없다. 우리는 모두 이 틀을 통해 주변 세계를 해석한다. 모든 사람은 다 자기 자신의 관점에서 인생을 바라본다. 그러나 참된 지혜란 바로 하나님의 관점에서 인생을 바라보는 것이다.

2) 그리스도 중심의 접근

앤더슨은 하나님(신학)과 인간(심리학), 그리고 자연계와 영계에 대해 성경적으로 바르게 이해하면서 자연계와 영계를 서로 대립시키지 않고, 어느 한쪽을 희생시키면서까지 다른 한쪽을 강조하게 되면 어떤 일이 발생하게 되는지에 대해 성경적으로 균형 잡힌 관점을 갖는 접근 모델을 다음과 같이 제시하고 있다.[37)]

37) Neil T. Anderson, 54.

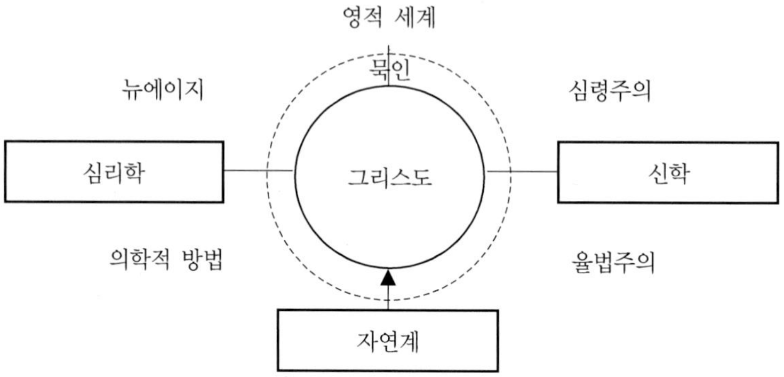

〈그림 6〉 그리스도 중심의 균형 잡힌 관점

앤더슨은 위에서 제시한 접근 모델에 대해 설명하기를 ① 자연계와 심리학의 사이에는 인간을 돕는 전문직에 종사하는 사람들이 사용하는 '의학적 방법'이 놓여 있다. 이 부분은 인본주의가 주로 지배하는 영역으로서 인간과 자연이 유일한 배우이다. 그리고 많은 사람들이 의학적 방법과 기독교를 통합하려 애쓰고 있기 때문에 그 과정 속에서 일반심리학이 이 부분에서 나와 기독교계로 흘러 들어오게 되었다. 그런데 그 통합의 결과라는 것이 이름만 크리스천상담이지 실제로는 성도가 일반상담을 하는 것에 지나지 않는 그런 것일 때도 있다. 기독교적 관점에서 이 의학적 방법을 수용해 보려는 진지한 시도들로 이루어지고 있지만 성공을 거두기 어려울 것이다. 첫 번째 문제는 당신은 복음을 가지고 있는가? 그 사람이 성도인가, 아닌가에 따라 어떤 차이가 생기는가?(고후 5:17). 두 번째는 성경적 세계관을 가지고 있는가? 만일 내담자로 하여금 그리스도 없이 자신이 누구인지를 깨닫게 하고 그리스도 없이 인생의 의미와 목적을 발견하게 하며 그리스도 없이 자신의 필요를 충족시키도록 돕는다면 그

것이 사탄이 이 세상에서 하고자 하는 일이라는 사실을 명심해야 할 것이다.[38)]

② 심리학과 영계 사이에는 의학적 방법이 바뀌어 영적 세계가 나타나게 된다. 그 영적 실체는 마귀적인 영의 실체이다. 바른 신학이 부재하게 되면 영적 인도자라는 이름으로 귀신이 역사하게 되고 신접한 자나 박수가 그 사이를 연결하는 통로 역할을 하게 된다. 뉴에이지 운동가들은 인간으로서의 인간은 자신을 구원할 수 없지만 신으로서의 인간은 얼마든지 자기를 구원할 수 있다고 사람들에게 호소력을 갖게 되었다. 그런 것들을 추종하는 사람들이 원하는 것은 능력(power)인데 사탄이 이것을 제공해 주기 때문이다. 얼마나 많은 사람들이 비밀에 싸인 심오한 지식과 능력을 얻을 수 있다는 유혹에 넘어가 신비 종교라는 올가미에 빠지고 말았는지 모른다.[39)]

③ 영계와 신학 사이에 있는 심령주의 운동 역시 그 동안 급속히 발전되어 왔다. 그런데 영계를 너무 지나치게 강조하다가 균형을 잃게 되면 개개인의 필요나 책임이 간과되기 일쑤이며 사람들은 다른 사람들에 의해 '이 영'을 가졌느니 '저 영'을 가졌느니 하는 판단을 받게 된다. 다시 말해서 그 '영'만 제거하면 그 사람들은 괜찮아질 거라는 것이다. 하나님은 우리를 그리스도 안에서 자유하게 하시기 위해 '하나님이 하셔야 할 부분을 이미 다 하셨다'. 그리스도 안에서 자유를 얻으려면 우리가 해야 할 부분이 있다. 하나님께서 우리에게

38) 뉴에이즈 운동을 주창하는 사람들은 말하기를 "당신은 구원을 필요로 하는 죄인이 아니다. 당신은 당신 안에 잠자고 있는 신 또는 잠재력을 일깨워야 한다. 그 잠재력만 깨워 준다면 당신은 영적 능력은 물론이요, 물질도 가질 수 있다." 이 얼마나 근사한 말인가! 겉으로 보기에 뉴에이지 운동이나 신비종교 혹은 고대종교는 기독교보다 영적인 것을 더 많이 제공하는 것처럼 보인다(이홍찬, 『개혁주의 목회상담학』, 161).
39) Neil T. Anderson, 161~62.

행하라고 요구하시는 부분이 있다.[40)]

④ 신학과 자연계 사이에는 율법주의는 점점 줄어들고 있다. 그러나 성경을 올바르게 해석하지 않는 사람들 가운데는 아직도 율법주의의 잔재가 남아 있어서 그 중심인 그리스도로부터 멀어지는 경향이 있다. 이 사람들은 다른 사람들을 해치지 않으려고 노력하면 할수록, 실제로는 다른 사람들을 더욱더 지배하고 판단하게 된다. 그들은 바리새인들처럼 '신앙의 수호자들'이다. 그들은 사람들의 동기를 유발시키되 주로 두려움과 죄책감을 느끼게 함으로써 동기를 유발시킨다. 왜 이처럼 간단한 진리가 성경의 권위를 가장 열렬히 주장하는 사람들 손에 들어가면 그렇게 왜곡되는 것일까? 앤더슨은 그 이유를 '가서 내가 긍휼을 원하고 제사를 원치 않는다'고 한 말이 무슨 의미인지 배우라. 경계의 목적은 사랑이다.(마 9:13, 딤전 1:5 참조)라는 말로 대신하였다.[41)]

⑤ 그 중심에 그리스도가 계시다: 앞의 그림을 보면서 우리는 사람을 하나님과 동등한 위치에 놓고 있다고 생각하지 않기 바란다. 그림의 중앙에는 신인(神人)이신 즉 완전한 사람이시며, 동시에 완전한 신이신 그리스도가 계시다. 우리는 모든 것이 길이요, 진리요, 생명이신 그리스도의 사랑으로 해결된다. 만일 우리의 신학이 옳다면 그 신학은 우리로 하여금 하나님과 사람을 사랑하게 만드는 신학이어야만 한다. 왜냐하면 그것이 가장 큰 계명이기 때문이다. 정말 주님을 사랑한다면 그분의 양을 돌보고 먹여야만 한다(요 21:5-19). 성경은 만일 우리가 주님을 사랑한다면 형제 사랑을 통해 나타나야만

40) Neil T. Anderson, 162.
41) Neil T. Anderson, 162~63.

한다고 말씀하고 있다(요일 4:19-21). 앞에서 도표의 네 부분이 강조하고 있는 바를 설명했는데 도표의 중심으로부터 너무 멀리 떨어져 곁길로 나간 사람들에 대한 간단한 분석이기도 하다. 그렇다면 도표의 중앙에 완벽하게 들어맞는 분은 누구일까? 그것은 오직 그리스도 한 분이시다. 이 세상에서 주님 외에 그 자리에 꼭 맞을 만큼 완전하게 균형 잡힌 사람은 한 사람도 없다.

점선으로 그려진 원은 성경의 절대적 권위를 주장하는 사람들이 가르치는 정통 교리를 나타낸다고 할 수 있다. 오직 하나님 자신만이 성경말씀을 바로 해석하실 수 있다는 점을 고려할 때 그 원은 하나의 점으로 표시되어야 할 것이다. 그러나 아무리 박식한 신학자들 간에도 거기에는 항상 의견이 일치되지 않는 부분들이 있을 것이기 때문에 많은 견해를 의미한다는 뜻에서 그것을 하나의 원으로 표시하였다. 하나님처럼 전지의 경지에 이를 수 있는 사람은 한 명도 없기 때문이다. 우리는 원의 어느 부분에 해당될는지 그것은 받은 은사에 따라 달라질 것이다.

그러나 '묵인'이라는 원 밖에 있는 사람들은 자신이 지금 하고 있는 것과 또 지금까지 믿어 온 거짓들을 회개하고 버려야만 한다. 그들은 지금까지 범한 죄와 믿어 온 거짓말의 노예가 되어 있다. 그렇다면 우리는 어떻게 사람들이 그리스도 안에 있는 자유를 발견할 수 있도록 도와줄 것인가? 그 대답은 "그런즉 너희는 하나님께 순복 할지어다 마귀를 대적하라 그리하면 너희를 피하리라"(약 4:7). 오직 하나님께 순복함이 없이 마귀를 쫓아내려는 사람들이 실패하고 만다. 한편 마귀는 대적하지 않고 하나님께만 순복함으로써 계속 자신

이 묶여 있던 그 굴레 가운데 그대로 머물러 있을 수도 있다.[42]

3) 그리스도 중심의 상담

그렇다면 크리스천상담사역이 정말 기독교적 사역인지 아닌지를 어떻게 판단할 것인가? 앤더슨은 다음과 같은 두 가지 중요한 근거 위에서 판단이 가능하다고 보았다.

첫째, 그들은 복음을 가지고 있는가? 이것은 단지 그 돕는 사람이 성도냐, 아니냐 하는 점에 대해 말하고 있는 것이 아니라 사람들을 그리스도 안에서 온전한 자로 세우는 방법에 대한 그의 이해 속에 복음이 어떤 역할을 하고 있는가 하는 점을 말하고 있는 것이다. 즉, 우리가 돕고자 하는 사람을 단지 과거의 산물로만 보고 있는가 아니면 그리스도와 십자가의 사역으로 말미암은 산물로 보고 있는가? 우리의 목적은 단지 그 사람의 과거를 고쳐 주는 것인가, 아니면 그 사람이 복음으로 말미암아 자신의 과거로부터 해방될 수 있도록 돕는 것인가? '옛 자아'는 죽고 '새 자아'가 살고 있는가? 우리는 아직도 아담 안에 있는가 아니면 그리스도 안에 있는가? "누구든지 그리스도 안에 있으면 새로운 피조물이라 이전 것은 지나갔으니 보라 새 것이 되었도다"(고후 5:17)라고 하신 진리의 말씀을 우리는 실제적으로 이해하고 있는가?

둘째, 상담사역에서 영적 세계의 실체를 고려한 성경적 세계관이 들어 있는가? 성경은 과연 어둠의 나라와 빛의 나라가 있다고 가르

---

42) Neil T. Anderson, 163~65.

치고 있는가?(엡 6:12)에 따라 기독교적 상담사역인지를 평가할 수 있는 근거가 된다. 영적 세계의 긍정적 측면을 살펴보면 우리는 과연 항상 함께하시는 성령, 보혜사의 역할을 이해하고 있는가? 그분은 '진리의 영'(요 14:17)이라는 사실을 알고 있는가? 그리고 그분이 우리를 모든 진리 가운데로 인도하실 것이며(16:13 참조) 또 진리가 우리를 자유하게 할 것이라는 사실을 알고 있는가? 자신이 사람들의 죄를 깨닫게 해주려고 애쓰는가, 아니면 성령께서 그 일을 하실 수 있도록 자리를 내어 드리는가? 우리는 '육체의 욕심을 이루지 않기' (갈 5:16) 위해 성령의 법으로 사는 법을 알고 있는가? 오직 성령께서 우리에게 영적 분별력을 주실 수 있다. 그리고 우리는 이 능력을 필요로 하고 있다. 그런데 과연 우리는 이것의 필요성을 이해하고 있는가?[43] 그리스도만이 유일한 해답이며 또한 모든 상담의 주가 되신다.

---

43) Neil T. Anderson이 제시하는 "그리스도 안에서 자유케 하는 7단계"에 대한 구체적인 내용은 그의 저서 *Helping Others Find Freedom in Christ*(Venturs, CA: Regal Books, 1995)를 참조하라!

5장

신학과 심리학의 통합 방안

심학과 심리학의 통합에 대한 연구는 크리스천가족상담의 모델 확립을 위한 기초적인 자료를 제공 해 준다. 무엇보다도 통합의 궁극적 목적은 개혁주의 세계관에 기초하여 학문의 내적 개혁을 통한 온전한 학문으로의 길이다. 내적 개혁의 목적은 학문의 본질을 파괴하거나 기독교화 시키는 것이 아니라 학문을 진정으로 학문되게 하는 것이다. 그것은 곧 그리스도 안에서의 관계 속에서의 통전성을 추구하는 일이다.[44] 따라서 통합의 목표는 어느 단일 학문을 통해 가능한 것보다 더 광범하고 통전적이며 총제적인 통합의 접근이 필요하다. 이러한 접근은 크리스천가족상담의 효과적인 수행을 위해서는 기독교가족상담 현상에 관련되는 모든 관련요소들에 대한 통전적 이해가 필요함을 보여 준다. 이러한 차원에서 신학과 심리학의

44) 이러한 견해에 대해 Carter의 3차원적 통합의 이해 모델은 많은 시사점을 준다. 그는 제1차원으로 형이상학적인 가정의 차원, 제2차원으로 형식적인 학문적인 차원, 그리고 제3차원으로 삶의 차원을 이야기한다. 형식적인 학문적 차원은 방법론적이고 인식론적이어서 분리가 있을 수 있으나 형이상학적 가정(세계관의 차원)의 차원과 삶의 차원에서는 수렴이 가능하며, 제1차원과 제3차원의 형이상학적 통일은 제2차원의 방법론적인 다양성을 변형하고 통합하는 기초를 제공한다(John D. Carter, 118).

통합의 근거, 통합의 범위, 통합의 목적, 통합의 형태에 대한 논의를 하려고 한다.

1. 신학과 심리학의 통합 근거

지금까지 신학과 심리학 간의 통합(Integration)의 역사를 보게 되면 크리스천상담학자의 성향에 따라 그 강조점에 차이가 있다. 신학자 밀라드 에릭슨(Millard Erickson)은 "사회의 문제에 대한 접근방식은 죄에 대한 관점에 의해 주도될 것"45)이라고 주장한다. 반면에 일부 크리스천상담학자는 죄에 대한 관점보다는 심리학적인 원리에 근거해서 내담자의 문제를 해결하고자 했다. 또한 성경 배제형이나 심리학에 개방유형을 취하는 크리스천상담학자는 잘못된 학습과 발달 과업상의 문제들, 그리고 부정확한 사고방식들을 문제의 근원으로 강조해 왔다. 그러나 신학과 심리학에는 공통된 영역이 있기 때문에 두 학문 간의 통합을 위한 연구는 다양한 초점들과 방법론이 고려되어야 한다. 크리스천가족상담에 실질적으로 적용할 수 있는 것들에 접근하기 위해 신학과 심리학의 통합의 근거가 어디에 있는 것인가? 이러한 근거는 학제 간(interdisciplinary)의 공통적인 주제, 하나님 중심의 진리(God-centered principle)의 일치성, 그리고 하나님의 문화명령(the cultural mandate or the creation mandate)에 근거에서 출발해야 한다.

---

45) Millard J. Erickson, *Christian Theology* (Grand Rapids, MI: Baker Book House, 1985), 563.

첫째, 신학과 심리학 사이에는 학제 간의 공통적인 주제를 발견할 수 있다. 두 분야에서 인간의 행동과 태도에 대한 연구를 한다는 점에서 모두가 인간학을 공유하고 있다.[46] 그러므로 신학과 심리학은 서로 상호보완적인 관계에 있다. 예를 들어 죄책감은 신학자와 심리학자 모두에게 똑같이 중요한 관심사이다.[47] 죄책감은 심리학이라는 과학과 종교라는 영역에 동시에 속하는 주제이다. 이러한 측면에서 볼 때 죄의 문제는 심리학과 종교가 만나는 곳이며, 죄의식은 이 두 분야 사이에 가장 큰 갈등이 야기되는 동시에 통합이 가장 필요한 영역이기도 하다.[48]

신학자와 심리학자 모두 인간의 행동과 가치관, 인간관계, 삶의 자세, 믿음, 병리학, 결혼, 가족, 고독, 낙심, 슬픔, 염려 등과 같은 문제 영역들을 연구하는 사람이다. 두 가지 학문은 비슷한 관심과 부분적으로 일치하는 목표를 가지고 있다. 한 분야의 연구가 다른 분야를 도외시하고 진행된다면 상호영역에 불이익이 된다.[49] 카터와 내러모어는 신학과 심리학 모두 인간이해를 위해 서로 도전과 보완을 할 필요가 있다고 보았다.[50] 신학적 인간이해는 심리학의 구체적이고 실천적인 입장의 인간이해에 의해서 보충되어야 한다. 그러므로 크리스천상담자는 이 두 학문의 통합하여 적용함으로써 내담자

---

46) John D. Carter & S. Bruce Narramore, *The Integration of psychology & Theology*, 18~19.

47) David Busby, "Guilt", *Journal of the American Scientific Affiliation* 14 (1962), 113.

48) Carter와 Mohline은 신학과 심리학의 두 가지 학문 분야가 여덟 가지의 유사한 주제 영역으로 나누어질 수 있다고 보았다. 신학의 영역에는 기독론, 성령론, 인간론, 인죄론, 구원론, 교회론, 종말론, 천사론 등이며, 이에 상응하는 심리학의 영역은 심령현상, 상담자, 인격, 정신병리학-심리치료, 발달, 사회심리학, 보상심리학 등으로 나누었다. 본질, 특징, 그리고 각 영역에서 통합될 수 있는 자료들의 수준은 다양하다. 그러나 기본적인 원리들과 심리학의 내용들은 그에 상응하는 신학영역들 안으로 통합될 수 있다(J. D. Carter & R. J. Mohline, *Journal of Psychology and Theology*, 4, 1976: 3-14).

49) Gary R. Collins, *Psychology & Theology*, 17.

50) John D. Carter & S. Bruce Narramore, *The Integration of Psychology & Theology*, 13~20.

의 문제 해결에 도움을 줄 수 있어야 한다. 이처럼 신학과 심리학은 각기 다양한 방식으로 통합이라는 주제와 관련되어 있기 때문에 학제 간의 상호보완적 관계 속에서 통합의 근거가 된다.[51)]

둘째, 하나님 중심의 진리(God Centered Principle)의 일치성으로 하나님이 모든 진리의 근원이시며 '모든 진리는 하나님의 진리'이며, 성경에 계시된 진리와 발견된 계시로서의 진리 간에는 본질에 있어서 갈등이나 모순이 없다. 모든 진리는 어느 분야에서 발견되든지 간에 하나님의 진리라고 하는 진리의 통일성이다. 하나님께서 만물의 창조자이시므로 모든 진리는 기본적으로 통일을 이룬다고 주장에 대해 개베레인(Gaebelein)과 홀메스(Holmes)는 '진리의 통일성'이라 하였고, 카터(Carter)와 내러모어(Narramore)는 '진리의 일치성'이라고 했다.[52)] 하나님은 그 자체로 진리이기 때문에 성경 계시를 통해서 나타난 진리이든, 과학이나 실험을 통해서 나타난 진리이든 간에 모두 하나이어야 한다. 이러한 기본적 전제를 통해 볼 때 심리학과 신학은 모두 인간학을 연구하는 학문이 된다. 인간 존재에 대한 규정, 동기, 행동, 태도 등 여러 가지 면에서 서로 공유된다. 이러한 진리의 통일성을 염두에 둔다면 다른 요소들과 방법으로 얻어낸 진리도 통합될 수 있다.[53)]또한 메이어(Myers)와 지베스(Jeeves)도 통합의 근거로 하나님의 세계 속에서 모든 진리는 하나라는 점을 주장한다.[54)]신학과 심리학은 하나를 다른 방식으로 설명하는 것으로 하

---

51) 박기영, 「크리스천상담학의 성향분류에 따른 신학과 심리학의 통합모델」, 박사학위논문, 성결대학교, 2007, 139.

52) John D. Carter & S. Bruce Narramore, *The Integration of Psychology & Theology*, 13~20.

53) John D. Carter & S. Bruce Narramore, 17.

54) David C. Myers & M. A. Jeeves, *Psychology through the Eyes of Faith* (Washington DC: Christian College Coalition, 1987), 1~l0.

나의 진리를 과학적인 방법으로 설명하는 방식이 심리학이라면, 종교적 방법으로 설명하는 방식이 신학이다. 토우니어(Tournier) 역시 심리학과 신앙 사이에 존재하는 충돌이 있음에도 불구하고 자신의 확신을 굳게 지키면서도 다른 결론을 내리는 사람을 존중하는 것이 중요하다.[55] 따라서 신학자는 심리학자와의 논쟁에서 하나님 안에서의 진리의 일치성에 근거하여 열린 마음으로 신학과 심리학을 통합할 수 있는 통찰력을 제공하는 성숙한 지혜자가 되어야 한다.

셋째, 하나님의 문화 명령 또는 창조명령(the culture mandate or creation mandate/창 1:28)에 근거하여 하나님의 대리 통치자로서 창조된 세계를 다스리는 하나님의 청지기로서의 권리와 책임에 준한다. 청지기로서 세상에 존재하는 모든 것으로 하여금 하나님의 본래의 의도하신 기능을 완수하도록 돕는다는 것으로 인간의 이해를 발전시키고 인간이 발전해 놓은 여러 가지 학문들이나 도구들을 활용해서 하나님의 명령을 수행해야 한다.[56] 하나님의 세계, 즉 창조물에 대한 탐구는 하나님의 명령이며, 이는 학문적 탐구를 통해서 이루는 것을 포함한다. 신학자와 심리학자는 이러한 사명을 부여받은 사람들이다. 그들은 관찰과 연구를 통해서 잘못된 인간의 교리를 바로잡을 수 있고 하나님께 더욱 헌신할 수 있다. 이와 같이 신학과 심리학을 통해서 내담자에게 실질적으로 도움을 줄 수 있다는 점이 두 학문 간의 통합의 근거가 된다.

---

55) Gary R. Collins, *The Christian Psychology of Paul Tournier*, 216.
56) 이홍찬, 『개혁주의 교육학』 (파주: 한국학술정보(주), 2008), 152~54.

2. 신학과 심리학의 통합의 범위

카터와 나래모어는 통합의 범위에 대해 두 학문의 공통된 내용과 원리들이 범위를 구성한다고 하였다.[57] 그러므로 통합의 범위(scope)의 문제는 통합과정에서의 심리학과 신학 사이의 관계에 관한 것이다. 신학과 심리학의 기본적인 차이는 신학은 성경과 자연 및 역사에서의 하나님의 자기 계시로부터 시작하는 반면에, 심리학은 주로 타인들에 의해서 관찰된 인간의 행동에서 시작한다고 말한다. 그러한 차이는 두 학문을 방법과 출발점에 있어서 서로 같지 않다. 존스(Jones)는 심리학과 신학은 양자가 각각 '사고의 체계'이면서 동시에 '실천의 체계'이기 때문에 그 범위로 인해서 양자의 관계는 복잡한 것일 수밖에 없다고 본다.[58] 심리학은 신경과학의 연구에서부터 통계방법론, 동물학습 및 인성이론에 이르는 광범한 사고체계이다. 실천의 체계에서 심리학의 하위분야들의 범위도 광범하다. 기독교 역시 하나의 사고체계로서 교리와 신조 및 핵심적인 믿음을 포함하고 기독교세계관의 광범한 양상을 포함하고 있다. 실천의 체계로서의 기독교는 영적 경험뿐만 아니라 우리의 개인적인 경건과 도덕의 실천, 예배와 증거 및 사역의 방법에까지 그 범위가 미친다. 크리스천 학자에게 중심적인 문제는 신앙의 본질과 성경의 가르침에 헌신하면서 성경이 불충분하게 보여주는 비본질적인 문제들에 대해 어떻게 융통성 있게 대처하고, 그 둘 사이의 차이를 알 수 있는

57) J. D. Carter & B. Narramore, *The Integration of Psychology and Theology*, 전요셉 역, 『신학과 심리학의 통합과 갈등』 (서울: 하늘사다리, 1997), 61~88.
58) Stanton L. Jones, 135.

가 하는 것이다. 존스는 심리학의 주제들에서 보다 인간적인 것으로 갈수록, 성경의 계시와 학자의 개인적인 삶의 헌신과 상호작용하는 영역으로 근접해 간다고 보며, 기독교 신앙은 심리학을 포함하여 모든 연구가 진행되어 나가는 기본적이고 기초적인 인지 구조 틀의 역할을 한다고 본다.[59]

3. 신학과 심리학의 통합의 목적

신학과 심리학의 통합의 본질, 즉 궁극적인 목적은 무엇인가? 이에 대한 답변은 많은 기독교심리학자들과 상담학자들에 의해 다양한 견해들이 제시되고 있는데, 콜린스(Collins)는 기독교신앙(또는 신학)과 심리학의 통합에 관한 반세기에 걸친 많은 논의들 가운데서 아직도 어떻게 통합해야 하는지 심지어 통합할 만한 가치가 있는 노력인지에 대해서 견해들이 다양하다고 하였다. 더욱이 통합이 무엇을 의미하는지에 대해서도 일치되지 못하고 있다. 그는 통합이 심리학과 신학, 심리학과 기독교, 심리학과 성경, 상담과 기독교, 신앙과 학문, 신앙과 실천 등으로 무엇과 무엇을 통합한다는 것인가 하는 문제와, 양자를 연결한다는 것인지(relate), 두 가지 접근법을 조화시킨다는 것인지(harmonize), 혹은 일종의 단일화(unification)에 도달하고자 하는 것인지에 대한 문제도 합의가 없다고 하였다.[60] 또한 해

---

59) Stanton L. Jones, 135.

60) G. R. Collins, "An Integration View", In Eric L. Johnson & Stanton L. Jones (eds.), *Psychology & Christianity: Four Views* (Downers Grove: Inter Varsity Press, 2000, 104~105.

롤드 포(H. W. Faw)는 통합이 기독교학자들 사이에서 다양한 방식으로 정의되고 있다고 주장하면서, 통합의 핵심적인 의미가 전체성 혹은 통일성에 있다는 것 외에 그 이상의 공통적인 것은 거의 없다고 지적한다.61)

현재까지 통합의 기초는 '모든 진리는 하나님의 진리다'라는 명제 외에는 달리 말하여진 것이 없다. 결국 이러한 혼란은 통합 과정이 달성하고자 하는 목표가 무엇인지와, 통합의 과정에 용인 가능한 데이터의 유형에 대한 합의를 필요로 한다. 이러한 상황을 고려하여 심리학과 신학의 통합의 본질에 대해 카터(Carter)와 내러모어(Narramore)는 이러한 통합의 필요성을 하나님의 명령과 관련된 것으로 보았다.62) 인간이 발견한 여러 가지 학문들이나 도구들을 활용하여 인간을 이해하고 그 문제를 해결하는 것은 하나님의 뜻이자 하나님의 명령을 수행하는 것이다. 그러므로 일반계시인 심리학을 활용하는 것은 통합의 중요한 문제임과 동시에 통합의 목적이기도 하다.63) 카터와 내러모어는 통합은 두 학문의 사실 또는 데이터를 연결하는 것에 초점이 있다고 보며, 그것을 위한 방법을 '대화적 사고'

---

61) Harold W. Faw, "Wilderness Wanderings and Promised Integration: The Quest for Clarity", *JPT* 16(2), 1998: 147. 콜린스는 통합에 대해 통합은 새롭게 부각되는 연구 분야이다. 그것은 (1) 과학적 방법들과 성경 해석의 해석학적으로 타당한 원리들을 사용하여 하나님과 그분의 창조세계에 대한 진리를 발견하고 이해하는 것이며, (2) 가능하다면 그러한 발견들을 체계적인 결론으로 결합시키고, (3) 그러한 발견들 사이의 명백한 불일치점들을 해결하는 노력을 모색하고, (4) 결과로 나온 결론들을 인간의 행동을 보다 정확하게 이해할 수 있도록 이용하고 개개인들이 영적이고 심리적인 전인성을 향하여 나아가는 데 도움이 되는 변화들을 효과적으로 촉진시키려고 하는 것이다.

62) Gary R. Collins, *Psychology & Theology*, 13~19.

63) 카터와 내러모어는 통합의 본질(nature)에 대해 "각각의 학문은 분석되어야 할 그 자체의 데이터를 가지고 있다. 그러므로 통합 패러다임에서 개별학문들이 연결되거나 합병되거나 혹은 축소되어서는 안 된다. 이 수준에서 통합은 다른 학문들에 대한 대화적 사고를 가져야 하는데, 예를 들면, 심리학에 대해 기독교적으로 생각하는 것과 신학에 대해 심리학적으로 생각하는 것이다. 우리의 과제는 심리학과 신학의 양자 뒤에 있는 공통의 실재, 존재론적으로 상충되지 않는 실재를 포착하게 하는 패러다임을 개발하는 것이다."(J. D. Carter & B. Narramore, "Beyond Integration and Back Again", *JPT* 3(2), 1975, 57, 53.)

라고 말하고 있다. 통합을 지적인 것으로 이해한 카터와 내러모어의 통합 논의와는 구별되게 여러 학자들은 지적 영역과 경험 영역을 구분하였다.[64] 반면에 에반스(C. S. Evans)는 "나는 신앙과 학문의 통합이 성질상 지적인 것이 아닌 개인적인 과제라고 이해한다. 신앙과 학문을 통합하는 것은 신앙과 삶 또는 실존을 통합하는 일반적인 과제의 일부이다."[65]라고 하였다. 또한 가이(J. D. Guy)는 "심리학과 신학을 통합하는 과제는 인간의 존재와 행위의 본질과 관련된 궁극적인 진리의 추구라고 할 수 있다."[66]라고 하였다. 판스워스(K. Farnsworth)는 "통합은 건전한 방법론에 기초를 둔 연구에서 발견된 것들의 개념적 관계이며 그 발견한 것들을 개인의 삶에 적용하는 구체화된(embodied) 통합이다."[67]라고 보았다. 데브리스(M. Devries)는 "본래적인 통합이란 참 진리(truth)를 통합하는 것이지, 과학적인 분석과 증명을 통해 발견된 진리(truth)를 통합하는 것이 아니다. 그것은 신앙의 삶, 계시된 참 진리이신 그리스도의 이끄심에 모든 것에서 응답하고, 행동하며 따르는 바로 그런 삶을 살아가는 것이다."[68] 라고 말함으로써, 통합을 개인적이고 경험인 차원으로 이해하려고 하였다. 카터(J. D. Carter)와 몰라인(R. J. Mohline)은 "통합은 기독교적 개념과 세속적 개념의 관계, 기독교인이 영적으로 심리적으로 기능하는 방식 및 사고하는 방식이다."[69]라고 함으로써, 통합이 삶의

---

64) 김미숙, 「기독교상담에 나타난 통합운동에 관한 연구」, 박사학위논문, 고신대학교, 2006, 60~63.

65) C. S. Evans, "The Concept of the Self as the Key to Integration", *Journal of Pastoral Counseling* 3 (2), 1975, 4.

66) J. Guy Jr., "Affirming Diversity in the Task of Integration: A Response to Biblical Authority and Christian Psychology", *JPT* 10, 1982, 35.

67) K. Farnsworth, "The Conduct of Integration", *JPT* 10, 1982, 310.

68) M. Devries, "A Conduct of Integration: A Reply to Farnsworth", *JPT* 10, 1982, 323.

69) J. D. Carter & R. J. Mohline, "The Nature and Scope of Integration: A Proposal", *JPT* 4, 1976, 3.

모든 것에서 종합적인 활동이라는 것을 주장했다.

결론적으로 클린턴은 통합의 본질은 하나님이 주신 진리의 기초 위에서, 성경과 인간의 삶과 역사의 연구를 통하여 단일의 실제 세계의 다양한 요소들을 상호 연관시키고자 하는 통전적(holistic) 노력이라고 결론지었다.[70] 그러나 하나님의 신실한 청지기로 부름 받은 크리스천 신학자와 심리학자들은 통합의 필요성을 인간이 발견한 여러 가지 학문들이나 도구들을 활용하여 인간을 이해하고 그 문제를 해결하는 것은 하나님의 뜻이자 하나님의 명령을 수행하는 것이다.[71] 그러므로 일반계시인 심리학을 활용하는 것은 통합의 중요한 본질임과 동시에 목적이기도 하다.

4. 신학과 심리학의 통합의 형태

신학과 심리학의 통합 이론의 가장 핵심적인 원리는 '모든 진리는 하나님의 진리'라는 것이다. 하나님의 특별계시와 일반계시는 서로 무관하거나 대치되는 영역이 아니라 같은 진리를 담고 있다는 것이다. 그러나 통합의 형태에 대한 논의는 종종 통합의 정확한 개념과 통합의 대상에 대한 불명확성으로 인해서 혼돈스러운 것이었다. '통합'이라는 용어가 사용되는 다양한 방식들을 살펴보면서 바우머 프리디거(Steve Bouma Prediger)는 질문을 하기를 "정확하게 통합이 포함하고 있는 것은 무엇인가? 심리학과 신앙을 통합하는 것인가,

70) C. Collins, "Moving Through the Jungle: A Decade of Integration", *JPT* 11, 1973, 9.
71) John D. Carter & S. Bruce Narramore, *The Integration of Psychology & Theology*, 13~19.

아니면 심리학과 성경, 혹은 계시, 신학, 기독교 세계관, 기독교 신념, 기독교 혹은 종교 중 어떤 것과 통합하는 것인가? 신학과 통합되는 것은 심리학인가 아니면 과학, 심리치료 혹은 상담인가? 그것은 단순히 관계 지우는 것인가, 혹은 보다 구체적으로 결합, 조화 및 단일화시키는 것인가 아니면 다른 어떤 가능성을 말하는 것인가?"[72] 바우머 프리디거는 무엇과 무엇을 통합하는 것인가 하는 문제와 통합 관계의 정확한 성격이 무엇인가 하는 문제를 개별 학문들 사이의 통합을 학문 간 통합(interdisciplinary integration)으로, 한 학문 또는 직업 안에서의 이론과 실천 사이의 통합을 학문 내적 통합(intra-disciplinary integration)으로, 신앙의 헌신과 삶의 방식 사이의 통합을 신앙-프락시스 통합(faith-Praxis integration)으로, 그리고 자기(self) 안에서의 통합과 자기와 하나님 사이의 통합을 경험적 통합(experiential integration)으로 구분하였다.[73] 그는 신학과 심리학의 통합의 형태에 대해 심리학에서 신앙, 성경, 기독교, 혹은 신학과 심리학, 과학 및 상담의 통합이 거의 상호 교호적으로 사용되고 있다고 지적했다. 마찬가지로 통합은 결합하기(combination), 조화시키기(harmonization), 단일화하기(unification), 혹은 이런 것들을 조합한 것을 의미하는 것으로 보인다. 그는 학자들이 통합이라는 용어를 어떻게 사용하고 있는가에 대해서 보다 정확히 할 필요가 있다고 주장했다.

---

72) Steve Bouma-Prediger, "The Task of Integration: A Modest Proposal", *JPT*, 18, 1990, 23.

73) 심리학과 신학의 통합의 대상에 대해 스미디즈(L. Smedes)는 심리학과 신학 사이의 통합은 학문 간 통합(inter-disciplinary integration)으로, 심리학과 신앙 사이의 통합은 학문내적 통합(intra-disciplinary integration)으로, 그리고 한 사람을 보다 통합되고 전인적인 사람이 되게 하는 삶에 있어서의 은혜의 경험은 경험적 통합(experiential Integration)이라고 하였다(L. Smedes, "Three Models and One to Call My Own", in J Finch (ed.), *Nishkamakama* (Pasadena, CA: Integration, 1982. Prediger, 1990).

이상에서 살펴본 대로, 통합에 대한 연구는 기독교상담의 모델 확립을 위한 기초적인 자료를 제공한다. 통합의 궁극적인 목적은 인간과 인간이 관여하는 모든 관계 속에서의 통전성을 추구하는 일이다. "통합의 통일된 정의를 내리는 열쇠는 통합과정이 달성하고자 하는 궁극적인 목표의 정의에 놓여 있다. 통합의 목표는 어떤 단일 학문을 통해 가능한 것보다 더 광범하고 통전적이며, 통일된 인간과 그 인간의 사회-생태계적 세계에 대한 이해에 도달하려는 것이다."[74) 무엇보다 통합연구에 있어서 이론적인 측면 이상으로 경험적이고 실천적인 통합의 제시를 통하여 상담자 자신이 모든 통합의 중심임을 밝혀주고 있다는 점은 크게 기여한 것이라고 할 수 있으며, 이러한 면에서 상담자중심의 통전적 구조를 만들어 나가는 작업이 요청된다고 하겠다. 관계적 과정으로서의 상담의 과정을 이해하기 위해서 이 접근은 핵심적인 것이며, 진정한 통합은 통합자 자신 안에서 일어난다는 파악은 중요한 발견이다. 신학과 심리학의 통합에 관한 연구에 대한 새로운 움직임에서는 영혼의 새로운 발견, 영성의 가치 및 영성지도의 중요성 강조 등이 부각되고 있으며 이것은 고스란히 통전적인 인간관에 대한 새로운 발견으로 초점이 모아지게 될 것이다.

---

74) Brain E. Eck, 102.

3부

가족치료 모델

본 장에서는 최근의 가족치료 이론 가운데 주요한 6가지 가족치료 이론을 중심으로 각 모델의 기본적 개념, 치료전략 및 목표, 치료자의 역할과 치료기법, 체계론적 일관성 등을 체계론적 관점에서 논의하려고 한다. 즉, 구조적 가족치료, 보웬의 가족치료, 전략적 가족치료, 경험적 가족치료, 해결 중심적 가족치료, 내러티브(narrative) 가족치료 이론을 중심으로 도로디 S. 백바르(Dorothy S. Becvar)의 체계론적 통합(systemic integration)의 가족치료 관점[1])에서 일관성 있게 정립하고 평가함으로써 크리스천가족상담 적용을 위한 가족치료 이론의 토대를 마련하려고 한다.

그 이유는 가족치료 운동이 태동한 지 반세기 지난 지금까지 여러 학자의 끊임없는 연구의 결과로 여러 가지 가족치료 모델이 제시되고 있다. 하지만 여러 이론과 모델이 존재하는 것 이상으로 가족치료에 대한 개념이나 가족치료에 대한 보편적인 하나의 정의가 일치되지 않고 있다. 이는 구체적인 방법이나 기술에 대해서도 마찬가지다. 그 주요한 원인으로는 먼저 아직도 가족치료가 이론적으로나 실천적으로 발달과정에 있기 때문이라고 할 수 있지만 다른 한편으로는 가족치료자들이 그들의 치료 작업을 개인 심리치료나 상담과는 구분하여 임상실제에 대한 광범위하고 다양한 이론적 모델을 발전시키면서, 서로 다른 전문직의 가족상담가들이 가족의 욕구와 상담이 실행되고 있는 자체기관의 구조와 기능에 연관되어 상담방법

1) 가족치료 이론의 최근의 동향은 어느 이론 하나만을 고집하고 활용하기 보다는 다중적인 측면에서 가족을 사정하고 평가하고 종결로 이끌기 위해서 통합적으로 치료 이론들을 활용한다(김유숙, 『가족치료 이론과 기법』, 학지사, 2004, 396~96 참조). 가족 체계이론에서 체계란 가족의 속성, 기능, 건강을 이해하는 가장 좋은 방법은 체계론적 관점으로서 적극적인 역동 개념으로 가족을 바라보는 것이다. 체계(system)란 모두 상호연관적이고 상호의존적 다양한 과정으로 연결된 요소들로 이루어진 구조이다. 체계에는 세 가지 측면이 있는데 첫째는 각 부분은 서로 연결되어 있다는 것, 둘째는 전체는 그 부분들의 집합보다 더 크다는 것, 그리고 셋째는 전체는 지속될 수도 있고 체계 자체나 환경에 대한 반응으로 바뀔 수도 있다는 것이다.

을 발전시켜 왔기 때문이다. 가족치료는 정신의학, 심리학, 그리고 사회복지사업에서 각기 접근을 하고 있고, 아동, 청소년, 노인, 부부 간의 상담을 포함한 폭넓은 것이다. 따라서 가족치료의 주요한 유형은 학자들마다 강조점에 따라서 의견이 조금씩 다르므로 각 모델의 특성에 따라 여러 모델의 경계를 넘나들 수 있는 융통성을 가져야 포스트모더니즘의 다양한 가족의 패턴들과 '다문화 가족' 시대에 적절한 크리스천가족상담의 치료 기법으로 활용할 수 있기 때문이다.

6장

구조적 가족치료 (Structural Family Therapy)

구조적 가족치료 이론은 가족 안에서 무엇이 일어나야 가족이 기능적이 되는가에 관하여 구체적이고 개념적인 지도(map)를 임상가들에게 제시해 준다. 또한 역기능적 가족에게서 무엇이 잘못된 것인지에 관한 지도를 제시한다. 구조적 가족치료는 임상자들에게 치료과정이 어떻게 이루어져야 하는가에 대한 아이디어를 확실하게 제공해 준다.[2] 왜냐하면 치료자의 성격과 가족의 특정 구조가 치료에 반영되기 때문이다. 구조적 가족치료는 짧은 면접과정 속에서 가족의 문제점, 가족 특유의 양식을 한눈에 파악하여 가족의 구조를 변화시키려는 접근 방식이다. 이 모델은 개인을 사회적 존재로 파악하여 개인을 둘러싼 구조에 관심을 둔다. 가족의 구조가 변하면 동시에 가족원들의 지위가 달라져서 결국 각 개인의 경험도 변할 수밖에 없다는 주장이다.

2) Dorothy S. Becvar, *Family Therapy: A Systemic Integration*, 172~73.

1. 기본개념-이론적 구성

구조적 가족치료(structural family therapy) 이론은 1970년대 체계론적 관점을 근거로 하여 가족규칙, 역할, 연합, 하위체계, 경계, 전체성 등과 같은 구조적 가족치료의 주요 개념은 가족치료에 영향이 매우 컸다. 이러한 개념은 가족 구조에서 각 가족성원의 위치와 가족관계, 가족기능, 가족문제 등에 관한 관점을 구조화시키는 데 많은 기여를 해 왔다. 구조적 가족치료는 상당히 역동적이어서, 짧은 면접과정 속에서 가족의 문제점, 가족 특유의 양식을 한눈에 파악하여, 가족의 구조를 변화시키는 매력을 지니고 있다. 이처럼 구조적 가족치료자는 개인을 사회적 존재로 파악하여 개인을 둘러싼 구조에 관심을 두었다. 가족의 구조가 변하면 동시에 가족성원들의 지위가 달라져서 결국 각 개인의 경험도 변할 수밖에 없다고 보았다.

구조적 가족치료의 이론은 구조주의의 이론적 전제를 기반으로 한다. 체계의 전체와 부분은 부분 간의 관계를 통해서만 적절하게 설명할 수 있다. 이러한 개념을 가족체계에 대입하면 가족과 그 부분인 가족성원을 이해하기 위해서는 구성원 간의 관계를 이해해야만 할 것이다. 이처럼 구조적 가족치료에서는 가족구조를 이해하기 위해서 가족성원 간의 인간관계의 규칙을 이해하지 않으면 안 된다. 인간관계의 규칙을 이해함으로써 파악된 가족구조는 가족과 가족성원의 기능수준에서 추상적 구조일 경우가 많다. 구조적 가족치료의 특징은 치료의 주요한 목적으로 구조적 변화에 초점을 두는 것이며, 치료자는 가족이 재구조화해 가는 과정에 적극적인 자세로 개입하는 것이다. 구조적 가족치료는 아동정신과 의사인 미뉴친(Salvador Minuchin)을 주축으로 개발된 치료기법이다. 그는 가족의 생활사는 생활 속에서 경험하는 일련의 실험(experiment)이라는 것이 미뉴친의 주장이다.[3]

2. 치료전략-목표

일반적으로 구조적 가족치료자는 가족의 문제나 병리적 증상은 역기능적 가족구조에 의해 유지된다고 보았다. 구조주의적 치료의 목표들은 역기능적인 가족 체계를 기능적인 구조로 변화시키는 것이다. 따라서 가족치료학자 김혜숙은 구조주의적 가족치료에서 추구하는 일반적인 치료목표는 일곱 가지로 보았는데 첫째는 부모와 자녀 간에 명확한 위계질서 확립, 둘째는 세대 간에 명확한 경계 설정: 부부체계와 자녀체계의 명확한 경계 세우기, 셋째는 부부의 연합과 일관성 있는 양육방식, 넷째는 가족원들의 적절한 역할과 책임감 조성, 다섯째는 기능적인 의사소통과 상호교류 활발, 여섯째는 가족원 중 소외에서 벗어나 가족의 결속력 구축, 일곱째는 가족체계의 상호교류 규칙을 재구조화하는 것 등이다.[4]

구조적 가족치료자는 가족성원이 구조를 변화시키는 것을 돕기 위하여 가족체계에 참여한다. 치료자는 경계선을 바꾸거나 하위체계를 재정비하기 위하여 가족원 각각의 행동과 경험을 바꾼다. 문제

---

3) Dorothy S. Becvar, 173.
4) 김혜숙, 『가족치료 이론과 기법』, 81.

를 해결하는 것은 가족이 해야 할 부분이다. 치료자는 단지 가족의 기능이 변화하도록 도와 줄 뿐이다. 이처럼 구조적 가족치료자는 문제시 되는 환자(IP: Identified Patient)의 가족구조를 변화시키고자 한다. 문제행동의 변화와 향상된 가족기능은 서로 연관된 목표이다. 문제행동을 변화시키는 가장 효율적인 방법은 그와 같은 문제행동을 유지하는 가족유형을 변화시키는 것이다. 효과적으로 기능하는 가족은 가족원을 지지하는 체계이다. 구조적 가족치료의 목표는 가족이 서로 지지하면서 개인이 문제행동을 해결하고 성장하도록 촉진하는 것이다. 이것은 결국 가족체계의 성장으로 이어지게 될 것이다. 가족목표는 가족이 제시하는 증상과 구조적 역기능의 특성에 의해 파악될 수 있다.

가족체계의 상호교류 규칙을 재구조화하는 것은 구조적 가족치료자가 가진 또 다른 목표이다. 가족은 대안적인 방식과 다른 가족원과 보다 만족스러운 상호작용방식을 하는 방법을 배워 미래의 갈등과 스트레스에 바람직하게 대처할 수 있게 된다. 이를 위한 세부적인 치료목표는 하위체계 간의 명확한 경계선 설정, 가족위계질서의 강화, 가족의 실상에 맞는 규칙의 대체이다. 새로운 구조의 출현은 전체로서의 가족은 물론 IP에게 변화를 주기 위해 의도된 것이다. 이러한 관점에서 볼 때 새로운 구조는 부적당한 가족규칙을 새로운 규칙으로 대체하고 가족원이 고정된 역할과 기능에서 벗어나 가족항상성을 유지하기 위한 문제행동이 더 이상 필요하지 않게 됨으로써 IP의 현재 문제를 사라지게 한다. 이와 같은 가족 재구조화의 결과로 또다시 문제행동이 나타날 가능성은 줄어들고, 전체로서의 가족이 그들의 성장잠재력을 증가시킬 수 있는 가능성은 커지는 것이다. 치료자는 가족이 가진 융통성과 변화의 영역을 탐색하고 잠재적인 구조적 대안을 활성화시켜 변화하도록 한다.5)

3. 치료자의 역할과 치료기법

구조주의적 가족치료에서 치료자의 역할에 대해 가족치료학자 김혜숙은 "지도자적 위치로 가족에 대한 개입에 적극적이며 권위적이다. 치료자가 내담자 가족들을 때로는 지지하고 교육하며 안내하는 것은 치료 초기에 합류하는 데에도 필요하지만 가족들의 재구조화를 위해서도 필요하다. 또한 구조적 치료에서 치료자는 강한 개입을 하기도 하고, 상호작용을 촉진하는 법을 보여 주기도 하고, 가족들이 또한 상호 간에 어떻게 교류하고 행동하는지도 가르친다. 그리고 부모들이 자녀에게 어떻게 반응해야 하는지를 가르치기도 한다. 가족들이 외부세계의 어떤 도움을 받기도 하고, 어떻게 적응해야 하는지 안내하기도 한다. 구조주의 치료자는 교사의 역할, 지도자의 역할, 지지하는 친구의 역할도 필요하다."고 하였다.6)

구조적 가족치료에서 구조란 보이지 않는 일련의 기능적 요구이다. 이것이 가족성원끼리의 상호작용방법과 연속성, 반복, 예측되는 가족행동 등을 조직한다면, 가족은 나름대로 고유한 구조를 가지고 있다고 생각할 수 있다. 그러나 가족구조란 추상적인 개념이므로 이

5) 김유숙, 『가족치료』, 165.
6) 김혜숙, 『가족치료 이론과 기법』, 2판 (서울: 학지사, 2008), 90~91.

를 이해하기 위해서 가족성원 간에 존재하는 인간관계의 규칙을 이해하지 않으면 안 된다. 가족에 대한 구조적 개입에 앞서 앞에서 말한 구조의 사정과 함께 가족기능의 세 가지 측면을 사정하는 것이 유용하다. 첫째, 가족이 현재 가지고 있는 가족기능양상의 양적인 문제이다. 둘째, 가족의 유연성 또는 경직성이다. 셋째, 일관성과 비일관성의 문제이다. 일관성이란 가족에게 구체적인 변화가 일어날 때, 이 변화가 얼마나 지속되는가의 정도를 나타내는 것이다. 때때로 변화는 필요하지만, 가족의 구조와 기능에는 어떤 일관성과 연속성을 가지지 않으면 안 된다. 도로디 백바르(Dorothy S. Becvar)는 구조적 가족치료의 기본과정을 다음과 같이 제시하였다.

첫째, 가족구조의 개념을 배우고 믿는다.

둘째, 구조를 의미하는 과정들의 특징인 상호교류유형을 관찰한다.

셋째, 현재의 가족원과 환경을 놓고 볼 때, 가족의 이상적인 구조에 대한 생각을 정확히 갖는다.

넷째, 치료자는 지도자의 역할을 맡는 한편, 치료 목표를 달성하기 위해 가족에 합류하고, 가족을 수용하며 존중한다.

다섯째, 치료자는 일어나기를 원하는 바가 치료 시 일어날 수 있도록 가족을 존중하지만 확고한 방법으로 가족에 개입한다.

여섯째, 가족원을 지원하고, 가족원이 치료시간에 새로운 방법을 시도해 보도록 하며 그들이 성공할 때 너그럽게 칭찬한다.[7]

구조적 가족치료의 치료기법은 가족은 변화를 초래하기 위해 우선 치료자를 수용하고 치료자의 개입에 반응해야 한다. 일반적으로

7) Dorothy S. Becvar, *Family Therapy: A Systemic Integration*, 191.

치료자의 개입은 스트레스를 증가시키고 가족의 항상성은 균형을 유지하지 못한다. 그러므로 가족 내에서 구조적 변화가 일어날 수밖에 없다. 이처럼 치료자가 가족에 참여하고 적응하는 것이 구조화의 선결조건이다. 치료자는 가족에 합류하기 위하여 가족성원에 대한 수용과 그들의 방식에 대한 존중을 가족에게 전해야 한다.

구조적 가족치료는 가족이 제시하는 문제를 체계적 관점에서 재명명화하여 행동의 변화를 유도한다. 문제를 가지고 오는 가족은 문제를 개인이나 외부의 힘으로 정의하는 경우가 많은데, 구조적 가족치료자는 이것을 가족구조의 기능상의 문제라고 재정의한다. 또한 치료자는 같은 문제를 보다 새롭고 건설적인 방향으로 제시해야 한다. 구조적 가족치료에서는 치료면담 중에 실연화를 사용하여 재조명이 일어나도록 하는데, 이와 같은 기법은 구조적 가족치료의 중요한 부분이다. 면담이 이루어지고 있는 상황에서 가족교류의 구조를 관찰하여 그 구조가 변화하도록 하는 것이다. 면담에서의 행동, 즉 과정에서의 가족역동은 구조적 가족치료자가 다루어야 하는 중요한 부분이다. 치료자는 지도자의 지위로 가족에 참여하여 가족구조를 찾아내고 이 구조를 변화시키기 위해 개입한다.

구조적 가족치료의 과정에서 사정을 위한 면담과정을 별도로 가지지 않는다. 일반적으로 가족구조의 사정은 가설이며, 이러한 가설에 따라 치료의 목표가 설정된다. 치료의 목표를 향해서 치료적 개입이 행해지며 그 결과는 다시 가족구조를 사정하기 위한 자료로서 피드백 되어지는 과정을 거친다.[8)]

---

8) 구조적 가족치료에서는 한 회의 면담 중에도 이러한 과정을 여러 번 반복하면서 가족구조의 변화를 시도한다. 그 과정은 (1) 문제의 정의, (2) 문제에 관한 정보의 수집, (3) 가설설정(구조의 사정), (4) 치료목표의 설

구조의 수정은 구조적 가족치료의 독특한 기법이다. 이러한 기법은 가족체계의 경계선, 제휴, 권력에 직접 관여하여 가족구조를 변화시키는 기법이다. 구조적 가족치료를 표방하는 치료자는 계획적 의도적으로 기능적 구조를 목표로 하여 끊임없이 치료적 개입을 시도 한다. 구조개선의 기법에는 가족지도, 교류의 분해, 유형의 구성, 유형의 강화, 유형의 재조직이 있다.

첫째, 가족지도는 구조적 가족치료에서 자주 사용되는 비언어적 기법이다. 이러한 기법은 때로는 교류의 개선뿐만 아니라 사정의 목적으로도 사용된다. 가족성원이 치료 장면에서 교류하는 경우 각각 어떤 장소에 위치하는가는 그 가족의 구조를 반영하는 경우가 많다. 이러한 가족지도는 가족사정의 수단이 될 뿐 아니라 치료자가 지도를 다시 만들어서 구조의 수정기법으로 사용하게 된다. 미뉴친은 가족지도를 즐겨 사용하는 치료자로 한 면담에서도 가족원의 좌석을 여러 번 이동시키는 것으로 유명하다.

둘째, 교류의 분해는 치료자가 가족이 역기능적인 구조를 지속하지 못하도록 움직이는 기법이다. 가족치료를 필요로 하는 가족은 보통 IP의 증상을 중심으로 교류하며 이것이 가족원의 중요한 관여방법이다. 가족이 IP의 증상에 경직된 유형을 보이거나 IP나 가족 성원이 스스로의 힘으로는 빠져나오지 못할 때 유형을 분해해 버림으로써 가족은 새로운 교류유형을 시도하게 된다. 미뉴친은 교류의 분해를 스트레스의 증가라고도 불렀다.

적(단기/장기목표), (5) 치료적 개입 , (6) 2번으로의 피드백 등이다. 이러한 과정에서도 알 수 있듯이 '가족사정-목표설정-치료적 개입'은 하나의 과정이다. 그러나 이러한 가족사정과 목표설정의 과정을 나누는 것은 이론적 설명을 보다 쉽게 하기 위해서이다. 따라서 실제의 면담과정에서는 치료자가 전체 과정을 염두에 두고 치료적 개입을 시도하는 것이 바람직하다(김유숙, 『가족치료』, 173).

셋째, 교류유형의 차단은 교류의 분해기법의 하나로 치료자가 가족성원의 익숙한 교류유형을 방해하는 것이다. 차이의 강조는 치료자가 가족성원 간에 존재하는 태도의 상이점을 강조함으로써 협력체계를 이룬 교류유형을 분해시키는 것이다. 잠재적 갈등의 표면화는 치료자가 가족성원 간의 협력관계 이면에 숨어 있는 갈등을 표면화하도록 자극하는 것이다.

넷째, 유형의 강화는 가족구조의 개선을 목적으로 가족교류의 여러 가지 유형 중 일부분을 강조하는 접근법이다. 유형의 재조직은 가족교류의 유형 자체는 계속되기 때문에 교류의 재구성이나 수정이 필요하지 않다. 그러나 갈등으로 인해 각각의 유형이 지닌 가능성을 충분히 발휘하지 못하는 경우 체계갈등과 교류하는 유형을 재조직함으로써 서로의 갈등을 배제하여 교류유형이 기능적이 되도록 시도하는 기법이다.

4. 체계론적 일관성

일반적인 구조적 가족치료, 특히 미뉴친(S. Minuchin)은 제1단계 사이버네틱스의 관점과 제2단계 사이버네틱스의 관점을 특이하게 혼합하였다. 불일치와 일치 간에 균형을 이루는 방법을 통해서 구조적 가족치료는 선형적인 맥락에 비선형적인 틀을 채운 실행성 있는 모델을 제시한다. 제1단계 사이버네틱스와 제2단계 사이버네틱스의 구성요소들이 잘 섞여서 체계이론이 구조적 가족치료라는 살아 있는 모델로 해석되었다. 예를 들어 미뉴친은 이상적인 구조와 행동 유형을 명확하게 규정하는 가족과 치료에 관한 이론을 분명하게 제시하고 있다. 즉, 이론적인 맥락은 상대성을 강조하는 한편 절대적으로 옳고 그름도 제시한다. 그러나 이것은 건강과 역기능의 구성요소로서 위계, 경계선, 규칙, 역할, 조정 및 협상과 같은 과정의 차원에 초점을 둠으로써 조화를 이룬다. 마찬가지로 미뉴친은 치료자가 가족의 조직을 존중해야 하며, 가족에 합류해야 하고, 가족과 가까워짐에 따라 가족에 대한 가정을 수정해야 하며, 가족원 간의 지각 차이를 인식해야 하고, 문제가 나타날 수밖에 없었던 구조와 맥락을 변화시키는 데 초점을 두어야 한다고 생각한다.

그러나 한편 치료자는 또한 지도자의 역할을 취하며 그 자신의 관찰에 우선권을 둔다. 그러므로 치료자는 주관성과 객관성을 겸비해야 하며, 상호 간의 영향, 피드백, 그리고 내적 구조를 강조하는 점은 구조적 가족치료가 제2단계 사이버네틱스와 일치한다는 것을 말해 주고 있다. 병리와 치료의 역할을 규정하는 문화적인 맥락에서, 구조적 가족치료는 상당히 편안하게 존재할 수 있고 의학적 모델과 체계론적 모델을 잇는 교량이 될 수 있는 접근으로 보인다. 이러한 점은 분명 구조적 가족치료자의 창시자인 정신과 의사요, 가족치료자인 미뉴친의 특성이기도 하다.[9)]

---

9) Dorothy S. Becvar, *Family Therapy: A Systemic Integration*, 192.

5. 구조적 가족치료의 통합적 관점

정신과 의사인 미뉴친에 의해 발전된 구조적 가족치료 이론은 이론자체가 단순하고 포괄적이면서 실용적이라는 점에서 가족치료 분야에서 가장 널리 이용되는 모델들 가운데 하나이다. 그 이유는 구조적 가족치료에서 사용되는 기본적인 구조적 개념들은 쉽게 이해되고 적용할 수 있으며, 개인, 가족, 사회적 맥락을 모두 고려할 뿐만 아니라 가족을 이해하고 치료하기 위한 분명한 조직적인 틀을 제공하고 있다. 즉, 구조적 가족치료 모델은 가족구조의 개념을 경계건, 하위체계, 제휴, 상호보완성 등의 개념을 발전시킴으로써 어떠한 가족이 기능적 혹은 역기능적인지에 대한 명확한 지도를 제공한다.

치료의 목표는 병리 증상이거나 문제해결에 있지 않고, 가족의 상호작용 구조를 기능적인 방향으로 재구조화하는 과정에서 증상이나 문제가 사라진다고 본다. 이 모델의 특징 가운데 하나는 적절한 치료적 개입을 위해서 치료자가 가족에 합류할 것을 강조한다는 점이다. 합류에 성공한 치료자는 가족을 재구조화하기 위하여 하위체계와 경계선 등의 측면에서 가족을 평가하고, 변화가 필요한 측면에서 적극 개입한다. 그 과정에서 가족의 상호작용에 긴장을 고조시키거나 증상을 활용하거나 과제를 부여하는 기법을 사용한다. 따라서 치료의 성공은 치료자의 성공적인 합류와 사정 그리고 적절한 기법의 사용 여부에 달려 있다.[10]그러나 구조주의적 치료의 변화에 대해 가족치료학자 김혜숙은 "시간이 흐르면서 구조적 가족치료는 역기능

---

10) 정문자 외 3인, 『가족치료의 이해』, 229.

이냐 기능이냐의 가족에 대한 관점이 달라지고, 직접적인 개입보다는 가족들이 충분히 수용하고 이해하면서 변화하기 시작하였다. 치료자의 많은 경험과 직관, 경험을 요구하는 치료자의 태도와 역할은 인간 중심적이며 내담자 중심적으로 가족 스스로가 변화하도록 인내심을 가지고 서서히 개입하게 되었다"고 평가하였다.[11]

그러나 구조적 가족치료 이론은 단순하고 포괄적이면서 실용성으로 인해 가족치료 분야에서 가장 널리 이용되는 모델이지만 미뉴친의 이론에는 한계와 문제점도 내재해 있다. 그의 이론은 그 연구 대상을 빈민가의 비행 흑인 소년들을 대상으로 하였다는 점에 그의 이론의 한계가 있다. 또한 미뉴친의 이론이 정신분열증 환자와 같은 경우에도 얼마나 유효적절하게 적용이 가능한가 하는 것은 더 연구되어야 할 것이다. 그리고 가족체계가 모든 문제와 치료의 중심이 되기 때문에 개인 구성원이 소홀히 다루어질 염려가 있다. 더불어 가족 중심의 성향이 강한 가정의 경우, 그 가족이 치료자를 가족 문제의 중심에 받아들이기를 거부할 때, 곧 가족이 치료자의 합류를 저항할 때 치료자는 어떤 방법으로 접근할 것인가 하는 문제가 발생할 수 있다.[12]

그렇지만 구조적 가족치료 기법은 다분히 구조주의적 관점 안에서 이해되는 동시에 인간의 정서적인 면을 중시하고 있다. 그래서 구조적 가족치료기법은 현대의 핵가족 시대 안에서 일어나고 있는 일을 이해하는 데 있어서 적절한 이론이라 여겨진다. 특히 핵가족화와 급변하는 시대의 흐름에 발맞추어 가므로 발생되는 시대적 병폐,

11) 김혜숙, 『가족치료 이론과 기법』, 102.
12) 김정택, 『가족상담』, 111.

곧 개인의 정신병리 요인을 가족구조의 불균형에서 찾아보려는 구조적 가족치료의 관점은 이 시대에 절실히 필요한 가족치료 모델이라고 볼 수 있는 것이다.

특별히 한국의 가부장적 가족구조를 살펴볼 때, 미뉴친의 이론과 구조적 가족치료 이론은 한국 가정에 상당부분 조명해 볼 가치와 의미가 있다. 그러므로 이 치료방법은 고질적인 고부갈등, 부부갈등으로 인한 자녀 문제 등 한국가족의 경직된 가족구조와 가족규칙, 하위체제 간의 경계선이 애매하거나 밀착된 데서 비롯되는 많은 가족문제를 해결하는 데 효율적이며 또한 등교 거부, 거식증, 신경성 식욕부진, 천식, 정신신체화, 증상 문제들에 대한 크리스천가족상담에 유용한 상담기법 중 하나라고 여겨진다.

7장

보웬의 가족치료 (Bowenian Family Therapy)

보웬의 가족치료(Bowenian family therapy) 모델 또는 다세대 중심 가족치료 모델에서는 체계론적 사고와 정신역동적 심리학, 또는 분석심리학이 혼합되어 있다. 이러한 접근 방식을 흔히 다세대가족치료, 또는 확대가족치료라고 일컬어지고 있는데 이는 모두 분석 심리학을 기초로 하고 있다.[13] 다세대 가족치료자들은 현재의 가족문제를 원가족의 미해결된 문제가 세대를 통하여 전수된 것으로 본다. 보웬은 가족을 하나의 정서단위로 보고, 체계에서 잘 적응하는 사람에 대해 만성불안이나 감정반사가 낮고 개별성이 더 발달되어 있으며 정서적 친밀관계에서도 자유롭게 관계하는 유지할 수 있는 잘 분화된 사람이라고 보았다.[14]

---

13) Dorothy S. Becvar & Rapheal J. Becvar, *Family Therapy: A Systemic Integration* (Itasca, IL: Allyn & Bacon Inc, 1984), 133.
14) 이영분 외 5인 공저, 『가족치료: 모델과 사례』 (서울: 학지사, 2008), 135.

1. 기본개념-이론적 구성

보웬의 가족치료 이론은 정신분석적 접근법과 체계론적 관점을 연결시킨 것으로 실제에 직접적인 영향을 받은 치료적 임상모델이다. 정신역동적으로 정립된 접근방법과 체계적 접근방법의 가교적 역할을 했다는 점에서 보웬이 가족치료에 남긴 업적은 높이 평가받고 있다. 이론정립과 함께 치료기법 개발의 중요성을 인식한 그는 치료는 인간행동의 정신의학적 직관이나 임상적 판단 위주에서 벗어난 보다 객관적이고 예측이 가능한 것이어야 한다고 주장하였다. 그러므로 보웬 가족치료는 여러 다른 가족치료적 접근보다 인간행동과 인간의 문제에 대하여 가장 포괄적인 견해를 가지고 있다.

그러나 보웬 가족치료는 체계이론을 지향하는 대다수 가족치료자와 분명한 차이가 있었다. 그것은 의미 있는 변화는 반드시 전체 가족에게서 나타나는 것은 아니라고 생각한 점이다. 보웬은 나머지 가족원에게 영향을 미칠 수 있는 한 사람의 변화에 의해서 전체의 변화가 시작될 수도 있다고 생각하였다. 그러나 그는 가족이 체계라는 견해에는 동의하여, 가족을 정서와 인간관계체계의 결합체라고 보았다. 한 예로서 보웬의 분화되지 않은 자아집합체의 개념은 후에 핵가족의 정서체계라는 용어로 바꾸어 사용되고 있다. 그는 대부분의 경우 가족문제는 가족성원이 자신의 원가족에서 심리적으로 분리하지 못하는 데 기인한다고 보았다. 부모의 어느 한쪽이나 양쪽 모두가 자신의 원가족의 부모문제에 강하게 휘말려 있으면 그로 인하여 부부관계가 악화되는 경우가 많다. 다시 말하면 이러한 부모는 원가족의 자아집합체 또는 정서체계의 일부인 셈이다. 그러므로 치료목표는 가족 성원을 이러한 자아집합체로부터 분리시켜 독립하여 자율적으로 기능할 수 있도록 돕는 것이다. 대부분의 초기 가족치료자는 이론보다는 치료기법에 더욱 많은 관심을 두었으나, 보웬은 예외였다. 그는 치료방법으로서가 아니라 치료의 근원으로서 가족에 전념하였으며, 치료기법보다는 이론에 더욱 관심을 두었다.[15]

보웬의 주요 개념은 "환경과 관계에서 긴장과 불안감에서 초래하는 강한 결속(togetherness)과 융합(fusion)의 경향이 존재한다면, 다른 한쪽은 자율성과 개별성을 지향하는 분화(differentiation)가 있다. 이것은 그의 첫 가설인 '어머니와 아이의 공생관계'에서 긴장과 불안상태에서 나타나는 '미분화 자아집합체(undifferentiated family ego mass)'란 개념에서 더욱 발전시킨 것이다."[16]

1966년에 보웬은 많은 임상연구를 거쳐 그의 이론을 구성하는 6가지 개념을 완성하였다. 자아분화(differentiation of self), 삼각관계(triangles), 핵가족의 정서과정(nuclear family emotional process), 가족투사과정(family projection process), 다세대 전수과정(multigenerational transmission process), 형제순위(sibling position)이다. 그리고 1976년에 정서적 단절(emotional cutoff)과 사회적 정서과정(social emotional process)의 개념을 추가하였다. 이러한 여덟 개의 개념은 각각 독립된 것이 아니라 서로 맞물려 있는 개념이다.[17]

---

15) 김유숙, 『가족치료: 이론과 실제』 (서울: 학지사, 1998), 117.
16) 김혜숙, 『가족치료 이론과 기법』 (서울: 학지사, 2003), 136.
17) 이영분 외, 『가족치료: 모델과 사례』, 137.

2. 치료전략-목표

보웬의 가족치료의 목표는 자기분화[18]인데, 자기분화는 개인 스스로 동기를 부여하여 이루어져야 하며, 치료자에 의해 시작되어서는 안 된다고 보웬은 주장한다.[19] 정신분석적 가족치료자의 주된 관심 대상은 개인에게 둔다. 이들이 추구하는 변화는 개체화 또는 분화라고 하는데 이것은 원가족에서 분리되어 성장하는 것을 강조한다. 따라서 치료목표는 개인을 가족에서 해방시키는 것이라고 볼 수 있다. 즉, 가족성원을 무의식적 제약에서 벗어나게 하여 과거의 무의식적 이미지보다는 현실에 기초하여 가족이 건강한 개인으로서 서로 상호작용을 할 수 있도록 돕는 것이다. 보웬의 가족치료는 행동장애를 증가된 불안의 산물로 된다. 이들은 고립되고 분화되지 못한 가장 상처받기 쉬운 개인이 증상을 발달시키거나 혹은 갈등의 중심이 되기 쉽다고 보았다. 다시 말하면, 행동장애는 한 세대에서 다른 세대로 전수된 정서적 융해의 결과이다. 따라서 치료목표는 이와 같이 다세대에 걸친 삼각관계화(triangulation)를 이루고 있는 사람을 거기서 해방시키는 탈삼각관계를 꾀하는 것이다. 요약하면, 보웬 가족치료의 치료목표는 불안을 감소시키고, 자아분화를 증가시키는 것이다. 그들은 증상은 덜 강조하며, 문제는 개인이 아니라 체계에 내재하고 있다고 간주하여, 개인의 변화는 다른 사람과의 관계변화를 통하여 이루어질 수 있다고 보았다. 체계를 변화시키고, 가족성

---

18) 보웬은 '자아분화(differentiation)'라는 개념을 두 가지로 설명하는데 하나는 타인으로부터의 자기 분리와 다른 하나는 감정과 정서를 지적 체계인 사고에 의해서 적절하게 통제하고 분별하는 능력의 정도이다(김혜숙, 『가족치료 이론과 기법』, 2판, 164).

19) Dorothy S. Becvar & Rapheal J. Becvar, *Family Therapy: A Systemic Integration*, 139.

원의 높은 분화 수준을 성취하기 위해서 변화는 가족 내 가장 중요한 삼각관계에서 일어나야만 한다. 치료자는 가족의 변화를 초래하기 위하여 치료자 자신과 가족의 주요인물 두 사람과 함께 새로운 삼각관계를 만들기도 한다. 이상적인 발달은 원가족과 자율적인 분화가 잘 이루어져 있고, 불안이 낮고, 부모가 그들의 원가족과 좋은 정서적 접촉을 할 때 일어난다. 이전 세대와 분화가 잘된 사람은 원가족과 밀착 또는 격리된 사람보다 훨씬 안정적이다. 자기분화는 보웬 가족치료에서 치료목표인 동시에 성장 목표이다. 다시 말하면, 분화되지 않은 가족자아집합체(undifferentiated family ego mass)에서 자신을 분리 독립시켜 정체감을 형성하고, 자기 충동적・정서적 사고와 행동에서 자유를 획득해 나갈 수 있도록 돕는 것이 치료의 목표이다.[20]

3. 치료자의 역할과 치료기법

보웬의 가족치료에서 중립적 위치에서 연구할 수 있었던 가족들이 직접적 도움을 주었던 가족들보다 더 효과가 있었음을 알아냈다. 보웬은 이러한 발견을 기초로 하여 부적절한 도움은 오히려 무력감을 조장했다고 하였다. 그래서 보웬의 가족치료에서 치료자의 기본 입장은 체계의 견지에서 생각하는 관찰자와 연구자의 입장을 취하며, 가족의 정서성이나 가족의 정서과정의 내용의 견지에서 생각하

20) 김유숙, 『가족치료: 이론과 실제』, 115.

지 않는다. 또한 치료자가 특정 문제에 초점을 두는 것보다 체계의 견지에서 생각하고 유형을 살피는 것이 중요하다.[21)]

그러나 보웬의 가족치료에서는 가족이 어떻게 기능하는가에 대한 이해가 치료대상의 범위와 치료의 기술적 측면보다 훨씬 중요하다고 보았다. 치료과정에서는 주로 질문하기의 기법이 사용되었다. 이때 질문은 가족성원이 자신의 딜레마를 인식하고, 잘못된 관계에서 자신의 역할을 수정하기 위한 방법을 유도하기 위한 것이다. 보웬의 가족치료에서는 독특한 치료기법을 가지고 있지 않고 질문을 통하여 가족을 이해시키려 하였다. 그는 치료자의 객관성과 정서적 중립성을 강조하면서, 치료자는 '코치'나 '의논상대'라고 보았다. 그가 애용한 것은 가족이 자신의 능력과 기능을 최대로 발휘할 수 있도록 돕는 활동적인 전문가, 즉 '코치'라는 용어였다.[22)]

보웬 가족치료에서는 가계도(genogram)를 자주 사용한다. 치료과정을 통하여 가족이 지금까지 무시해 온 가족사에 대한 기본적인 지식을 조직화해 가는 것이다. 가족을 알기 위한 또 다른 의미 있는 정보로는 가족체계 내에서 다양한 집단의 지리적 위치를 파악하는 것이다. 일반적으로 한곳에 모여 사는 가족성원은 강한 가족유대를 의미하며, 반대로 단절된 가족은 가족성원이 지리적으로 매우 떨어져서 지낸다. 직장 등의 여러 가지 예외가 있을 수 있으나 거주지의 물리적 거리는 드러나지 않은 정서적 유형을 알 수 있는 좋은 단서가 되기도 한다. 치료자 또한 탈삼각화를 위해 노력해야만 한다. 치료자는 가족과 중립적이고 객관적인 자세로 적정 수준의 정서적 거리

21) Dorothy S. Becvar & Rapheal J. Becvar, 140.
22) 김유숙, 『가족치료: 이론과 실제』, 115.

를 두어야 한다. 그리고 치료자는 가족의 토론내용보다는 가족의 상호작용과정에 관심을 집중해야 한다 치료자가 전반적인 토론의 내용에 관여하게 된다면 그것은 정서적 삼각관계에 휘말리고 있다는 것을 의미한다. 자아분화가 충분히 이루어진 치료자는 가족에게 정서체계가 어떻게 작용하는지를 가르쳐 주고, 그들이 원가족과 원만한 관계를 가질 수 있도록 격려한다. 가족체계에 대한 지식을 통하여 가족성원은 자신의 문제를 분석할 수 있으며. 이것은 그들에게 자신의 변화를 지속시킬 수 있는 뼈대를 제공하는 것이기도 하다. 보웬은 치료기간에 간격을 두는 것이 바람직하다고 보았다. 그것은 치료자와 한 달에 한 번 정도 만남으로써 치료자에 대한 지나친 의존성이 없어진다고 보았기 때문이다. 따라서 보웬의 가족치료 이론의 "치료 과정에서 다루는 것 중 빠질 수 없는 것이 감정체계와 지적 체계, 융합 대 개별성에 관한 것이다. 어느 한쪽으로 고착되지 않도록 감정과 사고의 조화, 결속력과 개별성의 조화를 중요시 한다. 또한 개인적인 요구, 기대, 원하는 것을 채울 수 있는 자신만의 고유한 개별성의 유지는 이성적인 사고와 지적 체계에서 더욱 발달할 수 있다."고 보았다.[23)]

4. 체계론적 일관성

도로디 백바르는 보웬의 가족치료 이론을 몇 가지 점에서 체계론

23) 김혜숙, 『가족치료 이론과 기법』, 2판, 180.

적 관점과 일치하지 않음을 다음과 같이 지적하고 있다. 2단계 사이버네틱스 차원에서 볼 때, 관찰자는 관찰대상의 일부분이고 관찰대상에 참여한다. 보웬적인 가족치료자는 관찰자, 연구자와 교사라는 중립적 위치를 가정함으로써 관찰자와 제1단계 사이버네틱스의 블랙박스를 더한 것에 더 가깝다. 그래서 블랙박스(즉, 가족)가 그 자체의 실체로 간주되고, 과정과 유형에 따라 이 실체를 이해하지만, 치료자는 자신과 내담자가 함께 만들어 낸 체계에 초점을 두기보다는 치료과정에 따라 다르게 가족을 대하며 객관적인 입장을 취한다. 마찬가지로, 보웬의 가족치료에서는 이론에 따라 행동을 한다. 이 이론은 모든 가족에 똑같이 적용하도록 가정하며, 그래서 개인, 가족 및 치료자 모두에게 옳은 방법이 있음을 전제로 한다. 이러한 입장은 좋고 나쁨과 옳고 그름은 해당 맥락에 따라서만 판단될 수 있다는 관념과 불일치한다. 제2단계 사이버네틱스 차원에서 볼 때, 이러한 판단을 하는 것은 적합하지 않다. 더구나 보웬의 가족치료 이론에 따라 정의되는 문제의 원인과 치료는 선형적인 인과관계의 특징을 보인다. 소위 다세대 전수과정이라는 문제가 발달되는 특별한 과정이 있으며 이러한 문제를 다루기 위한 특정한 치료법이 있다. 보웬의 이론에 의하면 탈삼각관계가 이루어지고 정서적 애착이 해결되면 문제는 감소될 수 있다. 그래서 치료를 통한 진전은 하나의 가능성으로 정의될 뿐 아니라, 분화과정이 진전의 표시로 구체화되기도 한다. 그러므로 치료는 이러한 가능성을 얻는 데 목적을 둔 의도적인 활동이다.

또한 치료목적은 내담자와 가족에 의해서가 아니라 치료와 치료자에 의해서 정해지므로 구조적 결정론, 상호적 혼란과 영향, 그리고 비의도적 표류의 개념들은 부정된다. 게다가 비록 보웬의 접근이 개인을 변화시킴으로써 가족을 변화시키도록 추구하지만, 이론에 의해 단일한 관점만이 제공되므로, 관점과 현실이 다양하다는 생각은 배제된다. 그래서 가장 완벽한 가족치료 이론 중의 하나임에도 불구하고, 보웬의 접근은 이러한 완벽함 때문에 체계론적 일관성의 견지에서 볼 때 무언가를 잃고 있다.[24)]

5. 보웬의 가족치료의 통합적 관점

보웬의 가족치료(Bowenian family therapy)이론은 인간행동을 과학화하는 방식을 보여 주는 중요한 공헌을 하였고, 우리가 개인으로 기능하는 정도에 대해 그리고 가족들과 잘 지내는 정도와 이 두 가지의 관련성에 대해 잘 이해하도록 근본적인 기여를 하였다. 곧 타인과의 관계를 결정하는 우리 내부의 정서적 세력을 기술하고 설명하고 있으며 사람들이 서로를 이해하는 데 가장 큰 영향을 미치는 장애는 상대방의 말을 경험하지 않고 정서적 충동에 따라 반응하고, 방어적으로 반응하려는 경향 때문이라고 한다. 자아분화의 결여로 인한 정서적 충동에 따라 반응하려는 경향을 감소시키고 성숙한 자기통제로 나아갈 수 있는 길은 가족들과 폭넓은 관계를 맺고 방어적 태도를 가지지 않고 경험하는 것이 중요하다고 여겼다. 사람들이 의

24) Dorothy S. Becvar & Rapheal J. Becvar, 145~46.

존, 회피, 정서적 충동에 따라 반응하는 이유를 불안을 통해서 설명하고 치료자는 가족 문제에 접근하기 전에 가족체계가 작용하는 방식을 철저히 이해해야 하며 치료는 세대를 거슬러 올라가서 내담자가 부모와 조부모, 아주머니, 아저씨 등을 방문하고 그들과 잘 지내기를 배우게 한다. 치료자로서 보웬은 인본주의적이기보다는 과학적이고, 실무적이기 보다는 이론적이다.[25]

보웬의 가족치료 모델의 주요한 관점은 여러 세대에 걸친 가족정서과정을 탐색한다는 면에서 그 범위가 넓으나, 실제의 치료 단위는 개인이나 부부에 한정해 오히려 협소한 편이다. 인간의 가족이 자연의 진화적 과정의 결과로 나타난다고 보았기 때문에, 그의 이론은 '가족'에 관한 것이라기보다 자연의 일부로서의 인간 행동에 관한 것이다. 보웬은 개별성과 연합성의 균형에 있어 가족의 정서역동이 다른 자연계 법칙과 동일한 역동을 따른다고 주장하였다. 가족 내 만성불안이 만연하면 연합설에 대한 압력이 증가하여 가족원이 공동의 자아, 곧 융합상태가 된다.[26] 이는 보웬치료의 목적은 체계 역동 방향으로 증상을 보고 내담자로 하여금 자기 발견을 향해 평생 노력하도록 격려하며, 통찰만이 아니고 실제로 가족과 접촉을 하게 하고 내담자의 사고 기능을 변화시켜줌으로써 내담자의 자아 분화를 높이는 것이다.[27] 이는 독립성과 연결성이 균형 잡힌 심리적 통합인 동시에 개인이 타인과 건강한 접촉을 유지할 수 없는 능력을 의미한다. 치료적 접근은 감정에 지배되지 않은 차분한 분위기에서

25) 김정택, 『가족상담』 (서울: 서강대학교교육대학원, 2004), 64.
26) 정문자 외 3인, 『가족치료의 이해』 (서울: 학지사, 2007), 158.
27) 김정택, 『가족상담』, 64.

내담자가 가족관계의 역사를 직면하고 현재 문제와의 관련성을 깨닫도록 하는 데 중점을 둔다. 운동장에서 경기를 직접 할 때보다 관중석에서 경기의 흐름을 더 잘 파악할 수 있는 것처럼, 가족의 불안 유형과 정서 과정의 흐름도 한 걸음 떨어져 봄으로써 가족체계가 어떻게 작용하는지 잘 이해할 수 있기 때문이다.[28] 또한 보웬의 다세대 중심의 가족체계와 구조를 사정하고 평가하기 위하여 가족가계도를 활용하였다는 점이다. 다세대에서 경험한 가족들의 패턴과 영향력은 현 핵가족의 문제에 중요한 정보를 제공하기 때문이다. 보웬은 최소한 삼 세대에 걸친 가족의 역사와 문제들을 세대 간의 맥락에서 현재 문제를 이해할 수 있도록 도식화하여 사용하였으며, 그의 가족가계도는 가족들을 사정 평가하는 단계에서 자료를 재조직하고, 치료과정에서는 가족들의 관계와 핵심적인 삼각관계를 추적하는 것으로 사용되었다.[29]

보웬 접근 방법의 가장 큰 약점은 개인과 확대가족의 관계에 집중하여 핵가족에 대한 직접적인 장점을 소홀히 취급하고 있다는 점이다.[30] 보웬 가족치료 모델의 임상적 유용성에도 불구하고 자기 이해를 통한 분화를 강조하는 인지적 접근은 어린이나 인지능력이 부족한 사람을 대상으로 적용하기 어렵다는 한계가 있다. 또한 페미니스트 치료자는 보웬의 이론이 성과 문화적으로 중립적이기 않다고 비판하였는데, 이를테면 자아분화 개념이 독립성과 개별성을 지나치게 강조하여 여성보다 남성이, 동양문화권보다 서양문화권의 사

28) 정문자, 『가족치료의 이해』, 159.
29) 김혜숙, 『가족치료 이론과 기법, 2판』, 180~181.
30) 김정택, 『가족상담』, 64.

람들이 더 높은 수준의 자아분화 수준을 주장할 수 없는 오류가 있다고 지적하였다. 그럼에도 불구하고 보웬 가족치료 모델의 한계점은 다양한 학문적·문화적 배경을 가진 제자와 여성 가족치료자에 의해 끊임없이 보완되고 있으며 임상적 유용성 또한 확장되고 있다.[31]

보웬은 사람들이 자신의 분화수준에 따라 배우자를 선택하고 정서적 관계를 형성한다. 부부관계에 불안이 높아지게 될 때, 부부가 나타내는 관계패턴은 거리감유지, 어느 한쪽의 과잉기능과 과소기능, 공공연한 싸움, 자녀에게 투사하여 삼각관계형성 등의 4가지 패턴을 나타낸다. 보웬의 가족치료 이론은 우리나라에서 전통적인 가족 문제인 시어머니와 남편의 애착으로 인한 고부 갈등의 세대 간 전수문제와 이로 인한 부부간 갈등, 며느리나 손자·손녀의 문제 등에 적용할 수 있다. 또한 가정폭력 문제, 알코올 문제, 약물 의존성 문제, 자녀의 행동 부적응 문제, 우울증의 정식장애 문제 등에 광범위하게 적용할 수 있어 크리스천가족치료 이론으로 적용성이 높다고 하겠다.

31) 정문자 외 3인, 『가족치료의 이해』, 159.

8장

전략적 가족치료 (Strategic Family Therapy)

전략적 가족치료(strategic family therapy)는 사이버네틱스와 체계이론을 적극적으로 응용한 전략적 접근법으로 문제 해결에 중심을 두고 있다. 전략적 접근법에서 가족치료자는 가족의 협조가 있건 없건 그들의 변화를 자극하기 위한 고안된 전략으로 인간의 행동의 원인보다 행동의 변화에만 관심을 가진다. 즉, 문제행동을 변화시키는 해결방법을 기술하는 데 초점을 맞추고 있다.32)

1. 기본개념-이론적 구성

전략적 치료란 에릭슨(Erickson)의 전략적 접근을 사용하여 제시된 문제를 해결하는 특성을 갖는 치료모델을 통칭한다. 이는 일반체계이론과 인공두뇌이론에 근거를 두고 발전하여 현재 사티어(Satir)

32) Michael P. Nichols & Richard C. Schwartz, 『가족치료』, 138.

의 의사소통이론, 헤얼리(Haley)와 마다네스(Madanes)의 위계질서론, MRI(Mental Research Institute: 정신건강연구소)연구팀의 피드백망이론, 밀란(Milan)연구팀의 게임이론 등이 그 이론적 바탕을 이룬다.

전략적 접근법은 베이트슨(Gregory Bateson)의 정신분열에 관한 연구과제에서 비롯된 의사소통이론으로부터 발전하였는데, 이것은 3가지 독특한 모델로 분류할 수 있다. MRI의 단기치료 모델, 헤얼리와 마다네스의 전략적 치료, 그리고 Milan의 체계 모델이다. 이 세 가지 모델이 탄생한 곳은 Mental Research Institute(MRI)이다. 그곳에서 전략적 가족치료는 인류학자 그레고리 베이트슨과 정신과 의사인 밀턴 에릭슨(Milton Erickson)에 의해 영감을 받았다. 전략적 가족치료자 가운데 전략적 가족치료의 발전에 지대한 공헌을 한 헤얼리이다. 그는 가족치료에 가장 큰 영향을 준 베이트슨, 에릭슨, 그리고 미뉴친으로부터 심리치료에 대한 이론과 기법을 배워 스스로 독특한 가족치료 이론을 형성했다. 헤얼리는 맥락과 환자의 증상의 가능한 기능에 초점을 맞춘 단기치료모델을 개발했으며, 환자의 부적응 행동에 반대의 결과를 초래하는 역설적 방법으로 환자들을 가르치기 위해 지시적인 방법을 활용하였다.33)

2. 치료전략-목표

전략적 가족치료의 치료적 전략에는 MRI, 헤얼리, 밀란 모델 간

---

33) Michael P. Nichols & Richard C. Schwartz, 137~38.

에 주요한 몇 가지 차이를 보이고 있다. 그들은 무엇이 문제해결인가? 문제를 해결하기 위하여 어느 정도의 변화가 있어야 하는가? 그리고 치료자는 변화를 창출하기 위해 어느 정도의 책임을 져야 하는가? 여기에 대해 서로 다른 의견을 가지고 있다.[34]

MRI학파에게 문제를 해결하는 기본 조건은 문제와 연관된 행동적 반응을 변화시키는 것이다. 치료에서 도움이 필요하다고 언급한 문제에 대해 가족이 만족한다면 문제는 해결된 것이며, 치료자의 역할도 끝났다고 보았다. 설령 치료자가 가족 내에 다른 문제가 있다는 것을 파악하더라도, 가족이 그 문제에 대한 도움을 요청하지 않는 한 치료자는 그것을 목표로 삼지 않는다. 치료자의 역할은 가족의 성격이나 가족구조를 변화시키는 것이 아니라, 가족이 곤란을 느끼지 않고 활동할 수 있도록 돕는 것이라고 생각하였다. 요약하면, MRI의 접근방법은 직접적이며, 치료적 전략의 목표는 문제에 대한 행동적 반응을 변화시키는 것이다.

헤일리는 사람들에게 그들이 잘못하고 있다는 것이 무엇인가를 말해주는 것은 단지 저항을 일으킬 뿐이라고 믿었다. 그는 지각이 행동을 변화시키기보다 행동의 변화가 지각을 변화시킨다고 믿었다. 따라서 그의 궁극적인 목표는 가족을 구조적으로 재조직하는 데 있다. 특히 헤일리는 가족의 위계질서나 경계선의 재구조화를 강조하였다. 이와 같은 목표를 보면 구조적 가족치료와 다른 점이 없는 것처럼 느껴질 수 있으나, 이러한 목표가 현재의 문제와 직결되어 있다는 점에서 다르다.

---

34) 김유숙, 『가족치료』, 183~85.

밀란(Milan)학파는 가족구성원으로 하여금 다르게 행동하도록 하기보다 가족들이 사물을 다르게 보는 것에 관심을 기울였다. 밀란 모델은 문제를 유지시키는 데 관련되어 있는 사람들의 네트워크를 확장시켰지만, 기본적인 관심은 가족이 하고 있는 게임을 중단시킬 수 있는 강력한 기법을 찾는 데 있었다. 그들이 개발한 기법은 행동주의적 개입이 아니고, 게임을 유발하는 이상한 행동에 대한 동기를 재구조화하도록 계획되었다는 점에서 다르다. 그러므로 밀란 모델에서는 현재 드러난 문제에는 초점을 덜 맞추었다. 그들의 대부분의 노력은 가족체계와 증상이 주는 의미를 밝혀내는 데 두었으며, 그러한 과정을 통하여 가족의 인식이나 신념을 변화시키고자 하였다.

3. 치료자의 역할과 치료기법

전략적 치료자들은 통찰과 이해보다 변화를, 문제의 원인보다 치료자 지시에 따른 가족들의 행동을 강조하는 치료기법을 사용하고, 해석보다 행동과 맥락을 변화시키는 데 초점을 두고 단기치료에 노력하며, 전략적 가족치료의 기초는 두 가지 맥락, 즉 에릭슨의 최면치료와 인공두뇌이론이다. 다시 말하면, 이론보다는 기법에 많은 관심이 있어서, 문제해결을 위한 새로운 전략을 세우는 데 주력하였다. 임상에 비중을 두는 치료자와 마찬가지로 그들의 이론은 상당히 간단하며 실제적이다.

전략적 가족치료에서는 기초적인 세 가지 가정을 가지고 있다. 첫째, 사이버네틱스이다. 어려움은 잘못 시도된 해결의 지속이나 정적인 피드백의 확대에 의해서 생기는 만성적인 문제이다. 둘째, 구조적인 것이다. 문제는 가족권력이나 가족경계에 연합이 일어난 결과이다. 셋째. 기능적인 것이다 한 개인이 다른 누군가를 보호하거나 통제할 때 나타난 문제는 전체 가족체계의 기능을 돕게 된다.[35)]

MRI그룹에서는 첫 번째 가정에 의존하여 가족을 보는 반면에, 헤얼리나 밀란모델에서는 이 세 가지 가정을 모두 받아들이고 있다. MRI그룹은 문제의 해결을 위한 기본적 조건은 그것과 관련된 행동이 변화하는 것이라고 보았다. 변화된 행동반응의 결과를 통해 가족은 문제해결전략에 보다 적응적일 수 있다고 믿었다. 헤얼리는 에릭슨의 최면치료의 원칙과 기법에 많은 영향을 받았다. 에릭슨의 영향으로 그는 치료자와 환자 사이에는 세력다툼이 있으며 힘이 누구에게 있느냐에 따라 치료의 성패가 좌우된다고 보았다. 따라서 그는 치료의 실패를 환자의 저항 때문이라고만 설명할 수는 없다고 주장하였다. 밀란 모델은 주로 정신분열증과 식욕부진증의 가족을 치료의 대상으로 하였다. 그들은 가족 상호관계에서 힘겨루기를 위해 행해지는 가족게임에 초점을 맞추었다. 증상은 가족을 보호하는 기능이 있다.[36)]

전략적 가족치료자가 자주 쓰는 기법은 재정의(reframing), 역설적 개입(paradoxical intervention), 은유(metaphor), 의식(ritual) 등이다. 재정의란 치료적 변화를 더욱 용이하게 하기 위해 특정행동에 대한 가족의 기술을 재명명화하는 것이다. 즉, 어떤 행동, 관계, 현상을 지

35) 김유숙, 『가족치료』, 191~95
36) 김유숙, 『가족치료』, 189~91.

금과는 다른 측면에서 보고 그 특징에 새로운 의미를 부여하는 과정이다. 은유는 직접적인 의사소통이 유효하지 않을 때 그 메시지를 비유로 전달하는 것이다. 의식이란 셀비니 파라조리(Selvini Palazzoli)와 그녀의 Milan학파에서 사용하는 것으로 체제의 규칙을 변화시키기 위해 가족들에게 구체적인 행동을 지시하는 기법인데, 가족에게 구체적인 행동을 지시하여 변화를 시도하는 방법이다. MRI, 헤얼리, 밀란모델에서 사용하는 기법은 유사한 것이 많지만, 치료과정에서는 접근방법마다 차이점을 보이고 있다.

MRI의 기법은 6단계의 치료과정[37]을 따르는데, 첫째는 치료과정에 대해 가족에게 소개, 둘째는 주요문제가 무엇인가에 대해 질문과 정의, 셋째는 문제를 유지시키는 행동에 대한 진단, 넷째는 치료 목표의 설정, 다섯째는 행동적 개입의 선택과 실행, 여섯째는 종결 등이다.[38] 그들은 첫 면담이 치료과정 전체의 성공을 예견하는 열쇠가 된다고 보았다. 첫 면담을 통해 인사를 나눈 후 치료자는 가족구성원에게 문제를 언제나 구체적인 언어로 일인칭으로 분명하게 설명하도록 요구하여 주요 문제를 명확하게 정의하도록 질문한다. 그들은 문제는 언제부터 있었으며 왜 지금 왔는가와 해결을 위해 어떤 노력을 했는지를 분명히 밝힌다. 이러한 질문은 문제의 명확한 정의를 내리는 데 도움이 된다. 막연한 표현이나 모호한 용어로 언급하거나 원인 추측하는 식일 때 구체적인 언어로 가족의 원인을 언어화시킨다. 이런 과정을 통하여 치료자는 '그런 것을 향상시키는 작은

37) MRI단계 6단계 치료전략을 ① 내담자에게 체계에 합류한다. ② 문제를 정의한다. ③ 결과목표를 정의한다. ④ 시도된 해결책을 확인한다. ⑤ 변화전략을 발전시키고 실행한다. ⑥ 종결한다는 것으로 6단계로 구분하기도 한다(이영분 외, 『가족치료: 모델과 기법』, 2008, 211~13 참조하라).

38) Michael P. Nichols & Richard C. Schwartz, 『가족치료』, 151.

일은 무엇일까'와 같은 질문을 통해서 확실한 목표를 설정하도록 돕는다. 문제와 목표가 명확하고 행동적으로 규정될 때 그들은 가족이 문제를 해결하려고 시도했던 방법에 대하여 묻기 시작한다.

헤얼리의 기법은 지시 기법으로 단순히 가족들이 반대로 하게 해 보는 전략이 아니라 누가 공식적인 내담자인가에 관계없이 첫 면담을 고도로 구조화하여 친화단계, 문제규명단계, 상호작용단계, 그리고 마지막으로 목표설정단계 등으로 나누었다. 가족들은 처음 치료자에게 올 때 종종 불편해하고 방어적이다. 그러므로 헤얼리 초기면담에는 긴장을 풀고 편안함을 느끼게 해 주는 친화적 단계가 필요하다고 보았다. 가족이 환영받았다는 느낌을 가지게 되면, 치료자는 각 가족구성원이 어떻게 행동하며 상호작용을 하는지에 대하여 관찰한다. 간략한 친화단계를 거쳐 치료하러 온 이유와 문제에 대해 가족 모두에게 각자의 견해를 묻는 질문함으로써 문제 규명단계로 들어간다. 일단 모든 가족구성원들이 자신들의 견해를 밝히고 나면, 가족들에게 각자가 갖고 있는 다양한 관점에 대하여 토론하도록 격려한다. 이 단계를 상호작용 단계라고 한다. 이때 치료자의 역할은 가능하면 가족이 서로 많은 의견교환을 하도록 돕는 것이다. 이런 과정을 통해 치료자는 문제를 둘러싸고 있는 교류를 관찰한다. 누가 누구와 대항하여 연합하는가? 위계는 얼마나 기능적인가? 부모는 서로 잘 협력하고 있는가? 아니면 기를 꺾고 있는가? 이 단계에서 가족 안에 존재하는 행동 유형을 관찰한다. 마지막 단계인 목표설정단계에서는 지시가 중요한 역할을 한다. 헤얼리는 가족에게 충고하는 것은 거의 도움이 되지 않는다고 보았기 때문에, 효과적인 지시는 충고의 형태가 되어서는 안 된다고 생각하였다. 가족이 치료자가 제시하는 과제를 실행에 옮기게 하기 위해서는 그들에게 치료자의 지시를 따르면 각자에게 유익하다는 사실을 확신시켜야 한다.

Milan모델의 기법은 초전략적이며 형식적이다. 남녀 공동치료자에 의해 가족이 면담하는 동안 치료자들의 다른 동료가 관찰실에서 치료 상황을 함께 한다. 면담은 보통 한 달에 한 번이라는 긴 시간간격을 두었다. 그런데 치료팀은 가족을 치료하는 동안 경험적으로 면담과 면담 사이의 간격을 오래 두었을 때가 보다 효과적이라는 사실을 발견하였다. 그의 치료모델을 형식적이라는 말하는 것은 치료 전 단계(pre-session), 치료단계(session), 치료중간단계(inter-session), 개입단계(intervention), 치료 후 논의단계(post-session) 등 표준화된 다섯 단계의 과정으로 나누는 표준적인 상담의 형식에 따라 활동했다는 점 때문이다. 치료 전 단계(pre-session)에서는 가족의 현재 문제에 대한 가설을 세운다. 가족과 만나는 치료자는 가족과의 면담을 통하여 치료팀과 의논된 가설이 타당한지의 여부와 가설의 수정을 위한 정보를 수집한다. 면담을 한 지 40분이 경과하면 치료자는 가족을 잠시 면접실에 남겨두고 관찰실에 와서 치료팀과 가설에 대한 논의와 어떠한 개입을 할 것 인지를 의논한다. 밀란모델의 개입의 주된 방법은 긍정적 의미부여와 가족의식이다. 치료자는 가족이 기다리는 면접실로 다시 돌아와 가족에게 '긍정적 내포(positive connotation)'[39]나 '의식'[40]의 과제를 준다. 그리고 면담 후 모임에서

---

39) '긍정적 내포'란 가족의 응집력을 촉진하고 치료에 대한 저항을 줄이기 위해 가족 행동에 긍정적 동기가 있다는 것을 인정하려는 Selvini Palazzoli의 치료기법인데, 가족구성원의 행동을 긍정적으로 재정의하거나 재해석하는 것이다. 긍정적 내포의 가장 큰 기능은 가족의 저항을 불러일으키지 않으면서 가족의 변화능력을 보이게 하는 것이다.

는 가족의 반응을 분석하고 다음 면담에 대한 계획을 세운다.

4. 체계론적 일관성

도로디 백바르에 의하면 전략주의 접근은 사이버네틱스와 가장 일치하는 가족치료 모델 중의 몇 가지를 제시한다고 보았다. 따라서 치료자와 가족은 하나의 체계를 구성하는 것으로 간주한다. 중요한 쟁점은 "왜?"라기보다 "무엇?"이며, 부정적 피드백과 상호적 영향 및 회귀성이 체계와 체계의 특징적인 상호작용 유형을 규정한다. 증상은 맥락에 대한 논리적 결과로 이해되며, 어떤 가족유형이든 나름대로의 정상성과 일관성, 그리고 적합성이 있다고 가정한다. 그래서 증상 형성의 논리는 구조적 결정론의 개념과 일치한다. 마찬가지로 오래된 유형을 파괴하고 새로운 유형이 나타날 수 있도록 시도하는 전략은 교란(perturbation)의 개념과 다르지 않다. 한편 이론이 이 치료모델의 기초를 이루고 있다는 사실 때문에 사이버네틱스 관점으로부터 약간 벗어난다. 즉, 문제가 규정되고 문제해결을 위한 전략이 고안되면, 병리와 건강을 구성하는 바에 대한 믿음을 추론해 낼 수 있다. 곤경에 빠진 가족과 같은 구분이 유익할 수도 있지만, 제2단계 사이버네틱스 차원에서 볼 때 역기능과 건강을 구분하는 것은

40) '의식'이란 가족성원이 하는 게임의 규칙을 변경시키기 위해 말이 아닌 실행에 옮기는 방법이다. 치료자는 가족 전체가 경직된 가족규범이나 신화를 과장하거나 또는 이것과 상반되는 여러 가지 행동을 하도록 요구한다. 밀란 모델은 시간이 지남에 따라 가족이 자신들의 어려움에 대한 새로운 이해를 하도록 하기 위해서는 치료자는 가족들의 문제에 진정한 호기심을 가지고 가족에게 질문해야 한다는 자세로 바뀌게 된다.

존재하지 않는다. 그보다도 모든 것은 현재 기능하는 대로 기능한다. 반대로 헤얼리는 위계를 중요한 것으로 여기며 병리를 경직성의 기능으로 규정한다. 마찬가지로 밀라노 그룹은 분명한 규칙과 개방적으로 표현된 동맹을 가치 있게 여기며, 실재에 대한 "오래된 지도(outdated maps)"뿐 아니라 가족 내의 "병리적 마디점(pathological nodal point)"에 초점을 둔다. 그러나 모든 치료 모델은 어쩔 수 없이 이러한 역설과 마주치는데, 전략적 접근은 역설의 존재를 인정하고 가치판단을 최소로 줄임으로써 역설을 다루려는 시도에서 선두를 차지하고 있다.[41)]

5. 전략적 가족치료의 통합적 관점

전략적 가족치료 모델은 가족의 반복적인 역기능적 행동에 직접적으로 개입하여 변화를 유도하는 접근으로 간결한 기법과 단기적이며 효율적인 개입이 특징이다. 문제의 원인에 대한 통찰이나 이해에는 관심이 적으며 증상을 유지시키는 가족의 역기능적 연쇄과정을 끊는 것에 관심이 있다. 전략적 모델은 MRI 상호작용 모델과 헤얼리의 전략적 구조주의 모델, 그리고 밀란의 체계적 모델 등으로 분류된다. MRI 모델과 헤얼리의 모델은 베이트슨의 순환적 인식론과 에릭슨의 전략적 최면기법에 영향을 받아 가족의 상호작용 유형과 문제 증상에 대한 역설적 개입에 초점을 두었다. 반면에 밀란 모

41) Dorothy S. Becvar, *Family Therapy: A Systemic Integration*, 233.

델은 베이트슨의 이차 사이버네틱스 개념을 적극적으로 임상에 도입하여 가족 상호작용보다 신념체계에 더 관심을 가졌고, 이는 가족치료 분야의 포스트모더니즘 도래에 영향을 미쳤다.[42] 최근 전략적 모델은 문제보다 내담자 가족의 강점을 찾아서 치료에 활용하려는 한편 치료자의 자질로서 전략적인 면보다 인간적이고 따뜻한 면을 강조하는 추세에 있다. 또한 치료과정에서 다양한 문화와 인종집단에 대한 고려를 추가하였다.

그러나 점차 치료분야가 기술과 조정에 지나치게 의존하는 것에서 벗어나서, 가족에 대한 치료가 아니라 가족과 함께 하는 치료로 바뀌고 있지만 전략적 치료의 가치 있는 측면들이 간과되어서는 안 될 것이다. 우리는 전략적 치료의 중요한 관점을 놓치면 안 될 것이다. 이것들은 명확한 치료적 목표를 가지기, 가족들이 개입에 반응할 것을 기대하기, 상호작용의 연속 행동을 이해하고 추적하기, 그리고 지시의 창의력 있는 활용 등은 크리스천가족상담을 위한 유용한 기법이기도 하다.

42) 정문자 외 3인, 『가족치료의 이해』, 262.

9장

경험적 가족치료 (Experiential Family Therapy)

경험적 가족치료 이론은 “경험적 가족치료자인 사티어(V. Satir)가 인본주의적 인간관과 실존주의 철학을 기초로 자신의 치료이념과 가치 체계를 발전시켰다. 경험적 가족치료의 접근방식은 행동이론, 학습이론, 체계이론, 의사소통이론을 기본으로 하는 자아존중감, 자아가치와 신념, 가족규칙, 의사소통유형에 주요 초점을 두고 있다.”고 보았다.[43] 이러한 경험적 가족치료 이론의 배경은 1960년대 들어서면서 정신분석적 사조가 쇠퇴하고 즉시적이고 ‘지금-여기’에서의 경험을 중요시 하는[44] 유럽의 개인 심리학의 실존적이며 인본주의적 인간관에 뿌리를 두고 있다. 이 시기는 경험 집단, 감수성 훈련, 인간의 잠재력 성취를 강조한 시기였다. 인간성에 대한 긍정적인 모델을 지지함으로써, 이 관점은 개인의 가족의 성장과 발달을 증진시키려는 심리학자와 가족치료자들의 요구를 반영한다. 그러므로 개별성, 개인적 자유, 자기 성취는 경험적 가족치료의 특징이다.[45] 경

43) 김혜숙, 『가족치료 이론과 기법, 2판』, 119.
44) 이영분 외, 『가족치료: 모델과 사례』, 296.

험적 가족치료 이론은 표현되지 않고 감추어진 정서를 표출시키는 것을 문제의 해결의 중요한 열쇠로 간주하며, 개인의 정서적 경험과 가족체계에 대한 이중적 초점을 강조하는 접근이다.

1. 기본개념-이론적 구성

경험적 가족치료(experiential family therapy)에서는 가족에게 가족의 특유한 갈등과 행동양식에 맞는 경험을 제공하려고 노력한다. 따라서 이론의 역할을 높이 평가하지 않는다. 대신 가족과 깊은 교류를 통해서 가족을 변화시킬 수 있다고 믿으며 치료에 임한다. 그들은 가족과 깊은 교류를 가짐으로써 가족을 변화시킬 수 있다는 신념으로 경험, 만남, 직면, 직관과정, 성장, 존재, 자발성, 행동, 지금-여기 등이 경험적 가족치료자가 즐겨 사용하는 개념이다. 이론에 얽매이지 않음으로 여유롭고 창조적이며 개방적이고 자연스럽다. 그리고 언어는 분명하고 명확하기보다는 화려하며 과장된 면이 있다.[46)]

경험적 가족치료에서는 현상학의 영향을 많이 받았는데 현상학적 관점은 모든 실존치료에 공통적이다. 따라서 치료 기법도 현상학적 기술, 심리극, 환자 중심의 만남 등의 다양한 치료를 받아 빈 의자 기법, 조각이나 가족 그림과 같은 표현적인 기법을 많이 사용한다.[47)] 경험적 가족치료자는 치료과정 속에서 경험하는 대인관계는

---

45) Dorothy S. Becvar & Rapheal J. Becvar, 155.
46) 김정택, 『가족상담』, 70.
47) 정문자 외 3인, 『가족치료의 이해』, 166.

그 자체가 성장에 주요한 자극이 된다는 믿음이 있었다. 그러나 치료자는 어떤 경험을 제공하든지 간에 과거를 들추기보다는 현재에 초점을 맞춘다. 즉, 지금 여기에서 치료자와 가족 사이에 순간적으로 일어나는 상황을 중시한 것이다. 가족과 치료자 사이의 상호작용은 면담에 참여하는 가족이나 치료자 모두가 성장할 수 있는 계기라고 생각하였다. 이처럼 경험을 통하여 개인이 성장하도록 돕는 형태의 치료자로서 휘태커(C. Whitaker)와 사티어(V. Satir)가 잘 알려져 있다. 그러나 이들은 치료과정을 통하여 내담자의 체험을 중시하고 치료자의 가족에 대한 개인적인 관여가 치료적 변화를 촉진한다는 점에서는 공통점을 가지고 있지만, 방법에서는 차이를 보였는데 휘태커는 가족은 교육을 통해서가 아니라 경험의 결과에 의해 변화한다고 보았다. 또한 대부분의 경험은 인식이나 의식 밖에서 발생하기 때문에 비언어적, 또는 상징적으로 접근할 수밖에 없다는 기본 가정 아래에서 상징적 경험주의 가족치료를 주장했다. 반면에 가치체계, 자존감, 가족규칙, 의사소통 유형에서 가족체계 내에서 가족 성원이 자신과 다른 가족에 대하여 어떻게 느끼고 어떻게 반응하는가 라는 정서적 수준과 인간의 잠재적 능력에 많은 관심을 가졌다.

이러한 경험적 가족치료의 특성에 대해 가족치료학자 김혜숙은 일곱 가지로 언급하였는데 ① 자아존중감의 증진과 자기 가치를 느끼며 인식하는 것, ② 개인적으로 자기 성장을 할 수 있도록 함, ③ 가족들 간의 의사소통을 통한 상호존중감, 신뢰감의 회복, ④ 직접적인 경험과 교육을 중요시 함, ⑤ 삶의 경험을 긍정적이고 자원으로 활용함, ⑥ 개인의 정서적인 고통과 애도 감정표현과 승화, ⑦ 자

신의 삶에 대한 선택과 결정권에 대한 책임 인식이라고 하였다.[48)]

2. 치료전략-목표

경험적 가족치료의 목표는 가족을 안정된 상황에 머무르게 하는 것이 아니라 성장시키는 것이다. 감수성, 느낌의 표현, 자발성과 창조성, 확실성의 성장이 치료의 일반적 목표이다. 이들은 물론 증상의 감소나 사회적 적응도 중시했지만 내면의 경험이나 그러한 경험의 확대를 가족치료의 기본적 목적으로 삼은 것이다. 휘태커는 가족성원에게 가족의 부분으로서 소속감을 가지게 하는 동시에 독립된 개인으로서 자유를 인식할 수 있도록 원조하는 데 중점을 두었다. 따라서 치료자의 역할은 치료과정을 통하여 가족 성원의 잠재력을 쉽게 표현할 수 있도록 도와주는 것이다. 사티어의 성장의사소통 치료는 자신의 자아존중감을 높이고 자기 인생에 대한 선택권을 스스로 갖도록 돕는 개인의 성장으로 최대의 목표로 삼았다. 이러한 목표를 달성하기 위해서 가족이 서로 협력하는 과정과 기술을 강화하도록 도우면서 개인의 낮은 자존감을 회복시켜 자신의 가치를 인정할 수 있는 감정과 자원을 발전하도록 돕는 것이 치료의 과정이다. 따라서 이를 위해서는 우선, 가족이 희망을 찾고 미래에 대한 꿈을 갖도록 도와야 한다. 이와 같은 궁극적인 목적을 달성하기 위해 그녀는 가족이 서로 협력하는 과정과 기술을 강화하도록 도왔다. 또한

48) 김혜숙, 『가족치료 이론과 기법』, 2판, 120.

각 개인은 선택할 수 있으며 그 결과를 책임져야 한다는 것을 인식시킴으로써 가족원 개개인과 가족체계의 건강을 증진시키려 하였다.[49)]

이러한 경험적 가족치료에서 가족과 함께 치료과정에서 지향하는 목표들은 가족치료학자 김혜숙은 다음과 같이 종합하여 정리하였다.[50)]

○ 가족들이 서로 자기 자신의 보고 느끼고 생각하는 것들에 대하여 분명하게 표현하도록 한다.

○ 가족들이 새로운 희망을 가질 수 있도록 하며, 과거의 가슴 부풀었던 꿈들이 다시 자각하도록 한다.

○ 가족들이 어떤 상황에서 새로운 시각과 통찰을 가질 수 있도록 교육하며, 어려운 상황을 대처하고 극복할 수 있도록 강화한다.

○ 원가족에서 학습하고 배운 역기능적인 대처방식이나 틀에서 벗어나 새로운 방식들을 시도한다.

○ 자의식을 가지고 자신의 의사결정을 스스로 선택하게 함으로 자신의 행동에도 책임을 지게 한다.

○ 가족의 규칙을 분명히 하며, 부모들의 통제를 융통성 있게 한다.

○ 가족들은 서로의 차이점을 알며, 자아성장을 위하여 서로 지지해 준다.

이상의 일곱 가지는 경험적 치료자들이 치료과정에서 지향하는

49) 김유숙, 『가족치료: 이론과 실제』, 120.
50) 김혜숙, 『가족치료 이론과 기법』, 2판, 119, 123.

목표로서 가족의 문제 해결보다는 개인의 잠재적 욕구와 자아성장과 관계성의 변화를 위해 감수성을 높이고 지각의 수준을 높이는 방어기제를 감소시키는 데 목적을 두고 있다고 보았다.

3. 치료자의 역할과 치료기법

경험주의적 가족치료자들은 사람은 본성적으로 건강하고, 창의적이고 열정적이고 사랑스럽고 생산적이라는 인본주의적 믿음을 공유한다. 따라서 치료의 주요과업은 방어를 풀고 본래의 활력을 내보낼 수 있도록 자기 안의 활력을 주는 것이다. 문제의 해결보다는 가족의 기능을 회복하는 데 치료의 초점을 맞추는 경험주의 치료자들은 가족이 제시하는 문제의 구체적인 부분들에 대해 많은 관심을 쏟지 않는다.[51] 그들은 가족과 깊은 교류를 가짐으로써 가족을 변화시킬 수 있다는 신념을 가지고 치료에 임한다. 경험, 만남, 직면, 직관과정, 성장, 존재, 자발성, 행동, 지금 여기 등은 경험적 가족치료자가 즐겨 사용하는 개념이다. 이들은 치료적 변화는 경험의 증가에서 비롯되는 것으로, 지적 반응이나 문제의 근원을 보는 데 있는 것이 아니라고 주장한다. 치료는 가족과 치료자 사이의 친밀한 관계이며, 개개인의 가족성원뿐만 아니라 전체 가족체계의 성장을 촉진시키는 과정이다. 경험주의적 가족치료는 현상학적 기술, 심리극, 환자 중심의 만남, 집단운동의 결과이다.

---

51) Michael P. Nichols & Richard C. Schwartz, 『가족치료』, 김영애외 4인 역 (서울: 시그마프레스, 2003), 204~05.

경험적 가족치료의 휘태커의 상징적 기법에서 그의 치료의 초점은 성장이다. 치료자는 가족이 일상생활을 영위하면서 해야 하는 결정을 치료과정에서 직접 다루는 것을 피하고, 대신 가족성원이 감정을 열고 서로의 경험을 공유하도록 도와주어야 한다고 보았다. 휘태커는 치료자가 자신의 감정을 드러내어 그들의 경험을 함께 나눔으로써 가족에 합류하는 것을 선호하였다. 또한 어떤 기법을 활용하든지 치료자는 지금 여기에서 강한 경험이 있어야 한다는 확신을 가지고 있다. 따라서 가족사나 형식적인 사정을 하지 않는다. 치료자가 가족을 아는 과정은 자연스럽게 일어나는 것이다. 각 가족 성원의 이야기를 토대로 하나의 그림을 그리고 가족을 보는 각 성원의 관점을 파악한다.[52)]

사티어의 성장 기법은 의사소통을 명확히 하도록 활발하게 행동하며 가족의 시야를 가족의 과거 일에 대한 불만에서 문제 해결로 바꾸려고 노력했다. 가족 개개인에게 어떤 생각을 가지고 있고 치료에서 무엇을 기대하며 왜 여기에 와있는지 분명히 표현하도록 촉구하는 것이다. 또한 가족 각자에게 말하게 함으로써 의견의 불일치를 드러내고 이것을 경청을 통해 서로를 이해하도록 돕는다. 사티어가 추구하는 것은 의사소통이론에 준거했으나, 역기능적 의사소통의 공통점은 표현하는 언어적 메시지와 비언어적인 메시지의 의미가 불일치하는 이중 메시지로 전달될 때 생긴다. 주로 이러한 이중의 메시지는 자존감이 낮으며, 남의 감정을 상하게 하는 것을 두려워하는 사람에게서 자주 나타나므로, 치료를 통하여 그들의 자존감을 높

52) Michael P. Nichols & Richard C. Schwartz, 『가족치료』, 205.

이려고 노력하였다. 사티어는 사람이 스트레스 상황에 놓이면 자주 사용하게 되는 의사소통을 유형화하여 회유형(placating), 비난형(blaming), 초이성형(super-reasonable), 산만형(irrelevant), 일치형(congruent)으로 나누어 설명하였다.[53] 사티어는 치료과정에서 조각기법(sculpture)을 사용한 자신들의 유형을 경험하게 하여 바람직한 의사소통을 하도록 도왔다.[54] 따라서 경험적 치료기법은 "구조적이지 않으며, 미래 계획 속에서 이루지지 않고, 치료자 자신의 성숙한 태도와 직관력, 창의력이 요구되는 것이다. 치료자 자신이 가지고 있는 내적인 힘, 생기발랄함, 감수성, 관심의 표명, 인내심들이 어떠한 기법보다도 중요하다."고 하였다.[55] 가족조각의 실연과정은 제1단계 준비단계, 제 2단계 조각완성단계, 제3단계 성숙 및 변화단계, 제4단계 종결단계로 나눈다.[56]

4. 체계론적 일관성

도르디는 경험주의 가족치료 이론을 체계론적 관점에서 논의하면서 게슈탈트-경험적 가족치료[57]의 이론을 주장하는 월커 캠프러

---

53) 첫째, 회유형은 자기가치 감정을 무시하고 다른 사람에게 나의 힘을 넘겨주고 모두에게 동의하는 말을 한다. 둘째, 비난형은 약해서는 안 된다고 하는 의지를 나타내며 자신을 보호하고 다른 사람이나 환경을 괴롭히고 나무라는 것이다. 셋째, 초이성형은 자신이나 다른 사람을 지나치게 낮게 평가하는 것이다. 넷째, 산만형은 지나치게 즐거워하거나 익살맞은 행동을 하여서, 오히려 의사소통이 혼란한 것을 말한다. 다섯째, 일치형은 나 스스로가 주체적으로 다른 사람과 관계를 갖고 접촉하고 직접적으로 사람과 연결을 맺는 것을 의미한다.

54) 김혜숙, 『가족치료 이론과 기법』, 100~04.

55) 김혜숙, 『가족치료 이론과 기법』, 2판, 122.

56) 이영분 외 『가족치료: 모델과 기법』, 330~31.

57) 게슈탈트 경험적 가족치료의 모델은 즉각적인 것(사람들이 무엇을 말하는가? 그들이 어떻게 말하는가?)에

(Walker Kempler)는 실제를 이끄는 이론에 대한 설명에서보다는 치료적 과정에 대한 설명에서 체계론적으로 훨씬 더 일관적이라고 지적했다. 그래서 그는 치료자를 과정에 전적으로 몰입되고 객관성을 갖지 않으며 즉각적 인식에 따라 반응하고 어떤 선입관이나 명백히 규정된 기법에 의존하지 않는 촉매자로서 본다. 관찰자는 관찰된 것의 부분이고, 그 구성원들이 외부 환경에 관계없이 지금-여기 상호작용하는 폐쇄된 체계의 부분이며, 내적 구조에 대한 강조의 부분이고, 다중 인식으로 실재를 이해하는 부분이다.[58)]

반면에 병리의 원인과 그 해결책에 대한 규정은 물론, 병리의 존재를 규정함에 의해서 켐플러(Kempler)는 제2단계 사이버네틱스 영역으로부터 벗어난다고 하였다. 가족역동성을 거의 완전히 제외하고 병리의 소재와 건강의 근원 면에서 개인을 극단적으로 강조하는 것은 사이버네틱 관점과 일관적인 전체성의 차원에 대한 인식을 부인한다. 그래서 관계적 초점이 있을지라도, 맥락에 대한 견해는 가족 상호작용 또는 치료 과정에서 역동성으로서가 아니라 지지적 특성으로서만 구체적으로 언급된다. 참으로 게슈탈트-경험적 접근은 가장 순수한 의미에서 가족치료라기보다는 가족의 맥락에서의 개인치료라는 느낌을 남긴다. 그러므로 경험적 모델들의 체계론적 일관성에 대한 실마리는 그 모델들이 아무 이론도 지지하지 않는 이론들로서 정말로 경험적인 또는 자기 준거적으로 일관적인 정도로서 보

초점을 둔다. 불일치가 개인 내에서 발견되든 또는 두 사람 이상 간에 나타나든 간에 상관없이, 치료는 불일치 요소들을 상호 자기 노출적으로 직면하도록 하는 것으로 구성된다. 대화에서 중요점은 현재의 갈등이며 더 분석적이거나 이유를 찾는 지향 대신에 그것을 해결하기 위해 무엇이 행해질 수 있는가이다(Kemler, 1982, 141).

58) Dorothy S. Becvar & Rapheal J. Becvar, 162.

인다. 위태커와 켐프러 모두 개인심리학의 토대 위에서 가족에 대한 그들의 접근을 세웠던 반면, 체계론적 일관성이 성취된 정도의 또 다른 척도는 전체성의 맥락에서 회귀와 피드백의 차원을 인정하며, 그래서 사이버네틱 인식론으로 변화할 각각의 상대적 능력이다. 위태커는 켐프러보다 훨씬 더 많이 이를 행해 온 것으로 보인다.[59]

5. 경험적 가족치료의 통합적 관점

경험적 가족치료(experiential family therapy)에서는 개인의 문제 해결보다 성장에 초점을 두고 있다. 개인의 성장과 자아성취는 인간의 기본적인 성향으로, 충동과 방어기제가 감소되었을 때 자연적으로 나타나는 것이다. 그러므로 치료의 목표는 가족원 개개인의 내적 방어기제와 가족원들 사이의 방어기제를 감소시키는 것이다. 그러기 위하여 경험적 가족치료자들은 가족들의 습관적이며 익숙한 행동에 도전하고 질문함으로써 변화를 시도한다. 그리고 새롭고 효과적인 경험을 확대시키기 위해 치료자 자신의 활용뿐 아니라 구조화된 기법과 표현적인 기법을 사용한다. 이 접근의 핵심은 강한 경험을 갖게 하는 것과 경험의 확대를 위한 기법 사용에 있다. 경험주의적 가족치료는 실존적이고 인본주의적이며 그리고 현상학적인 사고에서 유추된다. 이러한 사고는 개인이 자유와 자기표현을 통해 그 동안 문화로 인해 약화된 자신의 영향력을 회복시킬 수 있다고 본다. 결

59) Dorothy S. Becvar & Rapheal J. Becvar, 163.

국 이 접근법은 체계적으로 개념화된 가족 역동에 따르는 대신 여러 다른 접근법에서 개념과 기법들을 빌려온다.[60]

경험적 가족치료 접근법의 주요한 공헌 중의 하나는 가족원 각각의 감정을 알아차리게 하고 표현하게 하며 경험하게 함으로써 결과적으로 가족 내 대인관계에 긍정적 경험과 관계를 갖게 하여 성장하도록 돕는다는 점이다.[61] 이러한 경험주의적 가족치료의 가장 좋은 점은 사람들이 그들 자신의 잠재적 생명력을 발견하도록 돕는 것이다. 경험은 현실적이고 그것은 하나의 사실이다. 치료는 사람들이 부인할 수 없는 정당성을 지닌 그들 자신의 경험이 도달하도록 촉진하는 데 기반을 두고 행해진다. 더 나아가 이러한 개인적인 발견이 가족 내에 이루어질 때 진실로 가족 관계는 생기 있게 될 수 있다. 경험주의적 치료의 강조점은 이해가 아닌 경험이며, 경험주의적 실천가는 통찰과 이해의 사용에 대해 양가적 태도를 가지는 것처럼 보인다. 대부분의 치료자들은 치료시의 비이성적 힘을 강조한다. 그래서 인간본성의 지적인 측면은 감정의 측면에 종속적인 것이 된다. 경험주의적 가족치료의 주된 기여 중 하나는 우리가 체계 속에서 개인의 모습을 상실하지 않게 하는 것이다. 곧 내담자의 내적 부분에서 부정적으로 지각하는 것도 자신의 것으로 수용하게 할 뿐 아니라 이들을 적극 활용할 수 있도록 돕는다. 이 과정을 내담자 혼자서 경험하는 것이 아니라 역할극을 맡은 사람은 물론 내담자의 가족도 이 과정을 관할하면서 많은 통합을 얻게 되며 그 동안 무시하거나 부인해 온 자신의 자원을 인정하고 수용할 뿐 아니라 활용할 수 있게 된

60) 김정택, 『가족상담』, 95.
61) 김정택, 『가족상담』, 94.

다. 결과적으로 편견은 줄어드는 반면 자원은 풍부해져 더 능력 있고 일치적일 수 있게 한다.[62]

그러나 경험적 가족치료는 유용성과 함께 한계점을 가지고 있다. 첫째, 경험적 가족치료에서는 이해보다 경험에 강조를 두며, 이론과 기법 보다는 치료자의 자세와 능력을 중요시하고 있기 때문에 경험적 치료는 다른 치료 모델보다 치료자의 통찰과 경험의 질적인 측면이 개인의 심리적 건강을 판단하는 근거가 된다는 점에서 치료자의 수련과 경험에 따라 상담의 결과와 유용성이 미지수이다. 둘째, 경험적 가족치료에서는 다른 어떤 가족치료 모델보다도 치료적 도구로서 치료자의 자신 활용이 중요하다. 따라서 핵심적인 목표를 문제해결보다는 개인의 성장과 대인관계의 변화이므로 내담자가 치유적 경험을 통해 성장하며 일치적인 의사소통을 할 수 있게 하려면 개인의 감수성을 향상시키고 자각을 확장시키는 것이 중요하므로 치료자가 개인적인 경험을 적절하게 나누는 자기 노출의 기법으로 일치적이어야 하므로 상담의 한계점이 노출된다. 셋째, 경험적 가족치료의 특징은 성장 철학이며, 감정과 의미 표현의 강조, 치료 중 치료자가 나누는 사적인 감정과 사고, 고통을 자연스러운 성장의 일부로 받아들이는 과정과 행동 중심적 치료기법, 대화과정의 지지와 가족원들 간의 해소갈등 장려 등의 성장 치료기법은 크리스천 간에 멘토링(mentoring)을 통한 성숙을 이끌어 가는 과정에 적용하여 크리스천가족상담으로 기법으로의 유용성을 찾을 수 있을 것이다.

---

62) 정문자 외 3인, 『가족치료의 이해』, 191.

10장

해결 중심적 가족치료 (Solution-Focused Family Therapy)

해결 중심적 가족치료(solution-focused family therapy)는 MRI(Mental Research Institute)의 전략적 치료모델은 토양에서 배태되었으며 그 전통에서 시발하여 성장하였다. 해결 중심적 가족치료자는 역사와 병리를 강조하지 않고 간결한 것을 중요시 하며, 문제보다는 가족이 적용해 왔던 또는 적용이 가능한 해결책 등에 초점을 맞추어 질문하게 된다. 문제가 무엇인가를 파악하기보다는 가족이 원하는 해결이 무엇인가에 초점을 두어 가족을 도우려 하였다. 왜냐하면 치료를 통해 가족이 기대하는 미래가 어떤 것인가를 분명하게 하는 것이 가족에게 더욱 도움이 된다고 보았기 때문이다.

1. 기본 개념-이론적 구성

해결 중심 가족치료는 문제의 진단과 제거에 초점을 맞추는 전통적인 치료 모델과는 다른 가정(assumption)과 특성을 가지고 있다. 가족치료를 규정하는 특성 가운데 한 가지는 문제를 일으킨 과거가 아니라 현재에 초점을 두어 온 것이다. 그러나 해결 중심 치료자들은 문제가 해결될 미래에 초점을 맞춘다. 이 모델의 기초가 되는 가정과 전제 가치를 살펴보면, 해결 중심적 가족치료는 인간에 대한 긍정적인 철학을 가지고 있다.63) 어떠한 가족에게도 일상생활에서 성공했던 여러 가지 경험이 있다고 믿는다. 이러한 경험을 근거로 문제를 해결할 수 있는 능력이 있다는 사실을 인정하고 그것을 확대하거나 강화함으로써 가족 스스로가 자신의 실체를 완성해 나간다고 생각하는 것이다.

해결중심치료는 MRI(Mental Research Institute) 접근에서 직접 나온 것이지만 이 모델은 MRI가 문제에 중점을 두는 것과는 다르다. MRI 접근은 전적으로 문제에 초점을 두는 반면 해결중심치료는 전적으로 해결책에 초점을 둔다.64) 내담자들은 문제를 깊이 생각하고 문제를 끝까지 몰고 가려 하기 때문에 종종 문제에 정체되어 있어서 옳은 해결책이 코앞에 있어도 보지 못하게 된다. 이런 생각이 '문제 중심적 대화'를 '해결 중심적 대화'로 바꾸는 기술을 발달시키게 했다. 이러한 기술은 다음과 같다. 예외질문(exception questions, 예, 당

---

63) 해결 중심 단기가족치료 모델의 중심철학이라고 부른 세 가지 요소가 있는데 첫째는 내담자가 문제 삼지 않는 것은 건드리지 않는다. 둘째는 일단 무엇이 효과가 있는지를 안다면 그것을 더 많이 하게 한다. 셋째는 효과가 없다면 다시는 그러지 말고, 그것과는 다른 것을 하도록 한다는 규칙을 가지고 있다(이영분 외, 『가족치료: 모델과 기법』, 375).

64) 단기해결중심치료와 해결중심치료의 차이점은 단기해결중심치료의 토대가 된 MRI 이론이 문제의 형태와 기능에 초점을 두고 문제를 정의하였다면, 해결중심치료는 시도했던 해결방안에 초점을 두고 문제를 유지해 온 상호관계성이 변화하도록 하였다. MRI에서는 제시된 문제를 해결하기 위하여 시도했던 방법들을 찾았다면, 해결중심치료에서는 문제가 되지 않았던 상황이나 예외상황을 더 중요시 여겼다. 두 모델의 가장 큰 차이점은 무엇보다 행동의 변화와 인식의 변화에 대한 관점이다(김혜숙, 『가족치료 이론과 기법』, 2판, 315~16).

신이 문제가 없는 때를 생각할 수 있는가? 그때 당신은 무엇을 하였는가?), 기적 질문(miracle question, 예, 당신이 잠자리에 든 후 기적이 일어났고, 당신이 깨었을 때 당신의 문제가 해결되었다고 가정해보자. 무엇이 달라져 있을까?), 척도질문(scaling questions 예, 0에서 10까지의 척도에서 당신이 전화했을 때와 비교하여 지금 당신의 기분은 어떠한가), 대처질문(coping questions 예, 그렇게 나쁜 상황에서 어떻게 대처할 수 있었는가?), 첫 면담 공식과제(formula first session task 예, 오늘부터 다음 주 동안 당신이 계속 되기를 원하는 것 중 어떤 일이 일어나는지 관찰하라); 칭찬하기(giving compliments 예, 그런 것을 생각해 내다니 당신은 참 똑똑한 것 같군요!) 등이다. 이런 기법들은 치료 작업을 단기로 하고 내담자들이 경험의 부정적인 면에 머무르지 않도록 하기 위해 되도록 빨리 실행된다.

최근에는 치료자들이 이 모델에서 기법이 강조되는 것에 대해 더욱 의문을 제기하면서 치료자-내담자 관계의 질이 모델 유효성의 핵심일 수 있다고 생각했다. 이러한 생각이 해결 중심 기법들을 사용하기 전에 내담자의 감정을 인정하고 확인하는 등 내담자와 더욱 협동할 것을 요청하게 되었다.

해결중심치료는 심리치료 세계에서 지속적으로 큰 매력을 갖고 있다. 이 모델의 인기 요인 중 일부는 상담 횟수를 제한하는 오늘날의 관리의료 체제하에서 효과적인 방법을 찾으려 애쓰는 많은 치료자와 관련이 있다. 단기라는 명성 때문에 해결중심치료는 관리의료 업체들(managed care companies)에 의해 선호되고, 치료자들은 초기에 그것을 사용함으로써 승인을 얻을 수 있다.[65]

2. 치료전략-목표

해결 중심적 가족치료의 목표는 도움을 받으러 온 가족으로 하여금 그들 자신의 생활을 보다 만족스럽게 하기 위해서 현재 하고 있는 것과는 다른 것을 하거나 생각해 내도록 하여 현재 가족이 가지고 있는 문제를 해결하고자 하는 데 있다. 치료자는 모든 사람은 이미 자신의 문제를 해결할 능력을 가지고 있다고 믿었다. 그러므로 가족은 스스로가 설정한 목표에 도달하기 위해서 자신이 가진 자원을 활용할 수 있다. 단지, 가족이 때로는 자신들이 가지고 있는 능력에 대하여 상실감을 느낄 때도 있는데, 이것은 문제가 너무 크게 확대되었기 때문이다. 크게 부각된 문제로 인하여 잘 기능 할 수 있는 능력을 일시적으로 상실하게 되면, 가족은 힘들어지고 혼란에 빠지게 된다. 이러한 이유 때문에 치료자가 가족을 만날 때 가족은 자신들이 가진 해결능력을 잘 사용하지 못하고 있을 뿐이다. 따라서 치료자는 내담자가 아직 잘 사용하지 못하는 능력을 찾아 주어야 하며, 나아가 그들의 문제를 다루어 나갈 때보다 나은 기술을 이끌어내 줄 수 있어야 한다. 성공하지 못한 해결방안보다는 과거에 이미 성공했던 해결방안에 관해 이야기함으로써, 효과가 없는 것에 몰두해 있는 가족의 생각을 바꿀 수 있게 해야 한다. 가족과 치료자는 첫 면담에서 목표를 분명히 함으로써 치료의 종결을 결정할 수 있는 범주를 설정해야 한다. 이처럼 해결 중심적 가족치료는 목적 지향적 모델이라고 불릴 정도로 목적을 매우 강조하고 있다.

---

65) Michael P. Nichols & Richard C. Schwartz, 『가족치료』, 329.

3. 치료자의 역할과 치료기법

해결 중심적 가족치료는 인간에 대한 긍정적인 철학을 가지고 어떠한 가족에게도 일상생활에서 성공했던 여러 가지 경험이 있다고 믿었다. 그들은 이러한 경험을 근거로 문제를 해결할 수 있는 잠재능력이 있다는 사실을 인정하고 것을 확대하거나 강화함으로써 가족 스스로가 자신의 실체를 완성해 나간다고 생각하고 있었다. 이처럼 해결 중심적 가족치료자는 문제보다는 해결 중심의 입장을 지지하기 때문에 문제가 어떻게 발생되었느냐 하는 원인에 관해서는 거의 관심을 갖지 않는다. 왜냐하면 인간관계에서는 분명한 원인과 결과란 없기 때문에 문제의 원인을 밝히기보다는 문제가 해결된 것을 어떻게 알 수 있는가를 인식할 수 있는 것이 더욱 중요하다고 보았다. 그러므로 해결 중심적 가족치료는 가족과 치료자가 함께 해결방안을 발견하고 구축하는 과정을 중시한다. 어떤 증상이나 불평을 일으키는 유형에도 항상 예외는 존재한다고 생각하였다 그들은 잘못이나 과거의 실패를 고치려고 노력하는 것보다 과거의 성공이나 장점을 찾아내어 키우는 것이 보다 용이하다고 생각하였다. 그리고 세운 목표가 처음에 성공하지 못하면 좀 더 노력하도록 격려한다. 그와 같은 노력에도 불구하고 성공하지 못하면 다른 방법을 시도하도록 한다.

해결 중심적 가족치료의 치료과정은 단기적이며 치료과정이 구조화되어 있다. 문제에 대한 기본가정, 내담자와 목표 설정, 적절한 시기에 질문기법 사용, 내담자 유형에 대한 개별적인 치료적 접근, 메시지와 과제부여 등으로 치료과정이 체계적이다.[66] 해결중심치료에서는 치료자가 두 명씩 한 팀을 이루어 일하는 팀 접근 방법으로 자문 역할을 하는 치료팀이 치료의 전 과정에 함께 참여한다. 치료팀은 관찰실과 면접실로 연결된 인터폰을 이용하여 치료 도중에 치료자와 의사소통을 함으로써 치료에 동참할 수 있다. 이것은 치료팀이 문제의 다양한 관점, 즉 해결의 다양한 관점을 제공해 줄 수 있다는 생각에 근거한 것이다. 보통 면담시간을 전체적으로 60분 정도 할애하며 30분은 치료자와 내담자의 면담, 그리고 10분 정도 휴식시간에 치료자는 일방경 뒤에서 관찰하는 다른 치료자와 함께 메시지를 작성하고 치료에 관한 이야기를 나눈다. 그 후에 치료자가 내담자 가족에게 10분 정도 작성한 메시지와 과제를 부여하고 치료를 종결하게 된다.[67]

4. 체계론적 일관성

가족체계에서 가족 개개인에 이르는 가족치료의 일반적인 효과의 방향과는 다르게, 경험주의 치료는 개인의 자기표현을 강화함으로써 가족체계의 힘을 회복시킨다. 즉, 가족 개개인에서 가족체계라는 -내부에서 외부로-향한 방향으로 이루어진다. 경험적 가족치료는 문제의 해결보다는 개인의 정서적 안위에 중점을 두는 특성을 지니고 있다. 자기방어기제를 벗고 나면 개인은 자기통합과 자기실현을 향

66) 김유숙, 『가족치료 이론과 기법』, 269.
67) 김유숙, 269.

해 나아가고자 하며, 이것은 인간의 내재된 주요한 경향임을 지적한다. 일상적이며 습관처럼 친숙한 개인의 역기능적 반응체제에 도전하여 내담자가 새로운 양식의 반응체제를 더욱 많이 경험할 수 있게 하기 위해 치료자는 자신이 갖고 있는 생동감 있는 인간성이나 갖가지 표현 지향적 기법들을 사용한다.

비록 1980년대에 와서 경험주의 접근법은 전성기를 잃었으나 지금은 정서중심 부부치료와 내면 가족체계 치료의 창의적인 치료 접근법으로 다시 빛을 보기 시작하고 있다. 한때 가족은 체계라는 것이 소설적인 가공의 사실이며 논쟁점이었으나 오늘날에는 가족은 체계라는 것은 가족치료 영역에서는 하나의 정통 교리처럼 되었다. 지금 추의 방향이 체계론적 사고 쪽으로 움직이고 있으나 개인과 그들의 기쁨, 고통은 거의 언급되고 있지 않다. 분명한 것은 경험주의 가족치료의 공헌 중 하나는 우리로 하여금 체계 내의 개인의 중요성을 결코 잊어서는 안 된다는 것이다 이것이 경험주의 가족치료의 공헌 가운데 하나이다.[68] 또한 해결 중심적 가족치료는 한 부분의 변화는 전체 체계의 변화를 가져온다는 체계론적 입장을 지지한다. 이러한 입장에서 치료자는 작고 성취할 수 있는 목표를 세워 가족에게 성취감을 맛볼 수 있게 하는 것을 중요하게 여기며 작은 변화가 해결을 위한 출발점이라고 믿었다. 한번 작은 긍정적인 변화를 만들고 경험하면 사람들은 낙관적 감정을 느끼며 미래의 변화에 대하여 더욱 자신감을 갖게 한다.

---

68) Michael P. Nichols & Richard C. Schwartz, 『가족치료』, 218.

5. 해결 중심적 가족치료의 통합적 관점

해결 중심적 가족치료 이론의 가정과 전제를 요약하면 첫째는 내담자의 문제해결능력을 인정하고 중요시한다. 둘째는 문제내용보다 해결방안 모색과 새로운 행동유형을 시작하는 것에 초점을 둔다. 셋째는 내담자의 잠재적인 변화 욕구를 인정하고 중요시한다. 넷째는 치료자의 역할은 열쇠를 사용하도록 돕는 데 있다. 다섯째는 치료자-내담자 관계는 협동적인 동료관계이다.

해결 중심적 가족치료 이론의 기본 원리로서 ① 병리적인 것 대신에 건강한 것에 초점을 둔다. ② 내담자의 강점과 자원, 건강한 특성을 발견하고 이를 치료에 활용한다. ③ 탈이론적이고 규범에 매이지 않으며 내담자의 견해를 존중하고 수용한다. ④ 단순하고 가장 솔직한 의미를 추구한다. ⑤ 변화는 지속적으로 일어나고 있고 불가피하다. ⑥ 현재보다 미래 지향적이다. ⑦ 내담자의 자율적인 협력을 중요시한다.

해결 중심적 가족치료 모델은 인간에 대한 존중감을 바탕으로, 인간이 지닌 잠재력을 최대한으로 활용하여 원하는 해결책을 찾아나가는 단기치료의 한 형태이다. 해결 중심 단기 가족치료의 특징은 문제의 원인이나 문제 자체가 아니라 바로 해결에 초점을 둔다. 이를 위해서 잘 짜이고 구조화된 개입 전략을 사용하여 내담자 자신이 지니고 있는 자원을 드러낸다. 또한 해결중심치료에서는 임상적 경험을 통해 조직적으로 짜인 구조화된 질문의 양식을 개발하여 이 모델을 선호하는 사람들이 적용해 볼 수 없도록 제시하고 있다. 해결

중심 가족치료 모델에서의 치료자는 체계 이론을 바탕으로 체계적 접근을 하며, 치료자와 내담자는 이 체계 안에서 서로 협조 관계를 유지한다.69)

그러나 해결 중심 치료자가 칭찬하고 예외만을 찾으면서 낙관적으로 달래는 것만으로 정말로 내담자를 존중하면서 대화할 수 있다고 볼 수 있는가? 그처럼 끈질기게 낙관적으로 대화하는 것이 사람의 의심과 고통을 잠재우는 효과가 있는가? 해결 중심 치료자는 내담자의 관점이 공식에 맞지 않을 때, 이 관점을 존중하는 방법을 찾을 수 있는가? 내담자는 계속 칭찬하는 일만 찾으려고 하고 도전하거나 문제를 제기하지 않는 사람의 피드백을 신뢰할 수 있는가? 치료자는 자기의 기분이 나아지기를 너무도 원하는 사람에게 치료가 어떻게 진행되고 있는지에 대해 정직하게 말할 수 있는가? 이처럼 문제해결에 대한 피상성과 문제와 연관된 인간심층의 문제를 전혀 다루지 않기 때문에 여러 가지 비판을 받을 수 있다. 이러한 해결 중심적 가족치료는 "내담자의 잠재력과 가지고 있는 자원을 최대한 활용하려 하기 때문에 상대적으로 치료자의 권한이나 책임은 적어진다. 내담자의 문제를 개선하고 분석하여 내부에서 찾으려는 시도가 아니라 자신의 능력을 강화시키며 자신의 현실을 재구성해 나가도록 하는 구성주의(constructivism)사고에서 접근"70)하고 있음을 지적하였다.

그러나 해결 중심적 가족치료의 단기 치료의 특성인 살려 '문제 중심적 대화'를 '해결 중심적 대화'로 바꾸는 기술을 발달시킨다면

69) 김정택, 『가족상담』, 186~87.
70) 김혜숙, 『가족치료 이론과 기법』, 2판, 344.

크리스천을 대상으로 제한된 시간에 핵심적인 문제를 집중적으로 상담해야 하는 목회상담에 유용한 방법이 될 수 있으며, 내담자의 문제를 영적인 면에 초점을 두는 목회상담의 방법으로 가능할 것이다. 따라서 오늘날 많은 사람들이 짧은 시간에 직접적인 도움을 받는 상담을 원하는 고통 문제가 비교적 적은 사람들에게 상담의 효과를 거둘 수 있다.

11장

내러티브 가족치료 (Narrative Family Therapy)

내러티브 치료(narrative therapy)는 가족치료 영역에 커다란 영향력을 주고 있는 이야기 치료 접근의 중심가설은 인간적 경험이 근본적으로 불확실하다는 것이다.[71] 따라서 이야기 접근법은 어떤 예상이나 선입관도 없이 사람이 사물 그 자체를 파악하는 것은 어렵다는 후기 구조주의의 시각과 관련이 있다. 그들의 관점에 의하면 세상에 대하여 가지고 있는 우리의 지식은 자신의 경험에서 나온 것이다. 그러므로 어떤 것을 안다는 것은 한계가 있어서 그것은 다른 사람의 경험을 자신의 관점에서 나름대로 해석하는 것에 지나지 않는다. 우리는 자신의 경험과 상상력을 활용하여 다른 사람이 언어화한 경험을 자신이 해석해 보려는 노력을 하게 된다. 또한 사람들은 이야기의 창조를 통하여 삶의 의미를 되찾고 새로운 미래를 구성할 수 있다고 보았다.

---

71) Michael P. Nichols & Richard C. Schwartz, 『가족치료』, 333.

1. 기본개념-이론적 구성

이야기 치료 접근법을 제시한 화이트(M. White)는 1970년대 후반에 베이트슨의 인지적인 사고의 측면과 지배적인 신념체제의 지배로부터 사람들을 해방시키는 것에 관심을 가진 푸코에게 영향을 받아서 문제의 외재화(externalization)라는 독특한 방법을 구상하게 되었다. 이와 같은 과정을 통하여 1980년대 후반에는 아내인 화이트(C. White)와 엡스턴(D. Epston)과 함께 내러티브 치료접근법을 확립하게 된다.

화이트와 엡스턴이 내러티브 치료의 기본적인 틀을 만들 때 다른 치료자는 임상에서 실천에 몰두하였다. 예를 들면, 프리드먼(Freedman)과 콤스(Combs)는 에반스턴에서 훈련센터를 운영하였는데, 그들은 정책적인 활동과 사회정의를 강조하였다. 또한 짐머만(J. Zimmerman)과 딕커슨(V. Dickerson)은 내러티브 치료를 사춘기 청소년과 부부치료에 적용하였다. 그리고 앤더슨(H. Anderson)과 굴리시안(H. Goolishian)은 휴스턴 갤버스턴(Galveston)연구소를 운영하면서 치료자의 알지 못한다(not-knowing)는 자세를 강조하였다. 그 밖에 호프만(Hoffman), 밀란 학파의 보스콜로(Boscolo)와 세친(Cecchin)과 캐나다의 톰(K. Tomm)과 같이 기존의 가족치료 분야에서 활동하던 치료자들도 이야기치료에 관심을 가지게 되었다.

내러티브 치료자의 주장을 정리하면 다음과 같다. 첫째, 어떤 경험은 다른 위치에 있는 또 다른 자신의 경험과 관계가 있으며, 그것이 어떠한 의미를 가지느냐는 자신의 이야기가 결정한다. 둘째, 자신의 경험 속에서 어떤 것을 버리고 어떤 것을 선택하는가도 이야기가 결정한다. 셋째, 경험을 어떻게 표현하는가도 이야기가 결정한다. 넷째, 이야기는 삶의 방식이나 인간관계에 영향을 주는 방향을 결정한다.[72]

2. 치료전략-목표

내러티브 치료자의 목표는 문제해결보다는 내담자들이 자신들 중심의 목소리에 지나치게 의존하고 있다는 사실을 깨닫게 하여 선택의 폭을 풍부하게 가지도록 돕는 것이다. 더 나아가 내담자와 협력하면서 내담자와 다른 사람들을 연결시키는 데 도움이 되는 방법을 강조한 새로운 이야기를 공동저작 하는 것이다. 공동저작을 할 때, 먼저 가족구성원들이 갈등에 직면하도록 하거나, 서로에게 더 정직해짐으로써 사람과 문제를 분리시킨 후, 가족들이 연합하여 공통의 적에 대항한다. 이러한 과정은 내담자의 정체감을 쓸모없는 것에서 영웅적인 것으로 변하게 한다. 내러티브 치료자는 문제이야기를 부정하는 행동을 했거나 문제에 저항했을 때인 독특한 성과(unique outcomes)를 찾아내기 위해 가족의 역사를 상세하게 살펴본다. 내러티브(narrative)치료는 문제해결 접근 이상이다. 이야기치료는 사람들이 과거를 재조명하고 미래를 다시 쓰는, 즉 그들의 삶의 이야기를 다시 쓰도록 한다. 해결해야 할 문제나 치료받아야 할 증상에 관한 용

---

72) 김유숙, 『가족치료』, 245~50.

어로 사람을 객관화하기보다는 치료자는 내담자들이 능력을 가진 사람으로 삶의 이야기를 발전시킬 수 있도록 한다.[73]

3. 치료자의 역할과 치료기법

이야기를 통한 인간 이해와 심리치료의 다양한 방법론들이 나타나고 있는 것은 어느 이야기에나 비슷한 결론이 있지만 각자의 이야기는 다른 사람이 언급하지 않은 요소를 포함하고 있다. 인생이나 인간관계는 지금까지의 이야기에 새로운 경험과 상상력을 더하여 자신의 이야기를 다시 쓰는 과정과 비슷하다. 내러티브 치료자들은 치료과정에 다음의 작업을 하게 된다.

첫째, 내담자의 이야기에 강한 관심을 가지고 협력적이며 공감적인 태도를 갖는다. 둘째, 내담자의 삶의 역사 속에서 강점이나 유능했던 것을 찾는다. 셋째, 새로운 이야기를 꺼내도록 강제적이 아닌 존중하는 방식으로 질문한다. 넷째, 내담자를 진단명에 의해 분류하는 것이 아니라, 그들을 독특한 개인역사를 가진 존재로 취급한다. 다섯째, 사람들이 또 다른 삶의 이야기를 쓸 공간을 열 수 있도록 사람들이 내면화된 지배적인 문화적 이야기로부터 분리될 수 있도록 돕는다.

내러티브 치료자는 먼저 문제를 외재화(externalization)시킨다. 즉, 자신들이 문제를 가지고 있거나 문제가 존재한다고 생각하는 대신

73) 김유숙, 253.

에 문제에 대항하기 위한 자신들의 사고가 표출될 수 있는 대화를 격려하였다. 다시 말하면 환자나 가족은 문제가 아니다. 단지, 문제가 문제일 뿐이다. 따라서 그들은 문제에 공헌하고 있는 가족들에 관심을 가지지 않고, 문제가 가족에 미치는 영향에 관심을 갖는다. 내러티브 치료자는 내담자의 이야기가 무엇이든 간에 현재 지배적인 것에 의해서 구성되는 것이며, 본질적이거나 영구적인 특질은 아니라고 생각한다. 따라서 치료자는 내담자가 새로운 이야기를 만들어 내도록 돕는 공동저작자가 될 수 있다고 생각한다. 또한 이와 같은 경험은 내담자의 자기개념과 생활 내의 변화를 일으킬 수 있다고 본다. 다시 말하면 이야기치료자는 억압에 의해 지배당하는 개인과 가족에게 내면화된 이야기로부터 그들이 해방되는 것이 필요하다고 보았다.

내러티브 치료의 기법은 잃어버리고 있던 이야기를 꺼내고 사람들을 지배하는 문제로부터 그들을 분리하여 힘을 부여(empower)하도록 고안되었다. 다양한 기법을 통하여 자신과 문제, 관계에 대한 내담자의 이야기를 재저작(re-authoring)하는 과정을 촉진한다. 이야기치료 기법의 가장 큰 특징은 질문형식에 있으나 정형화된 범주를 가지고 있는 것은 아니다. 내러티브 치료자들은 첫 번째 면담과정에서 일반적으로 내담자 스스로가 자신을 어떻게 인식하고 있는지를 이해하기 위하여 사람들이 시간을 어떻게 사용하고 있는가를 파악하려고 한다. 또한 그들은 내담자의 재능과 성취에 특별한 관심을 갖는다. 보다 협조적인 분위기를 형성하기 위하여 내담자에게 치료자에 대하여 질문하는 기회를 주기도 한다. 내러티브 치료자들은 중요한 사람의 청중에게 새로운 이야기를 말하는 것과 다시 이야기하는 힘을 점차적으로 강조하였다. 이야기를 각각 다시 말하는 것은 더욱 풍성하게 하고 점차 살아 있고 참된 것이 되게 한다. 진술(telling)과 재진술(retelling), 재진술에 대한 재진술(retelling of retelling)을 통하여 긍정적인 자아정체감에 대한 결론을 내릴 수 있도록 돕는 것이다.

4. 체계론적 일관성

첫째, 내러티브 접근법은 조직화하는 두 은유(개인적인 이야기와 사회적인 구성)를 둘러싸고 형성되었다. 기억이 말할 때 그것은 역사적 진실(사실대로의 진실; historical truth)보다 더 많은 영향을 끼치는 이야기적 진실(narrative truth)을 말하는 것이다. 치료자에게 제시되는 사실은 부분적으로는 역사적 진실이며, 부분적으로는 구성된 것이다. 가족의 공유된 현실을 형성하는 구성은 어느 정도는 도움이 되지만, 어느 정도는 도움이 되지 않는 공유된 편견과 상호 이해를 나타낸다.[74]

둘째, 내러티브 치료자들은 문제를 외재화(externalization)함으로써 도움이 되지 않는 이야기들의 마수를 끊는다. 사건들의 고정된, 비관적인 해석에 도전을 함으로써 치료자들은 융통성과 희망을 위한 공간을 만든다. 점화행동이 드러나게 되면 그것을 통해서 새롭고

74) Michael P. Nichols & Richard C. Schwartz, 『가족치료』, 350.

더 낙관적인 이야기가 그려질 수 있는 창구가 제공되는 것이다. 마지막으로 내담자들은 그들이 더 선호하는 노선을 따라 삶을 회복하는 데 있어 그들의 진보를 증명해 주고 촉진해 줄 지지집단을 만들도록 격려된다.

셋째, 내러티브 치료의 전략은 세 단계로 이루어진다. 먼저 문제 이야기 단계이다. 고통으로서의 문제를 그 원인보다 그 효과에 초점을 맞춤으로써 다시 고쳐 만든다. 두 번째는 예외 찾기이다. 고통에 대한 부분적인 승리와 효과적인 행동의 사례를 찾는 것이다. 세 번째는 지지 모집이다. 의미 수행—새롭고 더 선호하는 해석을 강화하는 공적인 의식의 종류—을 격려함은 인지적 구성을 사적인 통찰과 성찰을 지나 단지 행동만이 아니라 사회적으로 지지되는 행동으로 이동시킨다.

넷째, 이들 전략이 실행에 옮겨지는 전술은 정교한 일련의 질문들로 이루어진다.

다섯째, 해체하는 질문-문제를 외재화(externalization)한다.

여섯째, 공간을 열어주는 질문-점화행동을 드러낸다. “논쟁이 당신의 관계를 지배할 수 있었지만 그렇지 않았던 때가 있었습니까?”

일곱째, 선호질문-점화행동이 더 선호하는 경험을 나타내게 한다. “이런 방식으로 사태를 다루는 것이 더 나았습니까, 더 나빴습니까?” 그것은 긍정적인 발전이었습니까, 아니면 부정적인 것이었습니까?

여덟째, 이야기 개발 질문-(더 선호하는) 점화행동의 씨앗으로부터 새로운 이야기를 개발한다. “이것은 당신이 그 전에 하려고 했던 것과 얼마나 다릅니까?" "이렇게 하는 방식에 누가 역할을 하였습니까?" "당신 안에 이 긍정적인 변화를 가장 먼저 알아차릴 사람은 누구일 것 같습니까?"

아홉째, 의미질문-자기의 부정적인 이미지에 도전하고 긍정적인 주도성을 강조하도록 고안되었다. 그것을 할 수 있었던 것에 대해 그것이 당신에게 무엇이라고 말합니까?

열째, 이야기를 미래로 확장하는 질문-변화를 지지하고 긍정적인 발전을 강화한다. "내년에는 무엇을 예견합니까?"

열한째, 이야기치료의 사회적 구성주의 법이 정치적인 색조를 띠게 하고, 가족 역동과 갈등을 중요시하지 않는다. 가족 내에서 역기능적 상호작용을 찾는 대신, 내러티브 치료자들은 가족 밖에서 특정 문화의 가치와 제도의 파괴적인 영향을 찾는다. 그들은 가족구성원들에게 이 가치와 실행에 대항하여 뭉칠 것을 청한다. 중립성 대신 그들은 변호를 제의한다.[75]

5. 내러티브 치료의 통합적 관점

내러티브 치료에서는 사람들이 자신의 경험을 이야기의 형식으로 조직해 나아가도록 돕고 이를 치료에 활용하여 내담자의 이야기를 바꾸어 주고 새롭게 만들어나간다. 내러티브 치료에서 치료자는 내담자의 이야기를 듣는 가운데 먼저 지배적인 이야기를 분별해 내고

75) Michael P. Nichols & Richard C. Schwartz, 351.

그 지배적 이야기를 해체시키며 마지막으로 새로운 대안적인 이야기를 시작할 수 있는 공간을 마련해 주는 일련의 과정을 거치며 내담자가 스스로의 문제를 해결해나가도록 돕게 된다.

내러티브 치료는 현실의 이해와 문제의 해결에서 다양성을 중시하는 접근으로, 개인, 가족, 집단, 지역사회 등 다양한 유형의 내담자에게 모두 적용될 수 있는 융통성이 높은 개입방법이다. 치료적 대화에서는 내담자의 문제적 이야기를 해체하고 당사자의 삶의 경험에 기초한 대안적 이야기를 구축하는 데 초점을 두게 되는데, 문제에 기여하는 사회문화적 관행과 억압을 다루는 것은 다른 접근에서 찾아볼 수 없는 독특한 것이다.

내러티브 치료의 장점은, 이야기는 시간의 흐름을 따라 생성되기 때문에 유연성을 가진다는 것이다. 또한, 내러티브 치료는 원인보다는 영향력과 효과에 더 치중하기 때문에, 진단을 위한 기준을 설정하지 않는다. 따라서 내러티브 치료는 다른 치료 이론보다 문화적 차이로 인한 장애를 덜 받는 편이다. 내러티브 치료에서는 내담자들의 정보보다는 그들의 경험을 더 주요한 변수로 다룬다. 이때 내담자의 경험을 이야기로 만드는 과정에서 내담자가 속한 문화의 지배와 영향을 고려해야 할 것이다. 더불어 이야기는 어느 곳에서나 또는 어느 누구에게나 쉽게 접근이 가능하고 또한 친근하게 다가갈 수 있을 것이다. 이런 면에서 한국적 문화와의 접촉점을 찾아본다면, 우리가 사용하는 언어와 이야기의 문화성을 전제로 이야기 속에서 이미 문화의 뿌리를 발견할 수 있다는 것일 것이다. 가족이나 개인들이 치료 상황에서 가져오는 의미들은 문화적 출처에 의존하지 않고서는 이해될 수 없다. 내러티브 치료와 같이 의미와 경험을 중요한 차원으로 여기는 가족치료는 내담자들의 창의적인 주관성을 변화의 디딤돌로 본다. 이런 의미에서 내러티브 치료는 그 치료가 진행되는 문화의 개념과 의미 속에 뿌리내릴 수밖에 없다고 본다.

다른 한편으로, 이야기가 문화에 지나치게 민감해서 생기는 제한점이 있다. 어떤 이야기는 그 특정 문화에서 우세한 세력을 얻고 지배적 위치를 차지하게 되며 또 어떤 이야기는 소외되며 그 힘과 세력을 잃기도 한다. 가령 여성들의 이야기가 가부장적 문화에서 쉽게 드러나지 않거나 비하되기 쉬운 점을 들 수 있다. 이처럼 문화적 패턴의 가장 중심적 요소는 이야기이기 때문에 문화에 의해 이야기의 속성이나 가능성 혹은 제한점 등이 좌우되는 경우가 많다. 그 문화가 유지하고 있는 의미는 이야기의 형태로 표현되어 나온다. 가족 역시 한 문화의 표현이며 그 문화의 영향력을 고스란히 담고 있다. 문화는 가족에 관한 새로운 이야기의 가능성 역시 그 가족이 속한 문화의 영향을 받는다는 사실이며 이는 내러티브 치료의 한계점이라 여겨진다.

지금까지 여섯 가지의 주요한 가족치료 이론을 체계론적 접근의 가족치료 관점에서 논의하였다. 이와 같이 체계론적 접근의 가족치료는 개인치료와는 달리 가족구성원의 상호관계성을 중시하며, 가족의 전체 시스템을 하나로 이해하고 개입하여 개인의 병리나 행동장애를 관계 맥락에서 개인의 문제를 해결하려는 과정이다. 이러한 가족치료 이론들은 지금까지 정신병, 심리적 장애, 문제 행동의 원인을 환자 개인의 문제로 생각하고 병리적 진단치료에서 접근하였으나, 최근에는 생물학적인 문제 외에 가족관계나 정서적이고 환경적 영향에 따라 가족을 사정하고 개입하여야 한다는 생태체계론적 요인을 강조하게 되었다. 특히 현대사회의 급격한 변화에 따라 가족의 가치와 규범과 역할은 심각한 갈등 속에서 가족의 해체는 혼합가정의 형태와 더불어 다양한 가족의 패턴들이 등장하여 미래 가족은 어떤 모습으로 출현할지 예측하기 어렵게 변모하고 있다. 이러한 시대적 특성들을 감안하여 어느 특정한 가족치료 모델을 고집하기보다는 다중적 가족치료 모델들을 기독교세계관적 관점에서 체계적으로 정립하여 크리스천가족상담에 적용함으로써 미래의 다양한 가족 패턴들과 다문화 가족시대에 대비하여 크리스천가족상담의 이론적 기초를 제공하게 될 것이다.

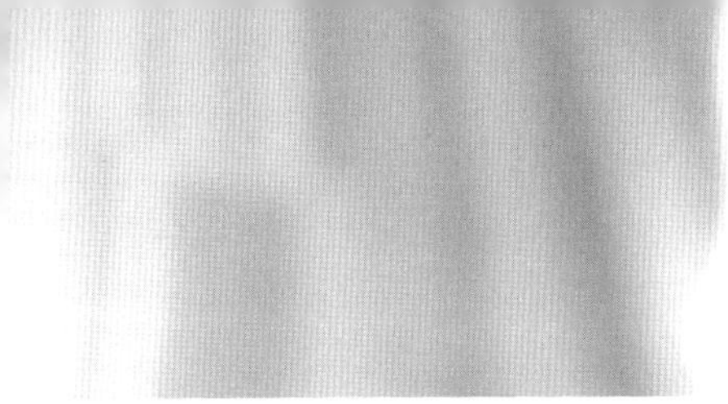

4부

기독교 가족치료의 기법

본 장에서는 크리스천가족상담을 위해 다중적 측면에서 가족을 사정하고 평가하여 치료할 수 있는 체계론적 통합(systemic integration)의 가족치료의 단계와 상담기법을 논의하려고 한다. 왜냐하면 가족치료에서 치료자가 어떤 치료이론으로 가족들의 문제해결에 개입할 것인가는 매우 중요하다. 가족들의 문제나 증세에 대한 접근방식, 자녀가 개입된 문제인지, 부부 문제인지, 원가족과 관련된 문제인지를 사정하고 평가하여 접근하는 데 치료이론마다 그 나름대로의 특징들이 있다. 가족치료의 최근 동향은 어느 이론 하나만을 고집하고 활용하기보다는 다중적인 측면에서 가족을 사정하고 평가하고 종결로 이끌기 위해서 통합적으로 치료이론들을 활용한다. 체계론적 통합의 가족치료는 목적 지향적이며 가족치료 사회사업가, 임상사회복지사, 임상전문가, 심리치료자, 상담전문가들의 전문직으로 인정된 독특한 가치, 지식, 기술을 체계론적 통합으로 활용하는 가족치료행위이다. 따라서 본 장에서는 다양한 가족치료의 방법들 가운데 가족치료 과정에 활용 가능한 범위에서 사용 가능한 크리스천가족상담의 단계와 기법에 대해 살펴보고자 한다.

12장

가족치료의 초기단계

가족치료에서 처음 접촉은 일반적으로 가족구성원 가운데 한 사람이 가족치료자에게 전화를 거는 것으로 시작된다. 전화를 건 사람이 문제에 대해 이야기하는 것을 간략하게 들은 후, 치료자는 그 문제와 관련된 가족원이나 다른 사람들이 있는지에 대해 질문하게 된다. 이러한 질문을 한 후에 첫 상담에 참석할 사람과 날짜, 시간, 장소를 정하게 된다. 또 다른 유용한 정보는 의뢰하게 된 경위, 다른 기관에서 상담을 받았다면 이전 상담에 대한 내역 등에 대한 것이 있을 수 있다.

1. 가족과의 합류

첫 회기 또는 초기의 몇 회기 동안에 가족을 돕는 첫 단계는 치료자가 자신과 가족성원들 사이에 신뢰감을 수립하는 것이다.[1] 이 단계를 합류(joining)라고 하는데 가족치료의 중요한 요소로서 치료자가 여유롭고 빠르게 믿음이 가는 방식으로 가족성원들과 유대감을 형성하는 것이다. 합류에서 치료자는 가족성원들의 입장을 있는 그대로 수용하며 그들의 관점을 인정하고 존중해야 한다.

가족치료를 위해 방문한 가족들은 처음일 수 있기 때문에 긴장감과 약간의 두려움이 있을 수 있다. 가족들은 생소하고 모르는 것에 대한 자연스러운 반응이므로 치료자는 친절하고 세심하게 가족치료에 대한 소개를 전해 준다. 가족치료학자 김혜숙은 치료절차에 대해 다음과 같이 제시하고 있다.[2)]

① 가족과 치료자와의 간단한 소개를 갖는다.

② 치료자가 가족치료가 어떻게 진행되고 치료자가 한 명인지, 공동으로 두 명이 하는지 소개한다. 가족면담과정을 다른 치료자는 관찰해서 더욱 치료를 잘하도록 공동으로 한다는 것을 알리고 동의를 구한다.

③ 치료과정을 비디오 녹화에 대한 설명과 동의를 구한다.

④ 치료계약을 체결한다(면담시간은 보통 1시간~1시간 30분으로 정한다. 예정된 치료면담에 대한 횟수와 간격은 한 달에 4번, 일주일 간격, 격주로 한다. 치료에 참석자는 부부, 자녀, 부모-자녀, 개인면담 여부인지를 결정한다. 치료비 책정한다. 면담 내용은 면담 후 말하지 않는다. 즉, 가족의 문제는 비밀이 보장된다. 가족들이 합의하여 원하는 단기 치료 목표 등을 계약서로 작성한다).

---

1) 이영분 외, 『가족치료 모델과 사례』, 115.

2) 김혜숙, 『가족치료 이론과 기법』, 2판, 397.

2. 문제 탐구와 명료화

가족상담은 상호협력적인 노력으로 이루어지기 때문에 대화는 상담에서 본질적인 역할을 한다. 즉, 대화를 통하여 변화의 촉매역할을 하게 된다. 내담자가 자신의 삶에 있어서 변화의 책임감을 표현하는 것도 대화를 통해서이다. 대화는 통합의 기제이다. 상담은 단계마다의 특별한 목표가 있기 때문에 그 목표달성을 위해서 독특한 상담의 기술들을 필요로 한다. 첫째는 내담자가 보는 대로 문제를 명백하게 파악하는 것이며, 둘째는 상담자와 내담자 사이에 신뢰할 수 있는 관계를 형성하는 것이다.[3)]

그러므로 치료자는 합류에서 중요한 역할에 대해 가족치료학자 김혜숙은 말하기를 "상담과정에서 만나는 가족은 종종 여러 부분에서 조각난 것처럼 느껴진다. 그들은 자신의 문제에 대해 서로 의견을 달리하기도 하고 문제에 대한 감정의 강도가 다르다. 따라서 상담자는 제시된 문제를 명료화하려는 노력을 하지 않으면 자칫 자신이 만나는 가족이 기능적으로 장애가 있다고 판단해 잘못된 방향을 상담을 전제할 수 있다. 가족과 상담자의 첫 만남에서는 처음으로 대면하기 때문에 치료자는 가족들에게 방문한 것을 칭찬하며 마음의 문을 열고 대화를 잘할 수 있도록 분위기 조성을 잘해야 한다. 가족들에 대한 래포(rapport) 형성을 잘해야 한다".

○ 가족들이 치료센터를 처음 어떻게 접하고, 누가 보내서 아니면

3) 이홍찬, 『개혁주의 목회상담학』, 342.

자발적으로 오게 되었는지 이야기하게 한다.

○ 가족들이 문제에 대한 각자의 입장과 견해를 설명하도록 기회를 준다. 자녀도 자기입장에서 문제에 대하여 이야기하도록 한다. "여기에 오신 목적이 무엇입니까?", "제가 어떻게 여러분 가족을 도와 드릴 수 있을까요?"라고 물을 수 있다.

○ 누가 가장 먼저 가족의 문제를 문제로 인식하고 발견하였는가? 문제증상은 누구에게 가장 심각한가? 부인에게 아니면 자녀에게, 현재 IP(Identified Patient)는 누구인가를 대화 속에서 파악한다.

○ 문제 상황에 대한 것을 구체적으로 질문할 수 있다. 어떠한 경우에 문제가 더 발생하고 또 어떠한 경우에는 문제가 덜 발생하는지, 문제는 언제부터이고 얼마나 지속적인가, 가족들의 관계나 개입은 어느 정도인가 파악할 수 있도록 한다. 문제에 대하여 가족들에게 순환질문으로 하는 것이 개별적인 문제를 관계성의 문제로 전환할 수 있다.[4)]

○ 문제가 그전에도 있었는가 아니면 이번이 처음인가?

○ 문제가 그전에도 있었다면 그때는 문제를 어떻게 대처하였는가? 그리고 어떤 식으로 해결을 보았는가? 가족들의 문제해결능력과 대처능력을 알 수 있고 치료에 활용할 만한 것들을 찾아낼 수 있다. 왜 지금 치료자를 찾았는가? 가족들이 문제를 어느 정도 느끼고 지각하는지 심각성이나 해결의지가 얼마나 강한지 동기를 알아볼 수 있다. 치료자는 가족들의 동기의지나 절박한 상황을 치료에서 잘

---

4) 가족의 관계를 이해하는 바람직한 질문기법에는 순환적 질문기법이 있다. 순환적인 질문이란 가족치료자가 가족이 그들의 관계에 대해 언급한 정보에 대하여 또다시 질문을 첨가하는 것이다. 질문방법은 한 명의 가족원에게 다른 두 명의 가족원이 하는 교류 방법이나 관계에 대하여 설명하도록 한다. 순환적 질문을 통해 가족원 사이의 차이를 알 수 있으며, 가족의 기능을 파악하는 데 유익하다.

활용해야 한다.[5] 초기의 상담 회기 동안에 가족치료가 원만하게 성공적이 되기 위해서는 치료자가 많은 중대한 임무를 성취해야 할 것이다.

3. 치료목표 설정

치료목표의 설정은 구체적인 행동을 설정하는 것이다. 그것은 내담자가 실천할 수 있게 구체적으로 정의되어야 한다. 치료자는 내담자의 시각계발을 통해 스스로의 '의도 표명'[6]을 할 수 있도록 도와야 할 것이다. 상담자는 내담자를 도와서 상담목표를 설정하는 데 그 목표는 내담자가 스스로 선택한 내담자 자신의 목표가 되어야 한다. 일반적으로 상담의 목표 설정은 다음의 특성을 가진다.

첫째는 목표는 지금 달성되어 있는 것이 아니라 앞으로 성취할 목표이다. 그러므로 목표는 미래의 상태를 현재형으로 표현하는 것이다. 둘째는 분명하고 구체적으로 그리고 분명하게 마음속에 그릴 수 있는 행동이어야 한다. 셋째는 측정할 수 있거나 입증할 수 있는 목표로서 내담자가 실천하는 동안에 그 목표에 가까워지고 있는지를 측정할 수 있어야 하고 그 목표가 달성되었을 때에 그것을 측정할 수 있어야 한다. 넷째는 상담목표는 내담자의 능력의 범위 안에 있어야 한다. 내담자에게 필요한 자원이 있고 환경의 장애물을 극복

---

5) 김혜숙, 『가족치료 이론과 기법』, 398.

6) 상담과정에서 내담자에게 도전하여 새로운 시각을 계발하게 되면 내담자는 이제까지의 행동이나 삶을 돌아보면서 이제부터는 무엇인가 새로운 행동과 삶을 살아야겠다고 마음으로 작정할 것이다. 이를 의도 표명이라고 한다.

할 수 있는 목표여야 하고 내담자가 스스로 조절할 수 있어야 하고 그 목표를 실천하는 데 비용이 너무 지나치지 않아야 한다. 즉, 내담자의 능력과 자원으로 가능한 목표이어야만이 상담목표로서 의의가 있다. 다섯째는 실질적인 목표로서 상담목표를 실천함으로써 내담자에게 실질적으로 도움을 줄 수 있는 목표여야 한다. 그러므로 상담목표는 내담자의 능력 범위를 뛰어넘는 것이어서도 안 되며 너무 낮은 것이어서도 안 되고 내담자의 문제 상황에 실제로 별 큰 도움이 안 되는 목표여서는 안 된다. 여섯째로 내담자 자신이 선택한 목표로서 내담자는 스스로 선택한 목표를 실천하려는 경향이 있다. 내담자가 상담자에게 어떤 목표를 정해야 하는지 물어오는 경우라고 할지라도 상담자는 내담자를 대신해서 목표를 선택해서는 안 된다. 상담자의 책임 가운데 하나는 내담자 스스로 상담목표를 선택하고 결정하게 하는 일이다. 일곱째는 내담자의 가치관과 일치하는 목표로서 내담자는 내담자 자신의 가치관을 가지고 있다. 이것은 상담자의 가치관과 다를 수 있다. 이 경우에 상담자는 내담자의 치유에 필수적인 것이라 할지라도 내담자의 가치와 다른 것을 상담목표로 선택하게 해서는 안 된다. 마지막으로 상담의 목표는 '언제'라고 하는 분명한 시간 계획을 가지고 있어야 한다. 목표를 실천하기 위한 시간 길이, 즉 시작과 끝을 분명히 정할 수 없으면 내담자는 과연 이 목표가 현실성이 있는지 의심할 것이다. 상담목표는 합리적인 시간 계획을 요한다.7)

그러므로 목표설정은 가족상담에서 가족사정과 상담과정의 방향

7) 이홍찬, 『개혁주의 목회상담학』, 381~82.

을 결정하는 데 중요하다. 동시에 치료자는 치료목표를 향해서 치료개입에 대한 확인을 피드백으로 얻을 수 있어서 도움이 된다. 물론 치료목표는 면담이 진행되는 과정에서 조금씩 수정될 수도 있고 가족들의 변화로 목표도 달라질 수도 있을 것이다. 또한 목표 설정은 가족뿐만 아니라 상담자에게도 중요하다. 그 이유는 "모든 상담기법은 목표를 명확히 할 때 진전이 빠르다. 어떤 결과를 추구하는가를 명확히 정리하지 못하면 결과의 성공 여부를 판단하기 어려울 것이다. 또한 상담자는 목표를 구체화함으로써 가족이 상담에 대해 가질 수 있는, 마술적이거나 이와 유사한 그 어떤 것이라고 여기는 인식에서 벗어날 수 있다. 그러나 치료목표는 상담이 진행되면서 계속 수정될 수 있다는 점을 간과해서는 안 된다. 예를 들어, 상담자가 이 가족은 변화할 가능성이 전혀 없다고 판단하여 가족에게 부담이 되지 않는 목표설정을 해서 상담을 진행하였다. 그런데 상담회기를 거듭할 동안 상담자의 예상과는 달리 변화의 가능성을 보이는 경우도 임상현장에서는 종종 있다. 이 경우라면 이미 설정된 목표의 변경은 당연한 것이다."[8]

그러나 치료 목표는 모든 상담에서 중요하지만, 가족상담처럼 많은 가족이 관여하는 경우에는 특히 중요하므로 이에 대해 충분한 검토가 필요하다. 무엇보다 상담자와 가족이 목표의 도달 여부를 어떤 형태로 알 수 있는지에 대한 합의를 하는 것이 중요하다. 그러나 가족과의 합의된 목표를 도출하는 과정은 그렇게 간단하지 않으며, 특히 가족 간에 불일치가 심할 때는 더욱 어렵다. 치료목표를 설정하

---

8) 김혜숙, 『가족치료 이론과 기법』, 101.

는 것은 가족뿐 아니라 상담자에게도 중요하다. 상담자의 입장에서 보면 목표 설정은 상담개입의 영향에 대한 피드백을 얻는 데 도움이 된다. 구체적인 방향이나 초점이 없으면 상담자나 가족들이 상담효과에 대한 회의와 의문을 가지기 쉽다. 이 같은 의문이나 회의는 비생산적이어서 가족의 신뢰뿐 아니라, 상담자의 심리적 안정을 저해하기도 한다. 또한 치료목표의 설정은 가족들에게 바람직한 변화는 무엇이며 시간은 얼마나 걸려야 하는지에 대한 기준을 이해하는 데 도움이 된다. 그러므로 첫 상담에서 가족들이 변화하기 원하며 상담에서 달성되기 바라는 것에 도달하기 위한 목표를 확립하는 것이 중요하다. 그런데 가족의 과거 정서와 현재에 관련된 것 사이에는 가면으로 가려질 수 있기 때문에, 그들이 원하는 것을 가능하면 구체적으로 표현하도록 격려해야 한다. 명확한 목표를 만드는 지름길은 가족이 상담을 통해 달성하고 싶은 상태를 구체적으로 표현하는 것이다. 그리고 상담자와 가족이 바람직한 상태와 현재의 상태가 어떤 점에서 차이가 있는지를 분명히 할 수 있다면 상담에 도움이 될 것이다. 그러나 가족에게는 바람직한 상태를 언어화하여 명확한 목표를 만드는 것은 그다지 쉬운 작업이 아니다. 어떤 가족은 구체적인 목표를 정하는 데 의견충돌이 있을 수 있다. 상담자는 이런 경우 앞으로 모든 가족이 첫 상담을 가진 이후 구체적인 목표와 나아갈 최선의 방향을 정하자고 제안할 수 있다.

또한 치료 목표를 상황에 따라서는 단기목표와 장기목표로 구분하는 것이 가능하다. 가족상담의 경우에는 목표에 다양한 가족이 관련되어 있으므로 첫 단계부터 최종의 목표를 합의하는 것은 불가능하다. 따라서 보다 판단하기 쉬운 몇 가지 목표를 단계적으로 나누어 최종 목표에 달성하도록 하는 것이 바람직하다. 가족상담을 할 경우에도 단계를 짧아서 진행하는 것이 최선이다. 이때 가족에게 반드시 중간목표를 설정하도록 요구할 필요는 없지만, 중간목표를 설정해 점검해 가면 가족이 자신들의 목표에 도달할 수 있다는 희망을 가질 수 있다는 점에서 바람직하다. 상담자는 가족의 사정 단계에서 잠정적으로 세운 목표는 면담과정을 통해 다시 논의하는 과정을 거쳐서 치료목표로서 확정된다. 그러나 때로는 상담자는 가족들의 불안과 성급하게 좌절해 버리는 것을 막기 위해 일정 기간 내담자의 모호함을 받아들일 여유가 필요하다. 이러한 모호함을 거쳐 내담자 스스로가 자신들의 변화를 명료하게 표현할 수 있다면 치료 목표에 도달할 수 있는 희망을 가지게 될 것이다.

4. 래포 형성

상담에 있어 래포(rapport)는 "다른 사람과의 믿음과 반응성의 관계를 말하며 내담자가 이해하고 자각한 세계를 인정해 주고 존중해 주는 치료자의 태도이다. 래포를 형성하는 방식은 말, 비언어적 대화(신체적 언어), 음성, 단어, 보조 맞추기, 다중적 관점 등이 있다. 가장 확실한 의사소통의 수단은 말이지만, 말보다도 비언어적 의사소통이나 음성, 목소리 톤을 통해 말하는 사람이 믿을 만한 사람인지를 결정하게 된다."[9] 그러므로 상담관계를 형성하는 것은 상담자와 가족이 서로의 정서를 공유한다고 느끼기 시작하는 복잡한 과정이다. 치료적 관계가 확립되면 가족변화의 효과를 기대할 수 있다. 로저스(Carl Rogers)는 상담자의 필요충족조건으로 무조건적 수용, 공감적 이해, 진실성을 언급했는데, 미뉴친에 의하면 가족상담의 초기단계에서는 이러한 상담기술이 더욱 필요하다고 하였다.[10)]

○ 치료자는 가족에 대한 전체적인 배경과 가족의 역사를 파악하는 것이 중요하다. 현재 가족의 기능적인 면, 역기능적인 면, 사회적 스트레스 요인, 개인적인 스트레스 요인 등 가족의 현 문제와 연관지어 이해할 수 있고 문제해결을 위한 개입에 중요하기 때문이다.

○ 치료자는 가족의 배경을 설문지를 이용할 수 있고 또는 가족이 참석한 가운데 가족들이 지금의 모습을 형성한 과정에 대하여 질문 할 수 있다. 부모들의 출생과 자란 환경과 배경이 어떠했는지, 아동기, 청소년기, 성인기 과정, 직장생활, 결혼과정과 자녀의 출생, 현재의 가정 모습 등 부모의 배경에 대하여 알고 싶다고 이야기하도록 한다.

가족의 배경과 가족의 역사를 가족들이 함께 가족가계도를 그리면서 정보를 얻을 수 있다. 가족의 3세대 정도에 걸쳐 발생했던 특별한 사건, 가족관계, 현재의 가족관계나 패턴을 한눈에 볼 수 있도록 도식화해서 나타내기 때문에 유용하게 활용된다. 특히 내담자 가족들(남편과 아내)의 원가족들과의 관계성과 미해결된 문제, 원했던

9) 김혜숙, 『가족치료 이론과 기법, 2판』, 215.
10) 김유숙, 『가족상담』 (서울: 학지사, 2006), 295.

것들을 탐색한다. 가족치료 초반부에서는 보통 1~3회에 걸쳐서 가족의 문제정의와 치료목표, 가족에 대한 생육사, 원가족과의 관계, 가족구조에 대한 사정과 가족들의 상호 역동성과 기능을 어느 정도 하고 있는지 다면적으로 평가한다. 치료자는 가족에 대한 사정과 평가를 문제해결을 위한 전략으로 연결시켜야 한다.

그러므로 치료자는 가족들의 상호작용을 언어적, 비언어적 메시지에 주목하며 누가 누구를 보며 이야기하는지, 누가 누구 눈치를 살피는지, 누구는 전혀 이야기에 참여하지 않는지 관찰해야 한다. 이런 세심한 관찰과 면담으로 가족들이 아직 드러내지 않는 문제까지도 추측을 할 수 있어야 한다. 치료자는 수집된 정보에서 추론한 결론들을 잠정적으로 유보해 두고 면담이 진행됨에 따라서 검증해 볼 수 있다.

5. 가족사정 및 평가

가족사정은 내담자의 가족을 직접 면담하여 의사소통을 통한 정보 수집을 하는 방법, 가족의 상호작용을 직간접적으로 관찰하는 상호방식이나 관계 특성에 대한 자료를 얻어내는 방법, 그리고 다양한 사정도구를 활용하는 방법으로 이루어진다.[11] 가족사정과 평가는 가족치료에서 의학적인 진단이라는 용어를 사용하지 않고 가족사정 또는 필요한 변화에 대한 가족평가를 사용한다. 가족 사정이나 또는

11) 이영분 외, 『가족치료 모델과 사례』, 99.

평가를 통하여 가족의 문제와 문제에 대한 가족들의 상호작용과 기능에 대한 정보를 얻는 것이다. 가족원에 대한 정보와 가족들의 상황, 관계성, 의사소통유형, 반응정도 등에 대한 전체적인 평가를 말한다.[12)] 효과적인 치료 계획을 세우기 위해서 치료자와 가족은 공동으로 가족평가를 하는 것이 이상적이며 가능한 한 정확하게 가족을 평가하는 것이 중요하다.

그러나 가족 사정이나 평가를 할 때 객관적이고 주관적인 방법을 함께 사용하는 것이 바람직하다. 객관적인 가족에 대한 자료수집으로는 가족원, 가족역할, 가족의 주거환경, 가족의 규칙들에 관한 것이라면 개인이 현재 고통당하는 문제나 문제발생과정, 가족들이 문제나 사실에 대해 갖고 있는 감정은 주관적인 자료수집방법을 통해서 가능하다. 그러므로 치료자는 가족에 대한 사정과 평가를 바탕으로 문제에 대한 가설을 세우기도 하고 내담자 가족들의 반응은 치료자의 행동을 조직하고 치료자와 내담자가 보이는 서로 주고받는 상호작용의 결과로 가설을 검증한다. 상담이론이나 평가도구를 이용한 과학적인 평가도 할 수 있지만 전문적인 평가란 가족을 평가방법에 맞추기보다는 가족의 고유한 특성을 평가 과정에 반영하는 치료자의 열정과 감정이입이 포함되어야 한다.[13)]

그러나 가족에 대한 전반적인 평가는 치료자의 통합적인 관점이 요구되어지는 높은 수준의 지식과 기술을 바탕으로 이루어져야 한다. 가족평가를 위한 지침으로 어떻게 가족이 기능하며 잘 기능하지

12) 가족평가는 넓은 의미로 Lauffer(1982)는 가족의 현재상태가 어떻고(지금 여기의 평가), 앞으로 어떻게 되어야 할지(미래지향적인 평가), 그리고 어떻게 하는지(규범적 평가)를 조사하는 방법이라고 말한다.
13) 김혜숙, 『가족치료 이론과 기법』, 401.

못한 것들은 어떠한 것들인가에 초점을 맞추게 된다. 가족치료자들은 이상적인 가족이란 있을 수 없지만 최적의 적합한 가족기능에 대한 이해는 가족평가에 많은 도움이 될 수 있다.14)

따라서 가족문제에 대한 사정과 평가 방법은 ① 면담 ② 직접 관찰 ③ 설문지나 평가도구 등 다양한 사정도구를 활용하는 방법들이 있다.

첫째, 가족들과의 면담을 통해 직접적 또는 간접적인 질문과 대답으로 대화형식으로 가족들에 대한 문제 상황이나 필요한 정보를 입수하는 것이 필수적이다. 전체 가족이 참여하는 가운데 면담이 이루어져야 문제에 대한 각자의 관점과 이해를 얻을 수 있고 가족들의 상호관계성을 파악하는 데에 더 용이하다. 치료자는 면담을 위한 자연스러운 분위기 형성과 가족들에 대한 래포(rapport) 형성이 중요하다. 전 가족들의 참여를 유도하고 서로 간의 대화 속에서 한쪽 부모가 감추는 것을 다른 쪽 부모가 말하고 부모 모두가 감추는 것을 자녀가 누설하기도 한다. 가족원 한 사람이 왜곡된 사고나 편견을 가지고 있는 것에 다른 가족원이 바르게 이야기하기도 한다. 불안에 휩싸이는 일을 언급할 때 가족들은 침묵으로 일관하기도 하고 중요한 문제를 회피하고 넘어갈 수도 있다. 만약 내담자에 대한 중대한 결정을 빠른 시일 내에 해야 한다면 구조화된 면담을 사용하여 필요한 정보를 모두 얻을 수 있도록 해야 한다. 효과적인 면담을 위해서 가족들의 역동성과 가족의 역사나 사건을 파악할 수 있는 가족가계도나 원가족 도표, 가족의 환경과 상관관계 등을 알 수 있는 가족생

---

14) 김혜숙, 『가족치료 이론과 기법』, 402.

태도를 함께 사용할 수 있다. 가족들이 면담에서 겉으로 드러내는 것과 드러내지 않는 것, 가족들이 사용하는 방어적인 것들은 무엇인지, 가족들이 두려워하고 힘들어하는 것은, 불신과 절망, 괴로움에 대한 호소나 갈등의 양상정도를 파악해야 한다. 가족전반에 대한 면담과정은 실제적인 정보수집뿐만 아니라 가족문제에 대한 통찰과 이해, 문제나 증상에 대한 의미 규정들을 할 수 있다."[15] 이러한 과정에서 치료자는 "내담자들에게 적절한 반영적 경청, 직면, 격려, 요약, 각 모델의 접근 방법에 따른 질문과 해석 등을 사용하여 내담자 가족의 구조와 기능, 문제 형성과정, 가족의 발달상 과업과 스트레스, 과거의 경험과 현재의 문제 간의 연관성, 문제를 둘러싼 가족의 역동 등에 관한 정보와 자료를 수지하고 종합하여 개입계획을 세우게 된다."[16]

둘째, 관찰은 내담자의 언어적 보고만을 통하여 정보를 수집하는 것이 아니라 비언어적 자료를 수집하는 것으로 가족의 상호작용 방식을 관찰하여 개관적 정보를 얻는 것이다. "가족의 상호작용 방식을 정확하게 탐구하기 위해서 놀이도구를 가지고 시간을 보내게 하거나 역할극을 하게 하거나 특정문제에 대하여 의사결정을 하도록 하여 내담자들의 언어적, 비언어적 상호작용방식을 관찰할 수 있다."[17]

따라서 가족에 대한 평가는 "가족들에 대한 기능 여부, 가족구조에 대한 평가, 가족들의 관계나 역할에 대한 설명이 타당한가를 명확한가를 알 수 있는 방법으로 직접 관찰하는 것이 필수적이다. 치

15) 김혜숙, 402~03.
16) 이영분 외, 『가족치료 모델과 사례』, 100.
17) 이영분 외, 100~101.

료자는 가족들의 말과 행동 제스처에 주의 깊고 세심한 관찰로 가족들의 체계가 개방적인지 폐쇄적인지, 부모들의 역할수행 정도는 어느 정도인지, 부모와 자녀 간의 정서적 밀착인지 격리인지, 가족의 분위기가 조용한지 시끄러운지, 반항적인지 무기력한지도 파악할 수 있다. 치료자가 관찰을 어떤 식으로 하느냐에 따라서 정보수집 양과 정확성이 달라질 수 있다. 일반적으로 관찰은 치료자의 참여 여부와 자연스러운 관찰과 순서가 정해진 구조화된 관찰로 나눌 수 있다. 가족치료에서 일반적으로 면담과정에서 자연스러운 관찰을 하며 때로는 가족들에게 과제수행을 즉석에서 하도록 하는 치료자의 비참여 관찰, 또는 특정한 정보를 얻기 위한 가족들의 구조화된 관찰이 가능하다. 관찰하면서 가족들의 면담과정을 비디오로 녹화하여 가족들의 객관적인 행동자료나 정보를 입수할 수 있다. 가족과의 면담과정을 녹화한 후에 특히 가족들의 역기능적인 독특한 의사소통 유형이나, 이중적인 행동방식을 재생하여 다시 보여준다. 가족과 치료자는 녹화장면을 함께 시청하면서 가족들의 문제점에 관하여 이야기할 수 있고 또한 치료자는 치료개입을 할 수 중요한 단서를 포착할 수 있다."[18]

셋째, 질문지 및 평가도구 등 다양한 사정도구를 활용하는 방법은 가족에 관한 정보를 좀 더 객관적으로 알 수 있는 방법으로는 가족들에게 면담 전에 미리 면접 기록 란에 가족성원에 대한 정보와 가족환경, 관계성, 친밀 정도, 갈등 정도를 파악할 수 있는 질문지를 이용하는 것이다. 즉, 가족의 기능과 관계 방식, 가족문제 등을 짧은

18) 김혜숙, 『가족치료 이론과 기법』, 403.

시간 내에 효율적으로 탐색하기 위하여 다양하게 개발된 표준화된 척도나 심리검사 도구를 활용하는 것이다. 가족 각 구성원은 구조화된 질문지에 스스로 응답하므로 치료자는 가족에 대한 다양한 정보를 얻을 수 있다.

이러한 객관적인 도구들에는 가계도를 포함하여 가족의 기능, 부모 역할, 의사소통, 가정 폭력, 아동 학대 등과 관련된 다양한 체크리스트들이 있다. 이러한 심리검사척도들이나 체크리스트에 관한 자료는 출판된 다양한 심리척도 자료집을 참조하여 사용할 수 있다. 그리고 올손(D. H. Olson)이 서컴플렉스 모델에 의해 개발한 '가족의 응집성과 적응성 측정척도(FACES: Family Cohesion and Adaptability Evaluation Scales)'가 있다. 가족의 기능상의 정도를 파악하기 위하여 가족들에게 가족이 현재 가족을 어떻게 인식하고 있는지에 대한 척도와 가족이 이렇게 되었으면 하는 이상적인 척도 질문에 대답하도록 하였다.

그밖에 가계도를 활용한 가족사정의 방법으로 가계도는 가정문제의 사정도구로 매우 유용한 도구이다. 가계도는 3세대 이상에 걸친 가족성원에 관한 정보와 그들 간의 관계를 도식화한 것으로 가족의 구조와 관계를 한눈에 볼 수 있도록 한다. 이것은 "치료자에게 가족에 관한 구조적, 관계적, 기능적 정보를 제공하고 수평적인 가족맥락은 물론 수직적으로는 세대 간 전수를 관찰할 수 있게 해 주므로 가족을 현재와 과거라는 양 차원에서 검토할 수 있게 해 준다. 가계도를 도식화하기 위해 치료자는 과정질문을 통해 가족 체계에 대한 역사적 탐색과 함께 가족문제의 발전과정과 그 유형, 결정적인 중요한 사건, 삼 세대 이상이 포함되는 가족의 주제, 규칙, 정서적 문제를 탐색할 수 있으며 인종이나 재혼가정의 문제 등 특별한 상황에 대한 가족정보를 쉽게 탐색할 수 있다. 가계도는 치료자에게 체계적 관점에서 가족과 가족 문제를 바라보게 해 줄 뿐만 아니라 내담자 가족에게도 체계적 관점에서 스스로를 새롭게 바라볼 수 있도록 해 줌으로써 치료적 효과를 가진다."[19]

이상과 같이 가족사정 및 평가에 대해 내용들을 요약한다면 치료자가 개입의 초기에 문제와 관련된 자료들을 수집하고 종합하여 체계적 관점에서 문제에 대한 가설 설정과 함께 잘 계획된 개입목표를 설정하기 위해 이루어지는 과정이다. 이를 위하여 치료자는 문제를 중심으로 수평적・수직적 맥락의 가족사정을 실시한다. 가족사정의 내용은 가족의 구조와 관계 역동, 가족생활주기상의 적응 스트레스 및 가족의 의사소통 방식, 가족 규칙, 가족의 강점과 자원, 기타 가족의 기능에 위험 요소로 작용하고 있는 특별히 고려해야 할 문제 등에 관한 정보들을 포함한다. 가정 사정의 과정을 통해서 치료자는 체계적 관점에서 다양한 요소들이 문제의 형성과정에서 어떻게 상호 순환적으로 영향을 주고받아 현재 내담자가 제시하는 문제로 나타나게 되었는지 종합할 수 있게 된다. 또한 가족들도 이러한 가족사정의 과정에 함께 참여함으로써 현재 제시하는 개인 및 가족의 문제가 가족전체 체계의 증상이라는 것을 이해하게 되고, 치료자와 함께 개입 목표를 설정하고 치료 노력에 보다 적극적으로 참여하게 된다. 그러나 치료자는 가족사정을 할 때 가족사정의 모든 요소들에

19) 이영분 외, 『가족치료 모델과 사례』, 102.

대한 자료를 빠짐없이 수집하는 것이 중요한 것이 아니며, 체계론적 인 관점에서 필요한 정보들을 수집하고 그 정보들을 잘 분석하여 각 모델의 접근방식에 따른 치료기법에 의해 효과적인 개입계획을 세우는 것이 더 중요하다.

6. 가족사정 평가기록

다음의 가족사정 및 가족평가 기록지는 가족문제에 대한 사정으로 가족치료 초반부에서 면담과 관찰에 의한 가족사정이다. 가족구조 평가는 구조주의적 치료이론을 기반으로 한 가족구조에 대한 평가이며, 가족생활사와 생애에 대한 평가는 다세대 중심이론을 중심으로 분류한 평가이다.

〈표 1〉 가족사정 평가내용

가족사정	
치료자 이름:	면담 일시:
내담자 가족 이름:	횟수: 첫 면담 후:

1. 현재 가족의 문제나 주요증상은 무엇인가? 지속기간은?
2. 문제해결을 위해 시도했던 것은 무엇인가? 전에 치료나 상담을 받은 적이 있었는가? 그 결과 어떠했는가?
3. 가족의 문제나 증상에 대해서 각 가족원은 어떻게 설명하는가?
4. 가족들이 합의한 치료목표는 무엇인가?(구체적으로)
5. 만약 문제가 해결된다면 가족에게 어떤 일이 일어날 것으로 예상할 수 있는가? 만약 문제가 해결되지 못하거나 더 나빠진다면 가족에게 어떤 일이 일어날 수 있는가?
6. 현 가족관계와 문제증상과는 어떤 상관관계가 있는가?
7. 가족구성원들과 치료자와의 관계는 어떠한지?
8. 가족들이 문제해결을 위해 가지고 있는 긍정적인 자원은 어떤 것들이 있는가?
9. 치료자는 치료계획의 틀은 어떻게 구상하고 있는지 치료계획에 대하여 작성하시오

출처: 김혜숙, 『가족치료 이론과 기법』, 408.

〈표 2〉 가족생활사 평가내용

가족생활사	
치료자 이름:	면담 일시:
내담자 가족 이름:	횟수: 첫 면담 후:

1. 내담자 가족의 생활주기 평가는? 발달과업 여부는?
2. 내담자 가족의 원가족에 대한 정보는?
3. 내담자의 성장과정과 환경은 어떠했는가? (남편과 아내 쪽)
4. 내담자가 원가족에서 경험한 것 가운데 성적인 학대, 신체적 학대, 희생양 역할, 재산 탕진, 비밀스러운 것이 있었는가?
5. 아내와 남편이 각각 원가족의 부모들과의 관계는?
6. 원가족에서 해결하지 못했던 문제나 불만사항? 원했던 것은?
7. 부부의 결혼에 대한 배경은? 이혼에 대한 배경은? 재혼에 대한 배경은?
8. 자녀의 출생과 성장에 관한 특별한 사건은?
9. 자녀양육에 대한 부부들의 태도나 가치는?
10. 핵가족 외에 다른 가족원의 개입정도와 특별한 사건은?
11. 내담자 가족의 문제와 부모의 원가족의 문제와 관련성은 어떤 것들이 있을 수 있는가?

출처: 김혜숙, 『가족치료 이론과 기법』, 409.

〈표 3〉 가족구조에 대한 평가

가족구조 평가	
치료자 이름:	면담 일시:
내담자 가족 이름:	횟수: 첫 면담 후:

1. 가족가계도 그리기
2. 가족들의 관계 유형은 누구와 밀착, 누구와 소원하고 누가 소외되었는가?
3. 가족구성원들의 의사소통유형은? (회유, 초이성, 비난, 산만형) 반응방식과 감정표현방식은? (직접적, 간접적 , 이중적)
4. 가족들의 위계질서는 어떠한가?
5. 가족들의 삼각관계 형태는 어떠한가?
6. 가족들의 하위체계 간의 경계는? (부부체계, 부모자녀체계, 형제자매체계)
7. 가족의 구성원 간의 결속력은? 결속력이 실패한 이유는?
8. 가족들의 가치나 신념, 비밀은?
9. 가족들의 역할수행에 대한 평가, 역할갈등의 여부는?
10. 가족의 내적 외적 스트레스 요인은?

출처: 김혜숙, 『가족치료 이론과 기법』, 409.

7. 초기상담의 종결

초기 상담을 종결해야 할 경우, 치료자는 여러 가족과 사람들을 면담하는 과정에서 일어났던 특별한 가족에 대한 인상이 빨리 지나가 버릴 수 있다. 그 결과 가족 혹은 상담 회기에 대한 정보가 시간이 지남에 따라 비의도적으로 왜곡될 수 있다. 따라서 가족을 상담하는 사람들은 상담회기 후에 가능하면 빨리 임상기록 노트의 형태로 자신들의 인상을 기록하는 것이 중요하다. 역사적으로 임상기록 노트는 과정보다 내용을 더 중시하여 왔다. 그렇지만 가족치료자들은 그들이 무엇을 어떻게 기록할 것인가에 대한 선택권을 가지고 있다. 상담회기의 과정과 내용을 기록하는 것 사이에는 조화가 필요하다. 임상노트를 기록하는 데 있어서 고든(R. Goden)은 치료자들은 다음의 세 가지 주요한 임무를 수행하는 해야 할 것을 말한다.[20]

첫째, 임상노트는 전개될 수 있는 패턴 혹은 과정과 관련하여 시간이 지남에 따라 연구될 수 있다. 이런 기록의 유형은 치료자들에게 비언어적인 상호작용과 사건들을 기억나게 해 주므로 매우 귀중하다.

둘째, 임상노트는 치료자들에게 반영적이고 객관적일 수 있는 기회와 가족성원이 되고자 하는 유혹으로부터 벗어나게 하는 기회를 제공한다.

셋째, 임상노트는 치료자들에게 이전에 들었거나 다루었던 것을 회상하는 특별한 방법으로 도울 수 있다. 많은 가족들이 방향성이

---

20) Goden R., *Basic Interviewing Skills* (Itasca, IL: F. E. Peacock, 1992), 101.

있는 주제가 있으며, 행동과 사건에 대하여 다소 상세하게 이야기를 한다. 치료자들은 노트를 참조하면 똑같은 것을 두 번 검토하지 않아도 된다고 하였다.

초기 상담의 마지막 부분에서 다음 상담 회기에 관련하여 가족이 결정하는 것이 적절하다고 할지라도 치료자가 먼저 제의하는 것이 중요하다. 상담자는 가족에게 앞으로 상담을 계속하기를 원한다면 다음 상담일정을 정하게 된다. 그리고 상담자는 앞으로의 상담에 어떤 가족이 참여할 것인가를 논의해야 한다. 상담자는 만약 가족성원 중 중요한 인물이 초기 상담과정에 참여하지 못한다면 가족과 함께 어떤 접근이 바람직한지를 의논해야 한다. 그리고 다음 상담 회기의 예약과 과제를 부여하기 위하여 가족성원들이 어떤 과제를 언제 얼마나 자주 해야만 하는가에 대한 상세한 내용들을 명백하게 전달해야 한다. 또한 치료자들은 가족성원들이 능력에 맞게 수행할 수 있는 과제를 부여해야만 한다. 과제를 부여하는 방법으로 가족성원들에게 서로 경청하게 한 후에 다른 가족성원이 말하기 전에 다른 가족성원이 말했던 것을 자신의 말로 설명하게 하는 것이다. 그리하여 치료자는 가족성원이 가장 적절한 범위 내에서 최소한의 변화를 일으킬 수 있는 과제를 부여하는 것이 중요하다.

13장

가족치료의 개입단계

초기 상담과정에서 래포 형성을 통해 원만한 상담이 이루어져 가족에 대한 사정과 평가를 끝내면 치료자는 앞으로 "치료과정을 어떻게 개입할 것인가에 대한 나름대로의 개입 전략을 가지고 있어야 한다. 예를 들면 치료에 누구를 참석시킬 것인가, 어떤 형태의 치료계약을 할 것인가, 가족성원의 특수한 요구에 어떻게 대응할 것인가에 대하여 사전에 구체적인 생각을 정리하는 것이 바람직하다. 치료자가 치료과정을 구조화시키면 치료에 대해 느끼는 치료자의 불안이 감소되어 바람직한 치료자와 가족의 관계를 형성할 수 있을 것이다."[21] 그러므로 이 단계에서 치료자는 치료과정에서 가족성원들이 자신들을 표현하고 서로 대화하는 방법을 배우며, 가족 간의 직접적인 대화를 통하여 솔직하게 표현하는 의사소통 방식을 사용 하도록 격려하여 가족을 변화시키도록 노력해야 한다.

21) 김혜숙, 『가족치료 이론과 기법』, 410~18.

1. 가족치료의 개입전략

가족치료에서 개입의 초점을 "사티어는 개인수준에 강조를 두고 있고, 헤얼리는 가족의 관계수준에 더 강조를 두고 있으며, 미뉴친은 가족 전체수준에 두고 있다. 체계론적 통합의 가족치료에서는 가족체계의 세 수준을 다루므로 더 효율적으로 치료에 개입을 할 수 있다고 본다. 가족체계를 개인수준, 관계수준, 가족전체수준으로 구분하여 개입할 수 있다. 가족 체계의 개입을 처음에는 개인구성원의 단순 행동에서부터 가족들의 상호작용수준으로 그리고 패턴화된 상호작용으로 옮아갈 수 있다.[22] 즉, 가족에서 한사람의 행동이나 반응의 변화는 관계수준을 변화시킬 수 있고 가족전체수준을 변화시킬 수 있다고 보는 변증법적 과정이다. 그러나 반대로 전체수준에서부터 시작하여 관계수준에서 개인수준으로 내려오는 변화도 가능하다. 이 방법은 치료자가 개인수준에서 개입할 때는 관계수준을 안정시키고 관계수준에서 개입할 때는 전체수준을 안정시켜야 하는 것으로 이해할 수 있다. 치료적 개입에서 개인수준-관계수준-전체수준은 상호연관성이 강해서 어느 하나 수준의 변화는 다른 수준에 영향을 주고 변화를 초래한다."[23]

그러므로 치료의 개입단계에서는 몇 가지 절차가 적용되어야 하는데, 첫째는 모든 가족구성원들이 치료과정에 참여하여 공통의 목적을 가지고 상담하도록 초대한다. 참여하지 않는 가족구성원을 가족의 관찰자로 초대하여 상담 회기에서 발생한 것을 마지막에 요약

---

22) Keeney B. P., *Ecosystemic Epistemology*; 김혜숙, 『가족치료 이론과 기법』, 411.
23) Barker P., *Basic Family Therapy* (4th ed.) (New York, NY: Bladewell Science Inc. 2001), 101.

하는 보고자로 행동하게 한다. 그리고 밀란의 치료기술을 이용한 순환적 질문을 사용하여 다른 가족성원들의 상호작용에 대한 자신의 인상을 말하도록 질문한다. 또한 전체로서 가족집단 세력을 사용한다. 이 방법은 참여하지 않은 사람이 사실상 상담에 들어오게 하는 것을 의미한다.[24] 둘째, 치료의 개입단계에서는 가족성원들을 적절한 방법으로 함께 연결시키는 것이다. 이 단계에서 세대적인 관심과 불안이 있는 개인들을 연결하는 것이 중요한다. 유사하게 다른 가족성원들에게 대항하기 위하여 형성된 부적절한 세대 간의 동맹관계를 끊는 것과 연결 및 성장을 위하여 형성된 동맹관계를 지지하는 것이 필수적이다.

셋째, 치료의 개입단계에서는 새로 형성된 관계 안에서 '지불(payoffs)'을 촉진시키는 것이다. 이러한 절차는 가족성원이 서로에게 관여되는 것으로부터 혜택을 얻기 시작하는 교환관계를 통하여 행해질 수 있다. 예를 들어, 자녀들이 휴일에 가사를 돕는 대가로 부모는 저녁에 자녀가 원하는 음식을 만들 수 있다. 이와 같은 상황에서 가사는 더 쉽게 이루어지고 자녀들은 적절한 책임감을 지면서 특별한 대우를 즐기게 된다.[25] 이처럼 가족의 체계에서도 개인과 관계조직을 통해서 개인의 자율성을 유지하면서 상호작용하는 가운데서 조직을 유지하며 변화와 성장을 할 수 있다. 변화와 성장은 개별성과 다양성 간의 상호 역동성에 의하여 균형과 안정을 추구하는 것이다.

---

24) Hoffman J. M. & Huschke-Rhein, 김혜숙, 『가족치료 이론과 기법』, 412.

25) Gladding, S. T., *Family Therapy* (Upper Saddle River, NJ: Merrill prentice Hill, 2002); 이영분 외, 『가족치료 모델과 사례』, 122~23.

2. 가족문제에 대한 순환적 모형화

가족치료는 치료자가 첫 면담에서부터 마지막 종결까지 전 과정을 내담자와의 대화를 통해서 이루어지기 때문에 치료자의 질문방식은 매우 중요하다. 치료자와 내담자와의 질문과 대답은 단지 사실에 대한 정보제공만이 아니라 내담자가 지각하지 못한 새로운 사실을 발견하게 한다는 데 더 큰 의미가 있다. 질문을 통하여 가족들이 지각하는 사실과 차이를 인식하게 하므로 또 다른 사실로 변화시킬 수 있다는 것이 체계론적 순환질문의 큰 가치이다. 체계론적인 순환질문 방식은 관계와 관계 내에서 구성된 의미를 분명히 하는 방법으로 현재 역기능적인 관계 패턴을 가족들이 인식하도록 하고, 사고의 자극과 변화를 주기 위해 가족원 각자에게 다른 가족원의 생각과 언행, 신념 등을 질문해 보는 것이다.

가족치료학자 김혜숙은 "순환질문법은 A가 B와 C의 관계를 어떻게 보는지 질문하는 방식이다.[26] 치료자는 순환질문법을 통해 첫째, 가족들이 질문을 받게 되면 반사적으로 대답하기 어려워서 한번쯤 상황이나 문제에 대하여 심사숙고하며 대답할 수 있도록 해준다. 둘째, 가족들의 상호관계성 뿐만 아니라 치료자와 가족 간의 관계성을

26) 가족치료학자 김혜숙은 순환질문법에 대해 여섯 가지 질문형식으로 설명하였는데, 첫째는 상대방에게 직접 질문하지 않고 다른 사람에게 물어보는 방식이다. 둘째는 두 사람의 관계를 직접 상대방에게 묻지 않고 제삼자에게 묻는 방식이다. 셋째는 가족들 간의 문제에 대한 상황이나 관계성에 대한 지각의 차이를 묻는 방식이다. 넷째는 퍼센트 질문으로 개인의 문제에 대한 확신과 동의, 증상에 대한 개념 등 정도의 차이를 드러낸다. 퍼센트 질문은 개인의 증상이나 문제가 고착된 상태가 아니라 변할 수 있다는 가능성을 암시한다. 또한 추상적인 사고나 행위를 더욱 구체화시켜 주는 장점이 있다. 다섯째는 문제나 사건에 대한 전후의 차이를 인식하도록 돕는 질문이다. 여섯째는 가상적 질문으로 가족들에게 미래에 대한 가상적인 일에 대하여 생각하고 답하도록 질문하는 방식 등 여섯 가지 방식으로 설명하였다(김혜숙, 『가족치료 이론과 기법』, 303~05를 참조하라).

지각하도록 도와준다. 셋째, 가족성원 중 개인이 어떤 특정한 상황에서 지각한 차이나 사고의 차이를 드러나게 하며, 차이에 대한 사고를 줄여줄 수 있다."[27] 그러므로 가족치료의 질문법은 다음의 세 가지 관점에서 중요하다고 하였다.[28]

첫째, 문제증상 개념에 대한 지각, 즉 문제의 개념을 정확히 파악하기 위해 문제에 대한 개별적인 차이와 지각의 차이가 드러나게 질문할 수 있다. 누구에 의해서 어떤 시각으로 가족들이 문제라고 표현하는 것을 정확히 규명하는 것이다. 그래서 모든 가족이 문제에 대한 동의와 비슷한 자각의 인식이 필요하다. 문제행동이나 증상에 대한 개념을 가족의 시각과 지각을 통해서 알아 볼 수 있는 질문이다.

둘째, 문제증상의 발현에 대한 자각 즉, 문제증상이 언제, 어디서, 누구에게 나타났는지 그리고 또 언제, 어디서, 누구한테는 문제증상이 나타나지 않는지를 구체적으로 규명하기 위한 질문이다.

셋째, 증상의 상호관계성 규명 즉, 치료자가 어떻게 질문하느냐에 따라서 증상이나 문제가 개인의 특정한 것으로 간주될 수도 있고 아닐 수도 있다. 개인의 증세가 무엇과 누구와 연관되어 있는지 상호관계성을 위한 질문들이다. 증세가 나타날 때 가족들의 반응이나 또는 특별한 사건이나, 가족의 주기와 관련될 수도 있다. 따라서 치료자는 가족의 문제나 증상을 드러내고 표면화된 문제의 특성들을 구체화시키는 모형으로 구성해야 한다. 문제 자체가 아니라 문제 주위의 관계성을 구체적으로 하는 모형을 찾는 것이다. 문제에 대한 가족들의 관점과 연관성이 중요하다. 치료자는 문제를 포함하여 그것

---

27) 김혜숙, 『가족치료 이론과 기법』, 2판, 300~01.
28) 김혜숙, 301~02.

을 강화, 유지시키고 있는 순환적인 패턴을 변화시키는 것이 중요한 치료적 개입이 된다. 치료자는 개입을 위한 첫 단계로 가족들의 문제나 증상의 모형을 구성한다. 문제의 모형을 구성하므로 그 문제를 특징짓는 형식적인 순환관계에 대한 지식을 갖고 시작할 수 있다. 이러한 시도는 문제 주위의 형식적인 패턴 및 관계를 명확히 인식하려는 것이 아니라 그것들의 관계를 구체화하고 있는 어떤 모형을 확인하거나 구성하여 그것을 가까운 가족현상과 비교함으로써 다른 체계를 발견할 수 있도록 하기 위함이다. 두 개의 다른 체계를 동시에 봄으로써 더 높은 논리적 형태의 관점을 만들려는 시도이다. 치료자는 인식론적 리더로 상호관계성 및 패턴에의 세계를 보기 위하여 구별하고 그 차이를 그려야 한다. 치료자는 가족들의 행동과 의사소통의 전체적인 상호작용을 주의 깊게 관찰한다. 치료자는 가족의 문제를 방어적인 위장, 혼돈과 이해 부족을 명료화한다. 가족들에게 정말 무엇이 잘못된 것인지 상호 간에 더 분명하고 정확한 이해를 돕기 위하여 다음과 같이 부분적인 개입을 시도한다. 첫째, 갈등의 문제를 부적절한 부정이나 합리화를 막고, 둘째, 드러나지 않은 상호갈등을 솔직하고 분명하게 표현하도록 하고, 셋째, 개인의 내적 갈등을 상호 관계적인 순환적인 모형 수준으로 끌어 올리고, 가족들의 개별적인 관점이 전체적인 관점으로 되고, 넷째, 가족의 일부기능은 강화하고 다른 역기능적인 일부는 약화시키면서 가족의 순환적인 패턴을 바꿔주므로 새로운 관계형성을 도모한다.

3. 가족 문제에 대한 재정의

가족들이 서로의 행동에 대해서 아주 부정적으로 평가하고 비난하며 문제라고 생각되는 것들에 대하여 치료자는 보는 사람의 기준과 관점에 따라서 다를 수 있다는 것을 설명해 준다. 가족 안에서 개인적인 증상이나 문제, 행동에 대하여 치료자가 다른 의미를 부여하는 것을 재정의(reframing), 재명명화(relabeling), 긍정적 의미부여(positive connotation)라고 한다. 가능하면 긍정적인 행동의 의도나 의미를 재규정하므로 가족들이 이해하고 있는 문제의 맥락을 다르게 볼 수 있도록 하기 위함이다. 가족들이 문제를 보고 있는 관점을 변화시키기 위하여, 그리고 새로운 해결책을 찾을 수 있도록 하기 위한 것으로 치료자는 가족들에게 간결하면서도 설득력 있게 문제에 대한 재정의를 논리적으로 해 주어야 한다. 가족구성원의 어떤 특정한 증상과 행동에 대한 특징을 치료자가 재정의에 의해서 새로운 명칭을 부여하는데 이를 재명명화라고 한다. 치료자는 재명명화를 긍정적인 용어로 사용하여 가족들이 증상에 대한 긍정적인 부분들을 재인식할 수 있도록 해야 한다. 가족들의 어떠한 행동도 자신의 입장에서는 최선의 선택이고 바람직하다고 생각하기 때문에 한다는 것을 인식시키는 것이 중요하다.

예를 들어, 아이가 우는 것은 감정의 표현이라고 재명명할 수 있는데 가족은 이러한 재명명화의 과정 속에서 긍정적인 요소를 발견하게 될 것이다 그러므로 재명명은 부정적인 용어보다는 긍정적인 용어를 사용하는 것이 중요하다. 다시 말하면 가족들이 서로 상대방의 문제행동이나 반응에 대하여 긍정적적인 의도나 동기를 찾을 수 있도록 격려하는 것이 긍정적인 의미부여다. 부모에게 반항하며 공격적인 행동을 보이는 사춘기 자녀의 행동을 부모로부터 독립하려는 자신의 의지적인 행동이라고 긍정적인 해석을 해 주므로 부모들의 문제에 대한 관점과 문제에 대한 맥락이 달라진다.

이 단계에서 치료자가 가족들의 문제에 대한 개입전략으로 먼저 가족들의 문제 상황, 무의식적으로 행하는 증상적 실연화(symptomatic enactment)를 표출하도록 하는 것이다. 또 하나는 가족의 증상에 대한 대안적인 인식론적 전제로 가족구조의 방향을 제시하는 것이다. 이러한 개입을 위하여 치료자는 내담자 가족 안으로 들어가 치료자가 가족들이 보이는 증상적인 의사소통에 대하여 그대로 다시 반영하는 것이다. 그러므로 내담자 가족들은 자신들의 불합리와 모순을 만나게 되고 인식론적인 다른 대안을 가질 수 있다. 가족들이 자신들의 불합리와 모순을 경험하는 순간 인식론적인 오류나 규칙을 바꿀 준비를 하게 되고 새로운 패턴의 출현으로 가족의 새로운 구조가 만들어진다. 이 단계에서 가족성원들을 적절한 방법으로 함께 연결시켜 유사하게 다른 가족성원들에게 대항하기 위해 형성된 부절한 세대 간의 동맹관계를 끊는 것과 연결하는 것, 그리고 성장을 위해 형성된 동맹관계를 지지하는 것은 필수적이다. 이러한 전략을 활용하면 가족들은 다르게 행동하는 것을 시작할 수 있다.

4. 직면과 해석

직면은 치료자가 가족들의 자기방어기제나 역기능적인 요인들인 자기 정당화를 위한 합리화와 비언어적인 메시지와의 모순들을 지적해서 암시해 주는 것으로 가족들의 행동이나 문제방식을 통찰할 수 있도록 한다. 그러므로 "치료자와 내담자의 관계가 적절한 충격과 완충상태를 제공해 줄 수 있는 것으로 발전한 후에 직면을 사용하는 것이 치료적으로 가치가 있을 것이다. 이러한 배려가 결여된 채 근거 없이 사용되는 직면은 가족에게 상처만 주게 된다. 따라서 직면은 적절한 시기에 사용하는 것이 중요하다. 아무리 중립적 입장에서 직면을 시키더라도 가족은 치료자가 누군가의 편에 서 있다고 지각하기 쉽고 상처를 받아 방어적인 태도로 바뀌는 경우가 있다. 또한 직면은 치료자가 상황을 지각한 뒤 적절한 방식으로 사용해야 효과적이다. 일반적으로 직면하게 되는 문제가 덜 심각하다면 직접적인 방법을 사용하며, 그것이 가진 유해 요소가 너무 많다고 생각될 때는 농담이나 은유와 같은 간접적인 방법을 사용하게 된다. 가족이 의식하지 못하는 좌절, 분노, 짜증과 같은 감정을 겉으로 표현한다면, 가족은 적대감을 느끼게 되며 치료에 오지 않을 수 있다. 그러므로 공격적이지 않은 직면이 보다 효과적이다. 이는 가족을 돕겠다는 가족치료자의 의도를 담고 있어서 공격적인 직면과는 큰 차이가 있다."[29]

그러므로 치료자는 다음과 같이 몇 가지 원칙을 가지고 직면할 것을 권하고 있다.[30] ① 가족원 가운데 상투적인 어구와 정적이고

---

29) 김유숙, 『가족치료 이론과 실제』, 295.
30) 김혜숙, 『가족치료 이론과 기법』, 287~88.

그럴듯한 자기 위주의 방식에 도전한다. ② 가족원의 일상적이고 외부적이며 중요하지 않은 주제나 태도로 말다툼하는 일을 중단시킨다. 치료자는 중개자로 보다 가족들이 정직하고 의미 있는 직접적인 의사소통을 할 수 있도록 도모한다. 치료자는 가족들의 기분, 표정, 자세, 제스처에서 나타나는 비언어적인 메시지의 의미를 가족원들에게 정면으로 직면시킨다. ③ 가족원들의 상호작용에서 자기와 타인에 대한 불신감, 왜곡된 인식, 처벌에 대한 위협, 과잉적인 반응 등을 내담자의 부정적인 경험에 의해서 유래된 것들임을 해석해 주므로 자신의 현재 행동에 대한 이해와 통찰을 돕는다. ④ 가족원들의 갈등 가운데 강한 죄책감, 강한 두려움으로 부적절한 반응이 나타난 것들을 치료자는 정서적인 지지나 안정감으로 대치해 주면서 과거의 미해결된 문제들을 가족들이 경험할 수 있도록 해 준다. ⑤ 치료자의 가족에 대한 관심과 솔직성, 공정성, 지지적인 태도, 객관적인 자세 등은 가족들의 부정적이고 경쟁적인 태도를 최소화시킬 수 있고 적절한 태도, 정서와 이미지를 심어줄 수 있다.

5. 게슈탈트 기법 활용

가족치료에서 치료자는 가족들의 문제의 재구조화를 위하여 체계론적이고, 총체적인 접근법으로 '게슈탈트 기법(gestalt therapy)'[31]을

31) 게슈탈트 치료(Gestalt therapy)는 프리츠 펄스(Fritz Perls)가 1950년대에 개발한 심리치료 기법으로서 개체가 대상을 지각할 때 그것들을 산만한 부분들의 결합이 아니라 하나의 의미 있는 전체, 즉 게슈탈트(gestalt)로 조직하여 지각한다는 이론이다. 게슈탈트 치료는 인간이 어떤 대상을 지각할 때 관심 있는 부분은 지각의 중심부분에 떠오르고, 나머지는 부분은 배경으로 물러난다. 개체가 전경으로 떠올렸던 게슈

적절하게 적용하므로 가족들의 체험과 경험을 나누는 장을 마련할 수 있다. 가족들에게 '가족조각'이나 '빈 의자 기법', '가족역할극', '가족을 그림으로 나타내는 동적 가족화', '가족 세우기'들은 가족들이 직접 참여함으로써 해결의 실마리를 찾을 수 있고 강한 체험으로 인식의 틀을 깰 수 있는 강력한 치료적 도구가 될 수 있다. 치료자는 가족들과 먼저 신뢰를 형성하고 대화로 게슈탈트 기법들에 관한 기본적인 절차나 지식들, 유익한 점들을 설명해 주고 치료자가 직접 간단한 시범들을 보여주면서 가족들에게 자연스러운 참여를 유도할 수 있다. 가족역할극은 가족들이 직접 참여할 수 있도록 각본과 연출과 역할을 부여하여 실제적인 문제 상황을 연출해 보도록 할 수 있고, 또는 가족에게 자아의 실제적인 모습과 이상적인 모습을 연출해 보도록 할 수 있다. 가족들이 자신들의 문제를 연극하는 광경을 직접 관찰할 수 있는 간접 체험방식도 가능하다.

게슈탈트 치료의 제1차적 목표는 외부에 투사(projection)되거나 자신의 내부에서 격리되어 자신의 것으로 지각되고 통합되지 못한 에너지 혹은 감정을 자각, 의식하고 나아가 이들을 통합하는 데 있다. 이러한 내적 에너지를 통합하지 못할 경우 이들 외부에 투사되거나 억압해 버림으로써 자신의 에너지를 창조적으로 사용하지 못하고 파괴적으로 될 가능성이 있는 것이다. 흔히 신경증 환자들이

탈트가 해소되고 나면 이는 배경으로 사라진다. 전경과 배경이 자연스럽게 교체되지 못하는 상태를 미해결사태라고 하는데 이것이 유기체의 심리적•신체적 장애의 원인된다는 것이다. 게슈탈트 심리치료의 주요 이론적 배경으로는 현상학적 입장(phenomenology), 장이론(field theory), 대화관계 (I–thou relation) 등을 들 수 있으며, 방법론적 특징으로는 '지금 여기' 의 현상적 경험, 알아차림과 접촉, 신체현상과 비언어적 표현에 대한 주목, 과정적 접근(process approach), 빈 의자 기법, 실험 등으로 자각연습(awareness), 자기표현연습(self expression), 공감연습(empathy), 이야기하기(story telling), 대화 나누기(dialog), 미술치료(art therapy), 음악치료(music therapy), 연극치료(drama therapy), 이미지 영상(guided imagery) 등을 들 수 있다(연문희 · 강진령, 『학교 상담』 (서울: 양서원, 2002: 225)).

갖는 네 가지 경계선장애로 투사, 투입(내사), 반적, 융합을 들고 있다. 게슈탈트 치료에서는 이것을 원래대로 재배치하여 다시 소유하는 것을 치료목표로 삼고 있다.

또한 게슈탈트 치료의 제2차적인 목표(혹은 최종목표)는 개체로 하여금 실존적인 삶을 통해 성숙한 인간이 되도록 도와주는 것이다. 펄즈는 치료의 궁극적인 목표가 "그 자체의 발달을 촉진시키는 충분한 양의 통합을 성취하는 것"이라고 보았다. 게슈탈트 치료에서 추구하는 제1차적인 목표인 내적 에너지의 통합은 개체로 하여금 더 이상 외부에 의존하지 않고 스스로 자립(self-support)할 수 있게 해주고 상황에서 기계적으로 정형화된 행동을 하는 대신 실존적으로 깨어 있어 자신의 존재는 물론 타인의 존재와 사물을 있는 모습 그대로 바라보게 해 주어 삶에 능동적으로 대처하며 창조적으로 살 수 있게 해 준다. 그 결과 개체는 자신의 내적 자원을 신뢰할 수 있으므로 더 이상 외부환경에 의존하지 않고 스스로 정한 방향으로 성장해 나갈 수 있다. 이때 개체는 유기체의 순수한 자연적인 욕구에 따라 살므로 더 이상 자신으로부터 소외되지 않고 자신과 하나가 되어 살게 되며 삶을 긍정적으로 보고 감사하며 살 수 있게 된다.

이와 같이 게슈탈트 치료의 목표는 내담자(Client)의 굳은 성격구조를 깨트려 부수고 방어를 해제하고 새로운 변화를 가져오는 것이다. 실험적인 방법을 서서 클라이언트의 방어의 약한 부분을 공격한다. 그리고 클라이언트가 스스로 새로운 사고를 하도록 이끌어 준다. 게슈탈트치료는 사람들 사이에 실존적인 참 만남을 통하여 개체가 다음과 같이 되도록 돕는 데 목표가 있다고 한다. ① 자신에 대한 의식을 넓히고 자신의 감정, 신체, 그리고 환경에 대한 지각을 확장하고, ② 자신의 체험을 투사하지 않고 받아들이는 법을 배우며, ③ 다른 사람에게 상처를 입히지 않으면서 자신의 욕구를 해소하는 기술을 익히고, ④ 자신의 모든 감각과 감정을 지각하고 접촉하는 법을 배우며, ⑤ 타인을 비난하거나 책임전가하고 죄의식을 유발하여 자신에게 유리하게 이용하려는 자세를 버리고 스스로 독립하여 자기 지지를 할 수 있게 하고, ⑥ 주위에 함몰되지 않으면서 주위에서 일어나는 사건을 수용할 수 있는 감수성을 기르며, ⑦ 자신의 행동에 대해 책임을 지는 자세와 능력을 키우고, ⑧ 자신의 환경 세계에 대해 지각하고 표현하는 데 어려움을 느끼지 않는 사람이 되도록 돕는 것이다.[32]

6. 가족의 위기 개입

가족들은 많은 스트레스에 노출되어 있고 가족의 가치관이나 행동양식에 의한 갈등과 긴장들은 상대적이며 이러한 갈등과 긴장을 어떻게 받아들이고 어떤 식으로 처리하는지는 가족의 기능과 관련되어 있다. 가족의 위기(family crisis)를 어떤 사건 발생에 대한 가족이 가지는 위기 대응능력과 가족에 따른 사건에 대한 의미규정이라고 본다. 부부의 상호작용에서 발생할 수 있는 긴장과 갈등이 대립에서 적대적인 관계로 폭언과 폭력으로 이르게 하는 것은 부부들의

32) 연문희・강진령, 『학교상담: 21세기 학생 생활지도』 (서울: 양서원, 2002), 225~28.

문제처리 능력 여하에 따라서 크게 확대되어질 수 있다. 두벨(Duvall E. M.)은 가족의 발달 과제에서도 가족들이 긴장과 갈등을 잘 처리하면 그 경험과 학습으로 또 다른 문제처리 능력을 높이고 반대로 갈등 문제를 잘 해결하지 못하면 처리능력이 낮아진다는 상호연관성을 설명한다. 가족에서도 후자 쪽은 부부의 문제가 문제처리능력의 한계를 넘어서 가족해체, 이혼, 자살, 타살 같은 병리적인 실상으로 확대되어 나타난다. 가족들의 위기개입에는 병리를 실제적으로 조절할 수 있는 부부의 상호작용에 대한 개입으로 상호작용에 대한 양상과 그것들을 둘러싼 여러 조건들에 대한 개인의 통찰을 통하여 긍정적인 상호작용이 이루어지도록 원조하는 것이 바람직하다.[33] 가족들은 자녀의 출산이나 학교 입학, 이직, 이사, 노령화와 같이 예측 가능한 스트레스보다는 예측할 수 없는 가족의 사건이나 주기가 혼란을 가져다준다. 가장의 죽음, 이혼, 실직은 더 많은 가족 고통과 심리적으로 어려움을 초래하게 한다. 가족의 문제 가운데 가장 먼저 당면한 실질적인 스트레스 문제를 다루는 것이 중요하다. 가족원의 상실에 대한 대처, 경제적인 원조를 위한 방법, 이혼 후의 문제에 대한 대처 등이 될 수 있다. 실제적인 가족들의 문제 가운데는 스트레스 다루는 방식에 관여하는 것도 중요한 개입이 된다. 불안이나 초조, 긴장, 우울이나 슬픔의 감정들을 억압해 버리거나 부정해 버리지 않았는지의 부적절한 처리방식이 또 다른 문제를 불러일으키기 때문이다.

치료자의 개입전략으로 치료자의 역할은 처음 가족들과 대면에서

33) Duvall E. M., *Marriage & Family Development*, (5th ed) (New York : L. B. Lippincott Co., 1977), 416.

부터 시작되며 상황에 따라서 어떤 말과 행동방식이 적절한지 더욱 효과적인지 항상 연구와 경험을 쌓아야 한다. 치료자는 개입전략에서 때로는 감정이입과 공감적으로, 때로는 객관적인 관찰자로, 때로는 적극적인 참여자로 다양한 역할들이 요구된다. 유능하고 경험이 풍부한 치료자는 다양한 역할들을 자유자재로 소화해내고 어떠한 경우에도 자기방어기제를 활용하지 않는다. 치료자는 내담자의 무의식과정의 자기 수정적 성질을 최대한으로 활용한다는 점이다. 치료자는 마치 행하지 않음의 행함으로써 내담자의 자기수정의 원리로 스스로 조직화되고 구조화되도록 돕는 것이다. 다음은 치료 전략에 있어 치료과정에서 치료자들의 역할에 대하여 가족치료학자 김혜숙은 12가지로 요약하여 제시하였다.[34)]

① 치료자는 가족들의 행동방식, 상호관계, 가족의 역할에 대하여 언어적 비언어적 메시지를 순간적으로 잘 관찰해야 한다.

② 치료자는 가족들이 서로 호소하는 의미를 주의 깊게 관찰한다.

③ 치료자는 가족들이 두려워하고 방해하는 것, 가족들의 깊은 정서, 공포, 불신과 절망, 괴로움, 양심의 가책들을 파악하고 평가한다.

④ 치료자는 가족들이 불안에 대하여 사용하는 방어기제의 상호작용 과정을 통해 가족의 장애, 정신적 불안의 중요한 연관성들을 평가한다.

⑤ 치료자는 가족의 사정에 대한 평가로 자신의 훈련된 통찰을 사용한다. 사정에 의한 진단적 가설을 치료자가 증명해 보이는 과정을 갖는다.

---

34) 김혜숙, 『가족치료 이론과 기법』, 417~18.

⑥ 치료자는 가족의 감추어진 허울과 깊은 정서적 감정, 갈등, 두려움을 부정하고 숨기는 복잡한 패턴을 하나하나 깨고 들어간다. 치료자는 가족들의 방어기제로 나타나는 부정, 전치, 합리화 같은 가장된 것들이 벗겨지면서 좀 더 분명하고 근본적인 갈등들이 드러나며 치료자는 촉매자로 개인의 내면적인 갈등을 대인관계 수준의 갈등으로 더욱 끌어올린다.

⑦ 치료자는 가족과 함께 갈등과 극복해야 할 것들의 흐름을 감안하면서 치료자는 직면과 해석을 자유자재로 사용한다. 치료자는 방어와 역기능적인 패턴을 파헤치며 보다 건강하고 기능적인 것들로 대치할 수 있도록 조장한다.

⑧ 치료자는 안정감, 정서적인 지지, 수용, 이해, 가치 확인, 가족들의 정서적 욕구에 만족을 제공하며 갈등을 해결하고자 가족들이 서로 타협을 찾을 수 있도록 상호작용의 촉매자 역할을 한다. 그러므로 치료자는 가족의 욕구를 상호보상으로 충족시키는 변화를 활성화시킨다.

⑨ 치료자는 치료가 진행됨에 따라 긴장과 위험이 고조될 수 있다는 것을 예상한다. 가족들은 조절능력 상실로 오는 위협을 경험하며 혼란을 초래할 분노를 표현할 수 있도록 치료자는 돌파구를 찾아야 한다. 치료자는 안정되고 확고한 심정으로 가족혼란에 대한 안심을 제공해야 한다.

⑩ 치료자는 가족들의 변화에 대한 동기나 의지에 강한 지지와 칭찬으로 보상을 하면 더욱더 변화를 초래하는 자극이 될 수 있다. 칭찬과 지지는 가족구성원 개개인에게 구체적으로 하는 것이 더 효

과가 있다.

⑪ 치료자는 내담자의 양극성을 통합할 수 있도록 한다. 내담자가 지나친 의존성을 나타내면 독립성을 가르쳐주고 지나친 독립성을 나타내면 의존성을 보여준다. 가족들이 지나치게 대칭성 관계를 보이면 상보성을 보여주고, 지나친 상보성 관계에서는 대칭성 관계를 보여준다. 가족규칙이 너무 경직되고 폐쇄적이면 융통성 있는 규칙을 보여주고 너무 불분명한 경계에서는 분명하고 명확한 경계선을 가르쳐준다.

⑫ 치료자는 가족생활주기에 따른 가족들의 발달적 과제를 잘 이행할 수 있도록 부모역할에 대한 개입을 교육으로 할 수 있다. 부모들의 잘못된 가치나 일방적이고 강제적인 태도는 자녀를 더욱 반항적으로 만들 수 있다는 것을 알고 부모의 태도와 방식이 변해야 하는 부모역할 훈련(PET)에 대한 교육적 역할을 한다.

7. 피드백의 기법

피드백(feedback)은 어떤 일로 인해 일어난 결과가 다시 원인에 영향을 미치는 자동 제어 원리이다. 증가된 출력을 더 증가시키는 긍정 피드백(positive feedback)과 증가된 출력을 감소시켜 다시 안정한 상태로 되돌리는 부정 피드백(negative feedback)으로 나눌 수 있다. 내담자는 자기가 실천하고 있는 프로그램 진행 상황에 대해서 더 많은 정보를 얻는다면 그 프로그램 실천에 더욱 열심을 내게 된다. 이러한 행동 원리에 근거해서 피드백의 기술이 내담자의 프로그램 실천을 촉진한다. 피드백은 현재 실천 중에 있는 프로그램이 얼마나 계획대로 잘 실천되고 있는가에 관한 정보를 제공하는 것이다. 이것은 프로그램 실천에 대한 판단이나 비난이 아니라 격려요, 조정이다. 피드백은 프로그램을 실천하는 내담자에게 삼중의 효과가 있다. 첫째는 피드백은 내담자가 목표를 향해 성공적으로 프로그램 단계를 진행시키고 있는지 확인시켜 준다. 둘째는 피드백은 내담자가 곁길로 빠져갈 때 그 정보를 제공해 주므로 다시 본 궤도로 돌아오게 교정해 주는 효과가 있다. 셋째는 피드백은 내담자에게 동기를 부여하여 프로그램 실천에 활력을 준다.

따라서 피드백은 샌드위치 기술을 사용할 때에 효과적이다. 샌드위치는 빵의 첫 조각, 가운데 속, 빵의 두 번째 조각으로 되어 있다. 특히 빵 두 조각의 사이에 들어가는 속은 방 조각으로 양편에서 감싸주지 않으면 흘러 버릴 것이다. 이러한 원리로 내담자에게 피드백을 준다. 빵의 첫 조각은 내담자가 잘하고 있는 것에 대한 격려와 강화이다. 빵의 속은 잘못하고 있는 것에 대한 구체적인 언급과 개선을 위한 상세한 제안이다. 빵의 두 번째 조각은 내담자를 강화시키는 기술을 활용하여 더욱 자신감과 용기를 가지고 프로그램을 진행하도록 돕는 것이다. 이렇게 보면 지금 개선해야 될 점을 분명히 지적하고 교정 방법을 상세히 제안하면서도 이것은 격려, 강화, 칭찬 등으로 감싸져 있어야만 된다는 것이다. 상담관계에서 피드백의 자원은 내담자 자신 속에 있을 수도 있고 상담자에게 있을 수도 있고 내담자의 이웃과 사회에 있을 수도 있다. 유능한 상담자는 그 자원의 소재를 파악하여 내담자에게 동기를 부여하고 새로운 암시를 주면서 프로그램 진행을 촉진시킬 것이다.[35)]

이 밖에도 첫 면담에서 래포(rapport)가 형성되어 개입단계에 들어서면 치료자는 가족원들이 자신을 표현하고 서로 상대방을 이해하도록 돕는다. 만일 치료자가 상담과정에서 지나치게 적극적인 역할을 하게 되면, 치료자를 통하여 모든 대화를 하게 되므로 가족성원들은 서로를 대하는 방법을 배우지 못할 수도 있다. 따라서 개입 단계에서는 치료자가 덜 적극적인 역할을 하여 가족성원들이 서로 이야기하고 상호작용하도록 격려하도록 하는 것이 중요하다. 치료자는 가족성원이 비난하는 대화방식이 아니라 자신이 느끼는 것과 원하는 것을 상대방에게 직접적인 대화를 통해서 솔직하게 표현하는 의사방식을 하도록 격려하여야 한다. 이 단계에서 치료자는 가족성원과 가족을 변화시키기 위한 기법으로 주변적인 가족성원 참여시키기, 가족원들을 연결하기, 교환관계 향상시키기, 가족체계 내의 특정변화 강조하기, 가족원들이 새로운 행동을 시도하도록 강화시키기, 치료자로서 적극성 유지하기, 가족을 적절한 외부체계와 연결시키기, 과정에 초점 두기, 적절한 때 유머 사용하기, 그리고 가족 내에서 변화단서 찾기 등은 개입단계에서 가족과 치료자들이 함께 치료적인 연합을 이루어 갈 필요가 있다.[36)]

---

35) 가족사정의 결과는 가족에게 피드백 되는데, 어떻게 피드백되는가 하는 형식은 사례의 성질과 가족치료자의 이론적 방향에 따라 좌우된다. 그러나 사정의 결과를 단순하게 가족에게 설명하는 것만으로 충분하지 않다는 점에 많은 가족치료자는 공감한다. 가족치료자는 그들의 문제를 어떻게 이해하는가를 아는 것에 그치지 말고 그것을 변화에 연결시키지 않으면 안 된다. 따라서 피드백에는 가족치료자가 판단한 필요한 검토 사항이나 사정의 항목이 포함될 필요가 있고 치료가 필요한지의 여부, 필요하다면 어떤 형태의 치료를 해야 하는지를 언급하지 않으면 안 된다.

36) 이영분 외, 『가족치료 모델과 사례』, 122~27.

14장

가족치료의 종결단계

가족치료 과정에서 가족과 치료자 혹은 양쪽 모두가 치료를 종결할 때라고 동의하는 시점에 도달하게 되면 다음과 같은 경우에 종결하게 된다. 첫째는 치료 초기에 설정한 목표가 달성된 경우이다. 둘째는 최초에 설정한 치료목표가 충분히 달성되지는 않았지만, 치료가 더 이상 필요하지 않을 정도로 가족관계가 변했거나 더 이상 외부로부터 지원이 필요하지 않다고 판단되는 경우이다. 셋째는 치료자가 문제를 해결하려고 노력했는데도 불구하고 치료효과가 없는 경우이다. 넷째는 가족치료에 대한 동기가 상실되었거나 결여되었을 경우이다.[37)]

이와 같이 가족치료의 종결은 종결에 대한 계약이 완료되고 문제증상에 대한 치료목표가 달성되었다고 가족이나 치료자가 합의하면 종결을 할 수 있다. 그러나 치료기간이 끝나가도 문제해결에 대한 종결이 보이지 않고 발전이 없으면 처음부터 치료목표가 적절한 것

37) 김유숙, 『가족상담』, 323~24.

이 없는지 치료에 대한 검토를 해 보아야 한다. 가족들은 처음부터 치료과정의 종결을 알고 치료에 임하게 되면 기간의 한정과 제약이 있다는 것에 더 적극적으로 임할 수 있다. 치료가 마무리되는 시점이 가족들의 변화과정과 상태에 따라서 더 빠르게 종결될 수 있다는 것도 시사해 준다. 그리고 치료종결을 가족과 계약상으로 합의한 것이지만 가족들이 치료를 더 연장하고자 할 때는 계약을 연장할 수 있는 방법을 알려주고, 가족들이 충분히 잘해낼 수 있다고 확신을 준다. 치료의 종결과정은 다음과 같이 몇 가지 과정을 거치는데 치료종결 암시, 치료종결 계약, 치료내용 요약, 장기적 목표 나누기,[38] 그리고 추후 면담 등을 포함한다.

1. 치료종결 암시

가족치료의 초점은 가족들이 실행해 왔지만 효과적이지 않았던 것에 맞추어져 있다. 그러므로 치료종결은 가족성원들이 배운 바를 돌아보고 견고하게 하는 데 있다. 만일 종결이 여유롭게 계획되고 체계적인 방법으로 이루어진다면 가족과 치료자는 더 많은 혜택을 얻게 될 것이다. 치료자가 치료종결이 다가오면 가족들이 스스로 잘 극복할 수 있는 시간을 주기 위하여 면담 회기의 빈도를 줄이는 것으로 2주일에 한 번에서 한 달에 한 번으로 늘릴 수 있다. 이것은 일정 기간에 걸쳐 비공식으로나 공식적으로 이루어질 수 있다. 그리고

38) 김혜숙, 『가족치료 이론과 기법』, 419~22.

치료종결이 가까워지면 미리 가족들에게 암시를 해주는 것도 바람직하다. 예정된 치료면담이 다 되어가고 있고 치료목표가 만족할 만하게 이루어져 가고 있다고 예시해 준다. 만일 여유를 가지고 종결을 세심하게 진행하다면 가족과 가족성원들이 치료기간을 통하여 성장하고 발전했다는 것을 깨닫도록 돕는다. 또한 그러한 과정은 가족과 가족성원들이 자신들의 감정, 생각, 행동, 실패 그리고 성취감을 인정하도록 돕는다.

2. 치료종결 계약

가족치료에서 상담시간이 한정된 계약이라면 가족은 상담을 시작하는 시점에서 종결을 준비하기도 하지만, 어떤 상담자는 상담을 시작할 때 계약이 만료되는 시점에서 재계약이 가능하다는 점을 알리는 경우도 있다. 유연한 방법은 선택의 자유가 온다는 이점이 있지만 처음부터 시간한정에 대한 계약을 갱신할 수 있다고 언급하면 중요한 부분이 흔들릴 수 있는 부정적인 부분도 있다. 가족과 상담 종결 시기에 대한 합의가 있더라도 치료자는 가족이 연장을 원할 경우에는 계획에 유연성을 가지는 것이 바람직하다. 종결방법은 가족에게 그 이상의 계약 연장은 필요하지 않다는 확신을 주는 경우와 몇 회의 상담을 추가로 실시하는 경우, 그리고 또 다른 상담을 제안하는 경우이다. 만일 상담계약 기간이 만료되었는데도 계속하기를 원하면 그 시점에서 상담에 대한 평가를 하는 것이 중요하다. 상담 초기에 시간한정을 하지 않은 경우라면 종결과정 조정이 더욱 필요하다. 한정된 계약을 한 가족은 처음부터 상담이 언제 끝날 것인가를 알고 종결에 대한 준비를 한다. 그러나 한정된 횟수가 언급되지 않은 계약을 한 경우는 어느 시점에 도달하면 실제로 종결이 이루어지기 전에 그것에 관련된 문제에 대해 서로 논의되어야 한다.

3. 치료내용 요약

가족이 치료가 끝날 것이라는 사실을 알게 된 후에 가족치료자는 가족과 함께 회기 동안에 발생한 것들을 검토한다. 가족치료자는 가족들과 함께 치료과정 동안 있었던 흥미진진한 일이나 변화된 과정이나 과제에 대한 평가나 가족들의 변화된 모습이나 사고 행동방식들을 다시 한 번 되돌아볼 수 있도록 요약해서 정리해 준다. 이 과정은 치료자를 유일한 요약자로 세울 수도 있으며, 치료자와 가족이 자신의 시간과 경험을 함께 요약하는 동등한 책임을 가질 수도 있다.

4. 장기적 목표 나누기

장기적인 목적에 대한 논의는 잠재적으로 문제가 될 상황들을 예상하고 피하거나 수정할 수 있게 하기 위해여 종결하는 동안에 가족이 도움을 받을 수 있는 수단이다.[39] 가족들은 처음 원하는 대로 목표에 도달했는지 어떻게 알 수 있는지 서로 이야기하도록 한다. 치료는 끝이 아니라 지속적으로 유지해야 하는 가족들의 성장이며 발전이라는 것과 앞으로의 어려움을 어떤 식으로 극복할 수 있을지에 대해서도 이야기를 나눈다. 가족들의 긍정적인 자원과 대처방식들에 관해서도 서로 이야기한다.

5. 추후 면담

추후 면담은 치료효과가 지속되고 있는지를 확인하는 과정이다. 또한 추후 면담의 이면에는 가족치료가 끝없는 과정이라는 사실을 말한다. 종결 후 추후 면담은 2개월 후 또는 3개월 후 치료효과의 지속성을 확인하는 것으로 치료자의 궁금증을 해소할 수 있다. 가족들이 얼마나 진전을 보이며 잘 지내고 있는지 전화나 편지 또는 면담으로 접촉할 수 있다. 추후 면담은 치료자와 가족이 공식적인 일을 마친 후에도 오랫동안 지속된다. 이 전체는 치료와 종결은 '열린 가능성을 가지고 종결된다'고 본다. 즉, 가족은 치료로 돌아와야 할 필요가 있을 수 있다는 것이다.[40] 어떤 가족들은 누군가가 자신들의 진척 상황을 점검할 것이라는 것을 알게 될 때 시간이 지남에 따라 더 잘하기 때문에 추후 면담이 필요하다. 근본적으로 추후 면담은 역설이다. 그것은 가족치료에 있어서 마지막 단계이지만 가족치료

39) 이영분 외, 『가족치료 모델과 사례』, 128.
40) Nichols W. C., & Everett,, *Systemic Family Therapy: An Integrative approach*; 이영분 외, 『가족치료』 (서울: 학지사, 2008), 128.

에 더 실시하게 할 수도 있을 것이다. 그리고 추후 면담이 이루어진다면 추후 면담이 가족원들로 하여금 새로운 행동을 계속할 수 있도록 동기화시킬 수 있다.

지금까지 크리스천가족상담을 위한 통합적 가족치료의 단계와 기법에 대해 초기단계, 개입단계, 그리고 종결단계로 나누어 논의하였다. 이상에서 살펴본 바와 같이 체계적 통합의 가족치료 이론은 개인중심에서 다루지 못한 문제 영역을 충분히 다루어 사람들의 요구나 문제해결을 위해 다중적 측면에서 크리스천가족치료 이론으로 적용 가능성에 토대를 놓으려고 시도한 것이라고 할 수 있다.

15장

가족평가법

가족 평가에 대하여 두 가지 이론적 견해가 있다. 하나는 완전히 심리학적 입장으로서 인본주의적, 인지적, 행동주의적 입장이 있다. 이러한 입장은 가족을 설명하거나 치료적으로 중재함에 있어서 전체로서의 가족보다 가족원 개개인을 중요시 하는 입장이다. 또 하나는 가족체계론적 입장에서는 가족구성원 개개인이 가족 내의 다른 구성원들에게 영향을 미치고 또한 영향을 받는다는 것이다. 전자는 심리학적 입장으로 개인이 가족원에게 미치는 영향력을 강조하고 있고, 후자는 가족 체계론적 입장으로 한 가족으로서의 가족 행동을 강조한다. 두 견해 모두 적절한 견해로 볼 수 있는데, 개인은 친밀하고 상호의존적인 관계로부터 영향을 받는 동시에 관계에 영향을 미치는 존재인 것이다. 이론적으로 가족 평가에 대한 심리학적 접근방식은 가족구성원 개개인을 강조하는데, 개인이 가족에게 미치는 영향은 양방향적일 수도 있고, 다방향적일 수도 있다. 가족체계론적 입장 또는 사회학적 입장에서는 개인의 성격요인을 중요시하지 않고 가족에 미치는 개인의 영향력을 강조하지 않는다. 이 입장에서는 가족 간의 교류를 중요시 한다. 이에 비해 심리학적 입장에서는 전 가족에게 미치는 개인의 영향력을 중요시한다. 체계론적 접근은 가족 기능이나 역기능에 미치는 영향력이 가족구성원들 모두에 있어서 동일하다고 인식하지만, 심리학적 입장에서는 가족 기능에 미치는 개개인의 영향력이 차이가 있음을 인식하는 것이 중요함을 강조한다. 이와 같은 입장에 따라 가족 평가는 체계론적 관점의 가족구성원간의 상호 관련성을 부인하지 않으면서 심리학적 입장의 가족 개개인의 관련성을 강조하므로 예방적으로나 치료적으로 매우 중요한 기초가 되는 것이다.

1. 가족평가의 근거

가족치료에서 가족을 평가하는 여러 가지 이유가 있다. 그것은 몇 가지 작업을 위한 기초적 자료를 제공한다. 첫째는 변화의 정도, 방향 혹은 결손된 부분을 측정함으로써 치료 진전을 평가하며 적절한 치료계획 및 구체적인 치료 전략 세우기, 중재의 효과 혹은 중재의 실패의 원인을 설명하기 위해서이다.

둘째는 기능-역기능의 연속선상에서 다른 방법으로는 식별할 수 없는 가족양식을 발견하고 이를 바탕으로 치료자가 가족을 치료할 것인지 아니면 다른 치료기관으로 의뢰를 할 것인지를 판단할 수 있게 하기 위함이다.

셋째는 주관적인 인상에 객관적인 정보를 추가함으로써 위험한 치료자의 편견을 피할 수 있도록 치료자의 주관적인 인상을 수정한다거나 아니면 지지하기 위함이다.

넷째는 다른 이론적 입장 및 치료 기법의 치료적 효과를 비교해 봄으로써 치료 효과에 대한 피드백을 받아보고 치료적 실제를 변화시키기 위함이다.

다섯째는 평가를 치료의 전제조건으로 제시함으로써, 평가가 치료의 한 부분임을 인식시키기 위함이다.[41)]

따라서 가족평가에서 가장 중요한 기능은 치료 후 변화가 있는지를 비교할 수 있는 초기 기저선을 설정하는 것이다. 만약 치료 출발선에서 기저선에 대한 평가가 이루어지지 않는다면, 치료적 중재를 통해 향상이 있었는지 혹은 더 나빠졌는지를 어떻게 알 수 있겠는가? 환자나 가족들에 의한 자기보고서는 치료과정에서 변화가 있었는지를 평가하는 하나의 방법일 수 있지만, 변화를 평가하는 기준으로 자기보고서를 수용할 수 있는지에 대해서는 어려움이 있다. 왜냐하면 객관적으로 평가되는 변화와 내담자나 가족이 주관적으로 느끼는 만족감은 별개의 문제일 수 있기 때문이다. 즉, 주관적으로 만족을 한다고 해서 객관적인 평가에서 변화가 입증될 수 있는 것은 아니다. 실제로 두 가지 변화지표는 일반적으로 관계가 없다. 자기보고서는 치료자와 가족 모두에게 객관적인 변화 평가 지표와 더불어 가외적인 평가로 받아들여져야 한다. 변화의 측정은 물론 다각적일 필요가 있다. 즉, 삼각측정법이라 부르는 과정으로 가족기능과

---

41) L'Abate L. & Bagarozzi, D. A., *Sourcebook for marriage and Family Evaluation* (New York: Brunner & Mazel, 1993), 101.

역기능을 다른 차원에서 다양하게 측정할 필요가 있는 것이다.[42] 다른 말로 하면 기저선은 다양하고 중복되지 않는 측정법 즉, 종합검사로 구성되어야 한다는 것이다.

평가의 두 번째 기능은 적절한 치료에 초점을 두고자 하는 것이다. 전통적으로 평가를 하는 이유는 치료를 계획하는 데 도움이 되도록 하고자 함이었다. 그러나 개인이든, 부부나 가족, 그룹이든 간에 치료가 구체적이지 않는다면, 평가가 어떻게 치료와 연결이 되겠는가? 치료가 치료자에 따라서 다르고, 심지어는 동일한 치료자에서도 다르다면 어떻게 치료에 대한 처방을 내릴 수 있겠는가? 더욱이 정신치료과정에서의 대부분의 중재가 언어를 바탕으로 하고 있는데, 진료실 안에서 치료자가 한 말이 실제로 말하고 행한 것과 관계가 있다는 것을 어떻게 확신할 수 있을 것인가?[43] 치료가 다양한 치료자들에게도 적용이 가능한 것인지, 여러 문제들과 다양한 증상들에 대해 적용이 가능한 것인지를 검증하기 위해서는 치료자들을 바탕으로 하여 구성되고 평가되어야 한다.

2. 가족평가의 분류

가족평가는 여러 도구들 가운데 어떤 도구를 선택해야 하는가? 얼마나 많은 평가 방법을 선택해야 하는가? 가족평가의 필요한 도구가 무엇인지를 찾아보고, 가족생활 관련 평가 분야에서 사용 가능

42) L'Abate L. & Bagarozzi, D. A., 102.
43) L'Abate L. & Bagarozzi, D. A., 103~05.

한 많은 도구들을 점검함으로써 가족 평가들을 분류해 보고자 하는 것이었다. 가족평가자가 갖고 있는 평가의 목적과 역점에 적절하고 평가를 받는 가족에게도 가장 유익한 검사가 어떤 검사인지를 선별할 수 있는 기준과 틀이 제시되어야 한다.

1) 관심 분야에 따른 분류

가족 평가를 위한 도구들은 평가하는 도구의 특성과 관계없이 관심 분야에 따라 분류할 수 있는데 이러한 분류 방법은 몇몇 가족치료학자들에 의해서 소개되었다. 그들은 부부의 결혼생활, 가족 유형, 장점, 스트레스를 극복하기 위한 전략, 건강 활동, 그리고 만족도를 평가하기 위한 검사 배터리를 개발하였다. 이들은 가족사 전반에 걸쳐서 가족을 평가하고자 하였고, 가족의 응집력과 적응력이라는 두 가지 차원을 바탕으로 가족기능을 평가하는 '서컴플렉스모델(circumflex model)'[44]을 소개하였다. 가족 응집력이란 네 가지 범주에 따라 다양하게 평가될 수 있는데 네 가지 범주는 이탈(disengaged), 분리(separated), 연결(connected), 얽힘(enmeshed) 등이다. 이 평가에 따르면 가족이 공존하고 있는, 공생공사(symbiosis) 특징을 갖고 있는 극단적인 응집상태, 얽힘(enmeshment)으로부터 고립(alienation)이라는 특징을 갖고 있는 또 다른 극단적 응집상태, 이탈(disengaged)에 이르기까지 다양한 가족 응집을 나타내준다. 가족 적응력이란 한쪽 극단인 혼동으로부터 융통성, 구조화를 거쳐서 또 다른 반대 극단인 강

44) 서컴플렉스 모델(circumflex model)이란 Olson이 가족기능에서 응집력과 적응력을 4차원으로 유형화하여 원모양의 모델을 제시하고 있다. 원모양으로 그려지는 가족기능의 모델이라는 의미한다.

직함에 이르기까지 네 가지 범주를 갖고 있으며, 응집력은 가족 내 협상과 문제해결 전략을 나타내준다.[45] 즉, 개인을 고려하지 않은 채 가족을 하나의 전체적인 체계로 평가하는 방법보다는 가족 안에 각 개인을 평가하는 방식이 병행되는 가족 평가가 더 적절하다는 것이다.

2) 평가도구의 특성에 따른 분류

가족평가의 방법을 분류하는 또 다른 방법은 도구의 특성에 따라 이루어진다. 예를 들어 다음과 같이 일곱 가지로 분류될 수 있다.

첫째, 현장방법(Field method)은 가정 관찰법(home observation)인데, 관찰자의 주관적인 인상에 의존하는 방식으로부터 엄격하게 구조화된 방식에 의존하는 다양한 범주의 체크리스트들을 가지고 관찰자가 관찰할 수 있는 차원들을 표시한다.

둘째, 사례 역사(Case histories) 방식은 대부분 면담을 통해 얻을 수 있다. 이는 쉽게 이용할 수 있다는 장점을 갖고 있으며, 이외에도 가족과 관련된 가설을 보다 쉽게 만들어 낼 수 있으며, 기록만 잘하더라도 관찰자의 주관적인 인상—신뢰할 수 없는 주관적이고 임상적인 관찰—에 따르는 잘못된 판단을 피할 수 있다는 장점을 갖고 있다.

셋째, 설문지(Questionnaires)방식은 개방식 질문에 대해 개인이나 가족이 생각나는 대로 자유롭게 응답할 수 있도록 구조화된 질문을

45) L'Abate L. & Bagarozzi, D. A., 108.

갖고 있는데, 이러한 설문방식에 더하여 기본적인 정보를 수집해야 하는 상황에서는 준객관적 방식으로 자료를 얻게 된다. 이 설문지 방식은 서로 다른 목적을 갖고 있는 설문지들이 너무 많아서 어떤 특정한 질문지를 추천한다는 것이 매우 조심스럽다.

넷째, 평점 척도(Rating scales)방식은 가족 특성 및 그 정도를 평가하는 방식으로서 각 영역에 대해 간단하게 체크하는 방식으로 응답을 하기 때문 에 비교적 쉬워서 가족구성원뿐 아니라 다른 평가자-교사, 치료자 등-에 의해서도 사용될 수 있다. 다시 말하지만 특정 도구를 선택하는 문제는 평가 도구를 사용하는 목적에 따라 결정되어야 할 것이다.

다섯째, 객관적 검사(Objective tests)방식은 두 가지 응답 가운데 하나의 응답을 선택한다거나—예 또는 아니요, 맞다 또는 틀리다 등—가장 많이 해당되는 상황으로부터 가장 적게 해당되는 상황에 이르기까지 차이 있는 점수들: 1점 "전혀 그렇지 않다", 2점 "그렇지 않다", 3점 "중간이다", 4점 "그렇다", 5점 "아주 그렇다-"를 매기게 하는 방식이 있다. 이 분야 역시 매우 다양한 자료가 있으므로 검사자 각자가 적절한 검사를 선별해야 할 것이다.

여섯째, 투사적 검사(Projective tests) 방식은 검사자가 어떻게 해석할지를 응답자가 전혀 알지 못한다는 점에서 평가의 목적을 감추는 방식이다. 검사를 받는 피검자 입장에서는 자신이 응답한 내용을 검사자가 어떻게 해석할지를 모른다는 점에서 피검자에게 검사의 목적과 해석이 잘 알려지지 않는다는 의미이다. 투사적 도구 가운데 대표적인 방식은 가족합동 그림그리기, 예술적 생산물, 합일적 주제

통각검사 등이 있다.

일곱째, 통제된 관찰방법(Controlled observation methods)은 문제해결 과제, 상호작용 과정, 그리고 가상적 상호과정과 같이 가족구성원 간의 차이를 나타내주는 구조화된 과제로 구성되어 있다. 특히 역기능적인 가족들은 관찰을 받고 있을 경우 "좋은 인상을 받고" 싶어 하므로, 언어폭력이나 성폭력, 신체폭력과 같이 법적인 문제를 일으킬 수 있는 병리적이거나 병리적 원인이 될 수 있는 언어적 혹은 비언어적 행동은 노출되지 않는 경향이 있다. 따라서 관찰자는 이러한 언어적, 비언어적 폭력 관련 행동을 전혀 관찰할 수 없게 되는 경향이 있다. 따라서 이러한 관찰을 바탕으로 한 평가방식은 매우 현상적이고 외양적인 수준에 머무를 가능성이 있다.[46] 이러한 점에서 이 평가방법은 임상 현장에서 사용 하는데 한계가 있을 수 있음이 고려되어야 할 것이다.

3. 가족평가의 해석

가족평가의 결과를 해석하는 것은 면담 실시, 검사 시행, 검사의 반응 채점을 거치는, 상당한 시간이 걸리는 과정의 결말이다. 또한 이 과정은 고도의 전문적인 책임을 요구한다는 점에서 평가 과정 중 가장 어려운 과정이기도 하다. 왜냐하면 이로 인해 한 가정의 미래가 위태로워질 수도 있기 때문이다. 최종보고서에서 결론으로 제시

---

46) L'Abate L. & Bagarozzi, D. A., 109~10.

되는 것은 검사자의 눈과 귀, 직감과 머리를 통해 가족에 대해 해석된 내용을 바탕으로 하고 있다. 따라서 검사자는 시행한 과제와 검사 종합 테스트(battery)에서 도출된 자료들을 전반적으로 살펴보고, 이러한 자료들을 가족과의 상호작용이나 면담에서 얻었던 인상과 가정들과 연결 지워보는 것이 필요하다. 해석은 너무나 중요한 작업이므로 단순하게 가족에 대해 얻어진 정보들을 체계적으로 자세하게 분석하는 것 이상으로 전문적인 작업이 이루어져야 한다. 분석은 가설, 추론, 결론, 권고 등 네 가지 단계로 이루어진다.

첫째, 가설은 평가 과정에서 어떤 정보가 원래의 가설과 일치하는지, 일치하지 않는지를 살펴서 원래의 가설을 지지하거나 기각하거나, 아니면 원래의 가설로부터 새로운 추론을 끌어내거나 하는 것이 중요하다. 이러한 과정은 3가지 정보의 주요 원천을 바탕으로 이루어지는데, 이러한 과정의 결과, 가족에 대한 삼각형 모양의 결론을 끌어내는 데 도움을 준다.

둘째, 추론은 가설을 지지하고 입증해내기 위해서는 반응과 반응, 패턴과 패턴, 프로파일과 프로파일, 문항과 문항을 서로 비교해보는 힘든 과정을 거쳐야 한다. 이와 같은 과정은 원래 설정된 각 가정들의 지지와 타당성을 받아들일 것인지, 기각할 것인지를 검토하기 위해 각 반응과 문항을 모든 다른 반응과 문항과 비교해 보고 대조 해보는 과정으로 이루어진다.

셋째, 결론은 여러 검사들을 하나씩 검토해가면서 정보의 조각들을 수집하고 부적절하거나 사소한 정보들을 모두 가려내는 데 상당한 시간을 요하며, 세밀한 과정은 검사자로 하여금 가족에 대한 결론은 상당한 정도의 확신을 갖도록 해주고 있다. 이 결론은 해석의 과정에서 수집된 여러 가지 모든 정보들을 걸러낸 후에 남은 내용들이었다. 이 가족은 기능적인가, 그렇지 않은가, 기능적이라면 어떻게 기능하고 있는가? 역기능적이라면 어떻게 기능을 하지 못하고 있는가? 결론에는 가족의 전반적인 기능에 대해, 언급된 증상이나 문제의 특성에 대해, 가족이 증상을 어떤 방식으로 지속해 오고 진행시켜 왔는지, 가족은 환자로 지목된 가족원에게 어떤 영향을 미치고 있는지 등에 관하여 언급한다.

넷째, 권고는 어떤 형식의 개입이나 치료를 권고하기 위해서는 합리적으로 가능한 방법이 무엇인가를 어느 정도 알고 있어야 한다. 다시 말하면 합리적으로 경제적으로 판단했을 때 어떤 개입과 치료 방법들이 가능한가를 검사자는 알고 있어야 한다는 것이다. 가족에게 가장 적절하게 이용될 수 있는 다양한 중재 방안을 살펴보고, 가족이 가지고 있는 특정한 문제에 대해서 가장 적절한 가능한 중재 방안을 모색해야 한다.[47)]

이상과 같은 가족평가의 목적을 세 가지로 나누어 볼 수 있는데, 첫째는 치료자가 가족 가운데 우선적으로 누구와 먼저 상담에서 만나고 개입을 할지 결정하게 한다. 둘째는 치료목표를 분명하게 설정하고 치료 개입을 용의하게 한다. 그리고 셋째는 가족의 변화를 위하여 가족의 자원이나 특성, 그리고 사회적 환경을 통해 가족의 문제를 명료화하는데 목적이 있다고 하였다.[48)]

지금까지 다루었던 가족치료를 위한 가정들(assumptions), 가족치

---

47) L'Abate L. & Bagarozzi, D. A., 110~12.

48) 김혜숙, 『가족치료 이론과 기법』, 2판 (서울: 학지사, 2008), 181.

료를 위한 개념의 틀, 가족치료의 실용적 개념들, 그리고 가족평가에 대한 이해 등은 크리스천가족상담 과정에서 늘 염두에 두어야 할 것이다. 그리하여 크리스천상담자는 상담과정에서 부딪치는 난감한 상황들과 예측하기 어려운 장애물을 예측함으로써 다중적 측면에서 효율적인 상담을 이끌어 갈 수 있을 것이다. 이러한 전제들을 기초로 크리스천가족상담을 위해 다중적 측면에서 가족을 사정하고 평가하여 치료할 수 있는 체계론적 통합(systemic integration)의 가족치료의 단계와 상담기법을 통해 가족구성원을 지원하고 치료개입에 다양한 기법을 시도하여 병리적 가족관계를 치료함으로써 보다 효과적인 가족기능을 회복시키는 데 기여하게 될 것이다.

5부

기독교 가족치료의 실례

16장

성경에 나타난 야곱의 가족

본 장에서는 크리스천가족상담을 위한 체계론적 통합모델에 따른 가족치료이론에 기초한 가족상담의 단계와 기법을 창세기 25~49장에 나타난 '야곱의 가족'에 적용하여 야곱의 가족 관계와 가족의 구조에 대한 문제 분석을 통해 나타난 과정들을 토대로 크리스천가족상담 적용의 가능성에 대해 논의하고자 한다.[1)]

크리스천가족상담에 있어서 내담자 및 가족구성원의 기초적인 배경과 가족의 구조와 가족관계를 파악하는 것은 중요하다. 또한 야곱은 하나님께서 아브라함과 맺으신 언약의 계승자로서 이스라엘의 12지파의 조상이 되었다. 따라서 야곱과 그의 가족을 이해하는 데 있어 하나님과의 관계를 고려하지 않으면 안 된다. 따라서 야곱의 생애와 그의 일생을 동행하신 하나님과의 관계와 아울러 성경에 나

1) 가족치료 이론의 적용 가능성을 위해 두 가지 가족치료 이론, 즉 가족의 구조를 변화시켜 기능적인 역할을 수행하게 하는 다세대 가족치료 이론과 가족의 구조를 변형시켜 재구조화하는 구조적 가족치료 이론을 선택하게 된 배경은 성경에 나타난 야곱의 가족에 대한 다양한 기록과 함께 창세기 25장에 기록된 야곱의 출생에서부터 창세기 49장에 기록된 야곱의 임종까지의 전 생애에 대한 자료들은 이러한 가족치료 이론들의 분석에 대한 유익한 자료들을 제공하고 있기 때문이다.

타난 야곱 가족의 배경과 가족 관계, 야곱의 가족 구조 그리고 야곱 가족의 문제의 특성을 중심으로 다세대 가족치료 모델과 구조적 가족치료 모델의 접근방식에 따라 접근하려고 한다.

1. 야곱의 가족 배경

야곱은 이삭과 리브가 사이에서 2남 중 둘째아들로 가나안 땅 브엘세바에서 태어났다. 그의 이름은 히브리어로 '야아코브(יַעֲקֹב)'로 "뒤발꿈치를 잡다, 빼앗다" 혹은 "약탈자"라는 의미를 가지고 있다. 야곱에게는 에서라는 쌍둥이 형이 있었다. 실제로 야곱이 태어날 때 형의 발꿈치를 잡고 나와서 생긴 이름이기도 하다. 이는 야곱의 삶이 탐욕과 권모술수로 길고도 험한 고난의 인생을 살아왔음을 짐작게 하는 이름이라 할 수 있다. 이삭은 40세에 리브가를 취하여 아내로 삼았다. 그러나 리브가가 잉태치 못함으로 인하여 이삭은 하나님께 간구하였고 하나님께서 그 간구를 들으시고 리브가를 잉태하게 하셨다(창 25:21). 이삭의 아버지 아브라함도 역시 오랜 기간을 기다리며 기도함으로 100세에 이삭을 낳았다. 이삭의 기도로 태어난 야곱은 이스라엘 민족의 조상으로서 구속사에 중요한 의미를 가진다.

야곱에 대해 성경에 기록된 말씀을 살펴보면 그는 출생부터 죽음까지 마치 한 편의 드라마와 같은 일생을 살았다. 이삭의 기도로 그의 아내 리브가가 쌍둥이를 잉태하였을 때 태중에서 두 형제가 싸우는 일이 일어났다. 그래서 그녀는 그 문제를 하나님께 기도하였다

(창 25:22). 하나님께서 응답하시기를 “두 국민이 네 태중에 있구나. 두 민족이 네 복중에서부터 나누리라. 이 족속이 저 족속보다 강하겠고 큰 자는 어린 자를 섬기리라”(창 25:23). 리브가가 기한이 차서 해산하였을 때에 야곱이 에서의 발꿈치를 잡고 나온 것은 에서와 야곱이 태중에서부터 일평생 경쟁자이면서 대적 관계를 유지하게 됨을 암시했다. 에서는 익숙한 사냥꾼이 되었고 야곱은 조용한 사람이므로 장막에 거하였다. 하루는 야곱이 팥죽을 쑤었는데 에서가 사냥에서 돌아와 심히 기진하여 야곱에게 팥죽을 자신에게 주어 먹게 할 것을 부탁하였다. 이에 야곱은 에서에게 장자의 명분을 자신에게 줄 것을 요구하고 에서가 맹세하자 팥죽을 주었다. 야곱은 형으로부터 팥죽 한 그릇에 장자권을 샀다(창 25:27-34). 또한 아버지 이삭이 에서에게 “사냥을 해서 맛있는 요리를 만들어 오면 축복하겠다”고 하자, 어머니 리브가는 그 사실을 알고 야곱을 에서처럼 변장시키고, 이삭이 즐기는 별미를 만들어 야곱이 축복을 받도록 하였다. 이삭은 눈이 어두웠으므로 야곱을 에서로 알고 축복하였다. 야곱은 아버지를 속여 장자의 축복을 받은 것이다(창 27:1-29). 나중에 이 모든 사실을 알게 된 에서는 통곡하며 아버지에게 자신을 위해 축복할 것을 구하였으나 이삭은 이미 모든 것을 야곱에게 주었다고 말하였다. 에서는 그 일로 인해 야곱에 대해 적개심을 품고 아버지 이삭이 죽으면 야곱을 죽이겠다고 다짐하고 있었다(창 27:30-45). 이러한 상황에서 이삭과 리브가는 야곱을 화란에 있는 그의 외삼촌 라반의 집으로 피신시킨다(창 27:30-45). 리브가와 야곱의 욕심으로 인해 형제간이 원수가 되고 가정불화가 찾아온 것이다.

야곱은 형 에서를 피하여 브엘세바를 떠나 화란을 향해 가다가 밤이 되어 돌을 취하여 베개 삼아 잠을 자다가 꿈속에서 놀라운 광경을 목격하게 되었는데, 그것은 사닥다리가 하늘과 땅을 연결하여 섰는데 하나님의 사자가 그 위에서 오르락내리락하는 것이었다. 그 위에서 여호와께서 야곱에게 말씀하셨다(창 28:12-13). 야곱은 꿈속에서 하나님의 계시의 말씀을 듣고 잠이 깨어 일어났다. 야곱은 그곳이 하나님의 전이요, 하늘의 문이라고 고백하면서 그곳에서 베개로 썼던 돌로 기둥을 세우고 그 위에 기름을 붓고 그곳을 '하나님의 집'이라는 뜻의 벧엘이라고 했다(창 28:18-19). 야곱은 하나님 앞에 단을 쌓고 하나님께 서원하기를 하나님께서 자신에게 언약하신 대로 자신의 길을 지켜주시고 먹을 양식과 옷을 주사 자기를 평안히 아버지 집으로 돌아가게 하시면 여호와를 자신의 하나님으로 섬기며 자신이 세운 단이 성전이 될 것이며 하나님께서 주신 모든 소유의 십분의 일을 하나님께 드리겠다고 했다.

야곱은 외삼촌 라반의 집에서 14년 동안 열심히 일을 하고 레아와 라헬을 아내로 맞아들이게 되었다(창 29:26-30). 레아와 라헬은 야곱의 사랑을 차지하기 위해 경쟁을 하였는데, 각자의 여종을 야곱에게 주면서까지 자녀를 생산하는 일에 경쟁하였다. 이로 인하여 레아는 르우벤, 시므온, 레위, 유다, 잇사갈, 스불론 등 여섯 아들과 딸 디나를 낳았고, 그녀의 여종인 실바는 갓과 아셀을 낳았다. 라헬은 자신이 임신을 못하자 자신의 여종 빌하를 야곱에게 주어 아들을 얻게 하여 단과 납달리를 낳았고, 그 후에 라헬도 극적으로 요셉과 베냐민을 낳았다. 이로 인해 이스라엘의 열두 지파의 조상인 열두 아들을 낳았으나 야곱의 가정은 갈등과 불화가 떠나지 않았다.

야곱이 라빈의 집에 올 때에는 혈혈단신으로 빈손이었지만 하나님께서 축복하심으로 거부가 되었다. 야곱이 거부가 되자 라반과 그의 아들들은 시기와 질투로 인해 야곱을 미워하게 되었다. 그때에 하나님께서 야곱에게 나타나셔서 고향으로 돌아가라고 지시하셨다(창 31:3). 야곱은 인생에 있어 위기를 경험하게 되는데 외삼촌의 집에서 20년 동안 머문 후에 야곱은 두 아내와 자식들을 데리고 고향인 가나안으로 돌아가게 되었지만, 형 에서의 복수가 두려웠다. 야곱은 만일을 대비해서 사자들을 자기보다 앞서 보내어 에서에게 은혜받기를 원한다는 자신의 메시지를 전하도록 했다(창 23:5), 에서를 만나고 온 사자들은 에서가 사백 인을 거느리고 야곱을 만나러 온다고 전하였다. 야곱은 모든 소유와 가족들로 하여금 얍복 강을 건너게 하고 자신은 홀로 남았다. 그날 밤에 야곱은 얍복 강가에서 한 사람을 만나 밤새도록 씨름하였다. 그러나 야곱은 결국 그와 싸워 이기게 되고 이스라엘(창 32:28)이라는 이름을 축복으로 받게 되었다. 야곱은 에서를 두려워하였지만 에서는 달려 와서 야곱을 끌어안고 입 맞추고는 야곱을 붙들고 함께 울었다(창 33:3-4). 에서는 자신과 함께 동행하여 고향으로 돌아갈 것을 권하였으나, 야곱은 자기의 일행이 연약하고 양떼와 소가 새끼를 데리고 있어 빨리 행할 수 없다는 핑계로 거절했다. 야곱은 에서를 만나 화해했으나 그는 안심할 수 없어 약속했던 세일로 가지 않고 세겜에 오래 머물렀다(창 33:12-20).

야곱과 그의 일행이 세겜에 머물 때에 레아가 낳은 딸 디나가 그 땅의 여자들을 보러 나갔다가 히위 족속 중 하몰의 아들 그 땅의 추장 세겜이 그녀를 끌어들여 강간하여 욕되게 하였다(창 34:2). 야곱의 아들들은 이 사실을 알고는 마음속에 분노를 품었다(창 34:7). 세겜의 아비 하몰은 야곱에게 디나를 자기 아들의 아내로 줄 것을 청하자 야곱의 아들들은 세겜성의 모든 남자가 다 할례를 행할 것을 조건으로 제시하였다. 세겜의 모든 남자들이 할례를 받은 지 삼일에 그들이 고통 중에 있을 때 야곱의 두 아들 시므온과 레위가 각기 칼을 차고 부지중에 그 성을 습격하여 세겜의 모든 남자들을 죽이고, 디나를 세겜에서 데려왔다(창 34:25-26). 야곱은 가나안 족속과 브리스 족속사람들이 그 일로 인하여 자신을 칠까 하여 두려워하였다(창 34:30). 야곱은 에서를 두려워하는 것 때문에 하나님께 드린 서원을 잊어버려 벧엘로 올라가지 않고 세겜 성 앞에 오래 거하려다가 이러한 환란을 당하게 되었던 것이다. 야곱은 세겜 성에서의 사건으로 인하여 근심에 싸여 있을 때 하나님께서 야곱에게 나타나셔서 벧엘로 올라가서 형 에서를 피하여 도망하던 때에 약속한 대로 그곳에 단을 쌓고 예배할 것을 명하셨다(창 35:1). 야곱은 하나님과의 언약을 기억하지 못하고 현실적인 문제에만 급급하였던 것이다. 야곱은 이를 깨닫고 집에 거하는 모든 자에게 이방 신상을 버리고 자신을 정결하게 하고 의복을 바꾸라고 명하였다(창 35:2). 야곱은 이방 신상과 귀고리를 가족에게 거두어서 세겜 근처 상수리나무 아래 묻었다. 야곱은 벧엘로 올라가서 하나님께 예배하기 위해 가족들과 함께 벧엘을 향해 떠났으나 야곱이 근심했던 것처럼 그들을 추격하는 자들은 없었다. 그것은 하나님께서 그 사면 고을들로 크게 두려워하게 하셨기 때문이었다. 야곱은 벧엘에 이르러 거기서 단을 쌓고 그곳을

'엘벧엘'(벧엘의 하나님)이라 불렀다. 하나님께서 그곳에 나타나셔서 그에게 복을 주시고 생육하고 번성하라라고 축복하셨으며, 아브라함과 이삭에게 주시기로 약속하신 땅을 야곱과 그의 후손에게 주실 것을 약속하셨다(창 35:11-12).

야곱은 노년기에 이르기 전에 커다란 아픔을 경험하게 된다. 그의 어머니의 유모가 죽고(창 35:8; 24:59), 이어서 그의 사랑하는 아내 라헬이 막내아들 베냐민을 낳다가 죽는다(창 35:16-21). 이 비슷한 시기에 장자인 르우벤이 아버지의 첩을 범하는 사건이 발생하고(창 35:22-23), 자신의 아버지 이삭이 죽음을 맞이한다(창 35:27-29). 인생의 마지막 때인 노년기의 야곱은 삶의 희비가 엇갈림을 경험한다. 특히 라헬에 대한 야곱의 사랑은 그녀의 아들들에게 옮겨갔다. 야곱의 편애로 요셉은 형들에게 미움을 받았고, 급기야 형들의 손에 애급으로 팔려간다. 애급의 총리가 된 요셉은 형제들을 만나 화해하게 되고, 야곱과 그의 자식들은 애급 땅 고센에 거주하게 된다. 야곱은 고센에서 임종을 맞이하고 그의 아들들은 그를 가나안 땅 막벨라의 가족 무덤에 장사지낸다. 그때 야곱의 나이는 147세였다.

2. 야곱의 가족 관계

야곱이 원가족을 떠나 형성된 야곱의 가족관계는 야곱과 아내들, 야곱과 자녀들, 그리고 야곱의 자녀들로 나누어 논의하려고 한다.

첫째, 야곱의 가족관계 중 야곱과 아내들에 대해 살펴보면 야곱은 외삼촌의 집에서 14년 동안 일을 하고 외삼촌의 딸인 레아와 라헬을 두 부인으로 맞이한다. 그러나 당시 이스라엘에서는 한 남자가 같은 자매에게 동시에 장가를 들 수 없었던 것(레위 18:18)을 생각한다면 이 일은 이스라엘 풍습에 어긋난 것이다. 성경에는 외삼촌 라반의 속임으로 인해 야곱이 두 부인을 얻게 되었다고 기록되어 있다. 야곱의 이러한 결혼에 대해 윤리적 평가는 언급하지 않고, 다만 이방 관습과 풍습을 따라 행해진 그의 결혼에 대해 묵인하고 있다. 야곱의 아내 레아와 라헬은 자매였지만, 남편의 사랑을 놓고 심한 경쟁 관계에 놓여 있었다. 레아는 남편의 사랑을 독차지하는 라헬을 미워했다. 또한 라헬은 야곱의 사랑을 받았으나 아이가 없었으므로 레아를 시기했다. 그래서 아이가 없었던 라헬은 자신의 여종 빌하를 야곱에게 주어 아이를 낳게 했다. 이에 레아 역시 자신의 여종 실바를 야곱에게 주어 아이를 낳게 했다. 결국 레아와 라헬의 자식 낳기 경쟁으로 이어졌다. 출산경쟁 이후에도 레아와 라헬의 경쟁은 계속된다. 청년이 된 레아의 첫아들 르우벤은 밀밭에서 합환채를 얻어 어머니인 레아에게 갖다 드린다. 이 합환채를 본 라헬은 그것을 보자마자 자신이 그것을 좀 얻을 수 없겠냐고 레아에게 빈다. 레아는 남편을 차지한 것만으로도 부족해서 그러냐고 화를 낸다. 이때 라헬은 그날 밤 남편인 야곱을 레아에게 돌려주기로 하고 그 합환채를 얻는다. 이들의 질투심과 경쟁심으로 이어진 출산경쟁으로 인해 이들은 열두 아들과 한 명의 딸을 얻게 되는 복잡한 가족 구조를 형성하게 한다.

둘째로 야곱과 그의 자녀들과의 관계를 살펴보면 야곱은 열두 아들과 한 명의 딸을 둠으로써 복잡한 부모자녀 관계를 형성하였다. 그중에서도 야곱과 중요한 관계 속에 등장하는 자식은 시므온, 레위, 르우벤, 요셉, 베냐민, 유다이다. 자녀와의 관계 속에서 야곱은 요셉과 베냐민을 대하는 너그러운 아버지의 모습, 시므온과 레위를 나무라는 날카로운 모습, 르우벤을 바라보는 냉정한 모습, 유다에게 정신적으로 의지하는 모습 등으로 다양하게 나타난다. 이러한 관계는 자식들의 관계 형성에 중요한 영향을 끼쳤는데, 여동생 디나가 하몰의 아들 세겜에게 붙잡혀 욕을 당한 사건으로 시므온과 레위는 세겜인들을 정복하고 누이를 건져냈다. 이 과정에서 시므온과 레위는 포악한 행동을 했고, 이에 대해 야곱은 시므온과 레위를 책망했다. 야곱은 유언에서 시므온과 레위에 대해 난폭한 무기라고 말하면서 그들이 저주를 받을 것이라고 했다(창 19:5-7). 장자 르우벤은 라헬의 여종 빌하를 범하여 아버지인 야곱에게 노여움을 샀다. 그는 아버지의 침실을 더럽힘으로써 장자로서의 지위를 잃어버린다(창 49:3-4). 반면 요셉과 베냐민은 야곱에게 사랑받는 아들로서 야곱과 라헬이 늙어서 낳은 아들이었다. 야곱이 요셉과 베냐민을 더 예뻐했던 것은 사랑하는 아내에게서 얻은 자식이기 때문이었다. 더군다나 라헬은 베냐민을 낳다가 죽었다. 이러한 정황으로 볼 때 야곱이 요셉과 베냐민을 얼마나 사랑했는지 짐작할 수 있다. 야곱은 요셉에게 색동옷을 만들어 입히고 그의 놀이를 보는 것을 즐겨 하였다(창 37:3). 이것은 다른 아들에게 원망을 사는 계기가 되었다. 유다는 야곱에게 신임을 얻은 아들이었다. 유다는 레아의 넷째아들로서 르우벤, 시므온, 레위가 아버지인 야곱에게 인정받지 못했던 것을 생각한다면 유다는 야곱에게 있어 정신적 맏아들이나 마찬가지였다. 가나안에 기근이 들어 애급으로 양식을 구하러 갔다가 형제 중에 시므온을 인질로 두고 베냐민을 데리러 왔을 때 야곱은 요셉도 잃고 시므온도 잃고 베냐민까지 잃을 수 없다고 펄쩍 뛴다. 이 상황에서 유다는 야곱을 설득하고 베냐민을 데려간다. 유다는 아들을 잃을까 두려워하고 있는 아버지에게 자신이 막내동생을 책임질 것을 약속한다. 그렇지 않을 경우에는 자신이 돌아와서 모든 죄를 평생 받겠다고 약속한다. 이러한 유다의 결단력 있는 모습은 아버지로 하여금 베냐민을 데려가도 된다는 허락을 받게 되었고, 그 일은 그의 가족이 다시 만날 수 있게 하는 데 큰 역할을 되었다.

셋째로 야곱의 자녀들의 관계를 살펴보면 야곱은 열두 아들 중에서 요셉을 특히 사랑했다. 이것은 다른 아들들로 하여금 요셉을 미워하게 만드는 계기가 되었고, 아버지에 대한 원망을 품게 하였다. 야곱은 다른 아들들은 제쳐두고 요셉에게만 화려한 옷을 지어 입혔다. 당시 야곱의 다른 아들들은 제법 성장한 상태였고, 요셉은 소년이었으며, 베냐민은 아주 어린아이였다. 이런 상황에서 야곱은 요셉을 감싸며 사랑하므로 형들은 자신들의 사랑을 요셉이 빼앗아 간다고 생각했다. 게다가 요셉은 꿈을 잘 꾸었는데, 아버지와 형들이 자신에게 절을 할 것이라는 꿈을 말했다. 이 말을 들은 형들은 더욱 요셉을 미워하게 되었다. 아버지의 사랑을 독차지한 요셉은 형들에게 미움을 받았고, 결국 애급으로 팔려간다. 형들에게 요셉은 눈에 가시였다. 형들은 요셉을 죽이고 싶을 만큼 미워했다. 실제로 구덩이에 파묻어 버리자고까지 했다(창 37:20). 이때 르우벤은 “목숨만은 해치지 말자. 피는 흘리지 말자. 여기 들판에 있는 구덩이에 그 아이를 던져 넣기만 하고, 그 아이에게 손을 대지 말자."라고 말했다(창 37:21-22). 또 유다는 "그 아이에게 손을 대지는 말고, 차라리 그 아이를 이스마엘 사람들에게 팔아넘기자. 아무래도 그 아이는 우리의 형제요, 우리의 피붙이다."라고 말한다(창 37:26-27). 물론 이들의 말이 완전히 요셉을 구한 것은 아니었지만, 상황적으로 해석해 본다면 르우벤과 유다의 발언은 다른 형제들이 요셉을 죽이려 한 상황을 모면케 한 것이다. 결국 그들은 유다의 말대로 요셉을 애급으로 팔아 버린다(창 37:28). 애급으로 팔려간 요셉은 애급의 총리가 되었다. 그때 온 나라가 기근에 시달리게 되었는데, 애급은 요셉의 꿈 해몽으로 인해 그 기근을 미리 준비하고 있어 다른 지방의 사람들이 식량을 구하러 애급으로 몰려들었다. 이때 요셉의 형들도 애급으로 왔다(창 42:6-7). 요셉은 자신의 신분을 숨기고 형들 중에 시므온을 인질로 잡고 고향에 가서 베냐민을 데리고 오라고 명한다(창 42:15-20). 이때 르우벤과 유다는 자신들이 요셉에게 행한 잘못 때문에 그러한 어려움을 받게 되는 것이라고 잘못을 시인한다(창 42:22-23). 여기서 형제들의 태도가 요셉을 죽이자고 했던 때와 많이 변했다는 것을 알 수 있다. 형제들이 베냐민을 데리고 왔을 때, 요셉은 베냐민을 인질로 잡아 그를 자신의 곁에 두겠다고 말한다(창 44:17). 이때 유다는 베냐민을 위하여 탄원(창 44:18-34)을 하는데 그것은 야곱 가족의 문제들을 직시하고 풀어나가는 데 핵심적인 요소가 된다. 요셉은 형들을 용서하고 화해한다(창 45:3-16). 요셉은 자신을 죽이기까지 미워했던 형들을 용서한다. 그것은 유다가 베냐민을 위해 요셉에게 탄원

했던 것을 듣고 형들이 진실로 잘못을 뉘우친다는 것을 느꼈기 때문이다. 유다는 베냐민을 애굽으로 데리고 오면서 아버지인 야곱에게 했던 약속을 저버릴 수 없었기에 그토록 책임감 있는 모습으로 요셉에게 감동을 주었다. 그래서 요셉은 형들과 아버지를 애굽 땅 고센에서 모시기로 한다(창 46:34). 야곱의 열두 아들들의 행적을 보면 굉장히 많은 사건들이 얽혀 있음을 알 수 있다. 그런데 야곱의 아들들의 행동은 우리가 생각하는 족장 가족의 모습에서 충격적일 만큼 벗어난다. 형제간의 미움으로 인해 동생을 죽이려고 하고, 팔아버리는 행동은 우리가 야곱에게 가지고 있는 환상을 버리게끔 한다. 다음은 성경에 나타난 야곱의 가계도를 그림으로 표현한 것이다.

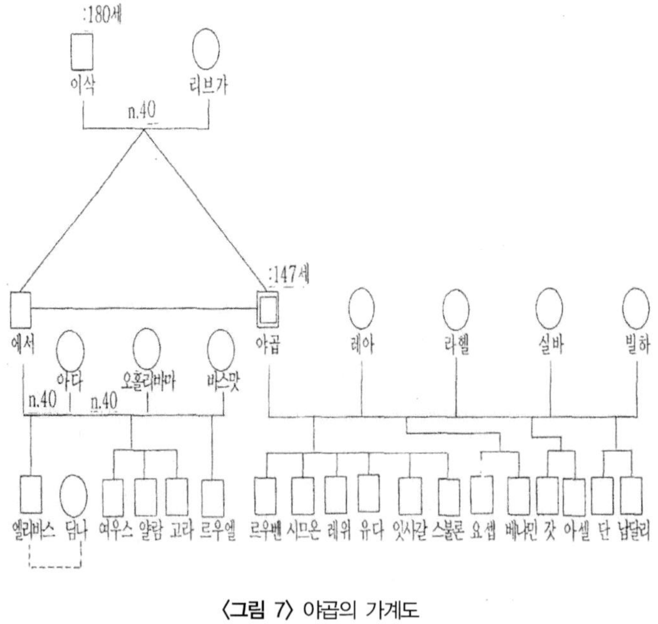

〈그림 7〉 야곱의 가계도

3. 야곱의 가족 구조

성경에 나타난 야곱 가족의 계보는 믿음의 조상 아브라함으로 시작하고 있다. 아브라함은 이스라엘의 믿음의 조상으로 하나님께서는 그에게 "큰 민족을 이루고 네게 복을 주어 내 이름을 창대케 하리니 너는 복의 근원이 될"(창 12:1) 것이라고 약속하셨다. 그러나 가족관계 속에서 아브라함을 살펴보면 아브라함과 사라가 가나안의 기근을 피해 이집트로 내려갔을 때 바로가 사라를 탐한 사건(창 12:13-19)과 그랄 왕 아비멜렉이 사라를 탐한 사건(창 20:1-7)을 통해 보면 아브라함은 자신의 목숨을 부지하기 위해 그의 아내 사라를 자신의 누이라고 거짓말을 하는 것은 부부 관계에 있어서 신뢰를 져버린 행위라고 할 수 있다. 하나님의 거듭된 약속(12:7;13:15, 16;15:4)에도 불구하고 사라가 늙도록 아이를 갖지 못한 것은 아브라함 부부의 갈등요인이 되었을 것이다. 더군다나 히브리인들에게 있어서 아이를 갖지 못하는 것은 단순히 신체적 결함으로 생각하기보다는 하나님으로부터 저주를 받은 것으로 여겨졌으니(20:17, 18) 그 갈등은 더욱 심하였을 것이다. 따라서 사라는 이러한 갈등을 해소하기 위한 인간적 방도를 모색하였는데 자신의 몸종인 하갈을 아브라함에게 주는 것이었다. 물론 이 사건은 당시 사회관습으로 족장이나 부호와 같은 상류 계층에선 고대 근동의 관습이었다. 그러나 사라가 하갈을 내쫓으라고 했을 때, 사라가 제시하는 요구와 방법이 어떠한 의미를 지닌 것인지 분명히 알고서도 아브라함은 이에 한마디의 반론도 제기하지 않은 채 수락했다. 반면 사라는 자신의 권리를 당당하게 주장하는 적극적인 모습을 볼 수 있다. 하갈이 아이를 가졌을 때 사라는 하갈이 잉태하여 자신을 무시한다고 아브라함에게 고한다. 또한 자신이 아들을 낳은 후에는 하갈과 그녀의 아들 이스마엘을 내쫓으라고 아브라함에게 말한다. 위 사항을 종합해 볼 때, 아브라함은 가족의 일에 대해 소극적인 편이며, 수동적인 면이 많음을 알 수 있다. 반면 사라는 가족 내에서 자신이 원하는 바가 있으면 적극적으로 나서서 행동하는 모습을 보여준다.

야곱의 부모였던 이삭-리브가의 가족 구조를 살펴보면 이삭은 아브라함의 외아들이었다. 아브라함과 사라는 100세에 인간으로서는 도저히 아이를 가질 수 없는 나이에 이삭을 얻었다. 이렇게 아들은 얻은 아브라함과 사라는 이삭을 매우 사랑하였다. 하나님께서 아브라함이 이삭을 사랑하는 것을 보시고 이삭을 제물로 바치라고 하신 부분을 보더라도 아브라함과 사라가 이삭을 얼마나 사랑했는지 단적으로 알 수 있다. 그러나 성경에 나타난 이삭은 자신의 의지보다는 하나님과 부모 앞에서 순종적인 모습이었다. 아브라함이 모리아 산에서 이삭을 제물로 바치려 했을 때에도 순종하였고(창 22:1-14), 인생의 동반자인 아내를 얻을 때에도 이삭의 의견은 전혀 나타나지 않고 있다. 이삭은 아버지께서 지정해 주는 사람과 결혼을 하게 되었다(창 24:8). 이삭은 그의 아내 리브가와의 관계에 있어서도 우위를 나타내지 않는다. 흉년이 들어 그랄 지방으로 떠나야 했을 때, 아버지 아브라함이 했던 것처럼, 이삭은 왕에게 자기 부인을 누이라 속인다(창 26:1-11). 또한 40세에 얻은 아내 리브가는 60세가 되도록 아이를 낳지 못했다. 그러나 이삭은 오직 리브가가 아기를 가질 수 있도록 기도만 했을 뿐 다른 방법을 구하지는 않았다. 반면에 리브가는 적극적인 모습으로 나타난다. 자신의 고향을 떠날 때 브두엘은 리브가에게 아브라함의 며느리, 즉 이삭의 아내로 가겠느냐고 묻는다. 이에 대해 리브가는 가겠다고 스스로 대답하고 아버지의 집을 떠나온다(창 24:58). 브두엘이 리브가의 아버지 라반을 대신하여 그녀에게 혼인의 의사를 물어본 것은 아브라함이 이삭의 혼인에 있어 그를 배제했던 것과는 상이하다. 이러한 모습 속에서 리브가는 여성이었지만 적극적인 인격체로 성장하였음을 알 수 있다. 이삭과 리브가 사이에서는 가부장적인 모습은 찾아보기 힘들다. 오히려 이삭의 움직임보다 리브가의 활동성이 더 부각된다. 이삭은 부부관계에서 있어 소극적이며 소심한 면까지 보여주는데, 이것은 그의 부모인 아브라함과 사라의 관계와도 매우 흡사하다.

야곱 가족 내의 부모와 가족구조를 살펴보면 먼저 이삭-에서의 관계는 성경에 이삭에 관한 기사가 많지 않기 때문에 그와 자식 간의 이야기 또한 뚜렷이 제시되어 있지는 않다. 에서는 늠름한 모습으로 야외생활을 즐기는 능숙한 사냥꾼이 되었고, 이삭은 에서가 사냥한 고기를 먹는 것을 즐거워했다. 또한 이삭은 자신이 갖지 못한 에서의 씩씩한 모습을 대견스러워 하며 신뢰했을 것이다. 그러나 야곱의 속임으로 인하여 에서가 받을 축복을 야곱이 빼앗았다. 이것을 알게 된 에서는 이삭에게 자기에게도 축복해 달라고 울면서 애원했다. 그토록 믿고 의지하던 부자간의 관계가 야곱과 리브가의 담합으로 인해 깨어지고 말았다.

이삭-야곱의 가족 구조에서는 야곱이 성장하는 동안에 아버지와 맺었던 관계에 대한 이야기가 많지 않다. 아마도 이삭에게 있어 야곱은 중요한 존재가 아니었던 것 같다. 그러나 야곱이 이삭으로부터 축복을 받음에 따라, 이삭의 후계자는 야곱이 되었다. 아버지 이삭으로부터 축복을 받을 후에 이삭은 야곱에게 에서처럼 이방여인과 결혼하지 말 것을 당부한다. 이 부분에서 이삭은 에서를 장자로서 포기하고 야곱을 자신의 후계자로 받아들였음을 알 수 있다.

리브가-야곱의 가족구조에서 살펴보면 야곱에 대한 리브가의 편애가 강하게 제시되지만, 그 이유에 대해서는 명확히 언급되어 있지 않다. 그러나 전후 상황을 살펴보면, 리브가가 야곱과 밀착된 관계를 갖게 된 것을 이해하는 것은 어렵지 않다. 이삭과 에서의 관계 속에서 리브가는 소외감을 느꼈을 것이다. 또한 야곱 역시 항상 사냥해 온 고기를 가지고 아버지를 기쁘게 해 드리는 에서의 모습을 보면서 심한 질투를 느끼고 있었을 것이다. 어떻게 보면 리브가와 야곱은 가족의 중심인물인 이삭과 에서로부터 떨어져있는 인물들이었다. 가족의 관계 속에서 소외를 느낀 리브가와 야곱은 더욱 밀착된 관계를 갖게 되었다. 리브가는 이삭이 에서에게 축복을 내리겠다는 말을 듣고, 야곱이 대신 축복받게 도와준다. 리브가가 직접 이삭의 입맛에 맞게 음식도 만들고, 야곱의 몸에 에서처럼 털도 붙여준다. 또 만약 일이 잘못되면 어떻게 하겠느냐는 야곱의 말에 리브가는 모든 저주를 자신이 받겠다고 자처한다(창 27:13). 이러한 리브가의 행동은 야곱과의 밀착관계가 얼마나 심했는지 잘 보여준다.

야곱 가족 내의 가족구조를 살펴보면 야곱-에서의 관계는 모태에서부터 다툰 쌍둥이 형제이다. 태어날 때에도 동생이 형에게 뒤지지 않으려고 형의 발꿈치를 잡고 나온 것을 보면, 야곱은 에서에 대해 경쟁의식을 갖고 있었다. 쌍둥이로서 장자가 되지 못했던 야곱은 이삭의 사랑을 받는 에서의 모습을 보면서, 자신이 장자가 아니기 때문이라는 생각을 했을 것이다. 그래서 야곱은 형 에서로부터 장자권을 빼앗을 준비를 철저하게 했고, 에서로부터 팥죽 한 그릇에 장자권을 살 수 있었다. 이에 비해 에서는 장자로서 안일한 태도를 갖고 있었다. 에서는 야곱으로부터 팥죽 한 그릇을 얻어먹고, 자신의 장자권을 내어줄 정도로 자신의 장자권에 대해서 소홀했던 것이다. 자신은 장자였기 때문에 차남의 설움을 알 수 없었고, 그 결과 태어나기는 장자로 태어났지만, 실제적인 장자권은 야곱에게 갔고, 축복도 야곱이 받게 되었다. 장자권과 축복권 모두를 빼앗긴 에서는 야곱에게 두 번 속은 것이 너무나도 분했다. 에서는 야곱을 도저히 용서할 수 없었다. 아버지가 돌아가시면 야곱을 죽이겠다고 까지 생각했다. 이로 인해 야곱과 에서는 한 가족으로서 존재할 수 없게 되었고, 야곱은 가족을 떠나게 되었다. 다음 그림은 야곱 가족의 관계를 그린 관계도이다.

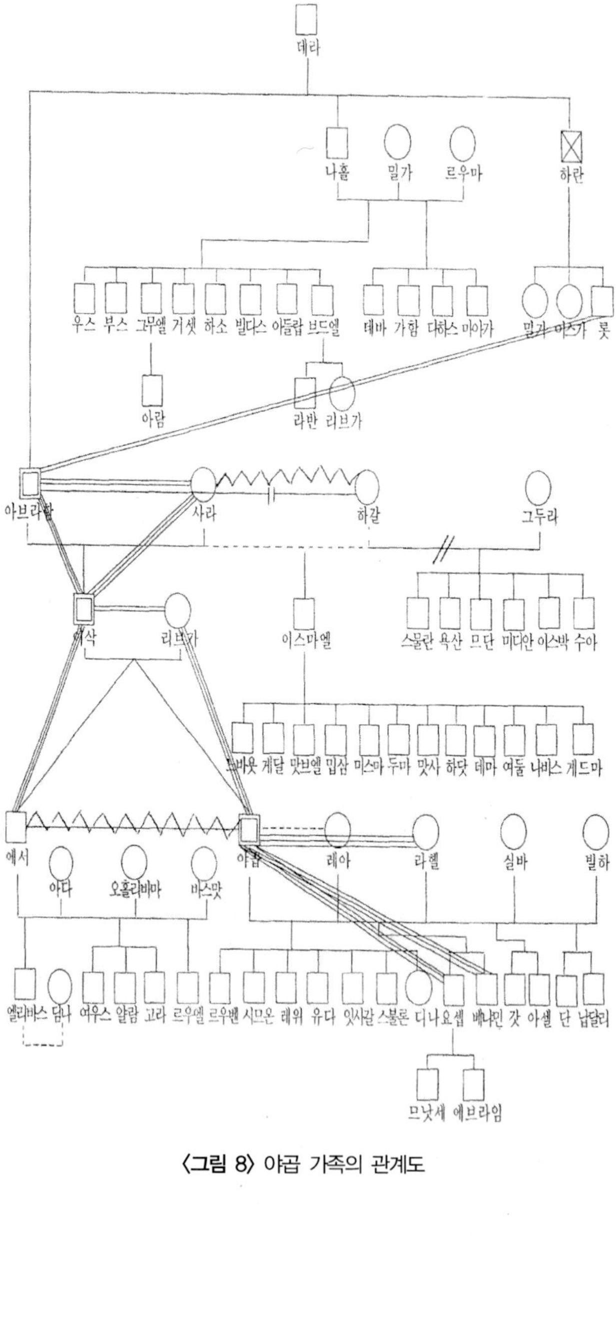

〈그림 8〉 야곱 가족의 관계도

17장

야곱 가족의 가족치료 이론에 의한 분석

가족상담 이론은 가족을 주변 환경의 영향과 가족 내의 상호작용에 의해 유기적으로 작용하는 체계로 본다. 가족치료 이론에 개인의 분화를 중심으로 문제를 설명하고 분석하면서 가족 내 역사를 통해 현재 문제의 원인을 파악하기도 한다. 반면에 현재의 문제는 각 체계 간의 상호작용에 이상이 생긴 것으로 보고, 전체 구조를 재구조화함으로써 가족의 문제를 설명하고 해결하기도 한다. 이러한 가족치료 이론은 야곱 가족의 문제를 보다 객관적인 기준에 의해 설명할 수 있게 되고, 야곱의 가족에게 나타난 문제의 원인을 체계적으로 규명함으로써 야곱의 가족에 대한 전반적인 이해를 도울 수 있다고 생각한다. 따라서 가족치료 이론과 치료방법을 중심으로 한 야곱 가족의 문제 분석을 시도하려고 한다.

1. 가족치료 이론에 의한 문제 분석

창세기 25장의 야곱의 출생에서 49장의 야곱의 죽음에 이르기까지 야곱의 전 생애와 일생이 끝난 아브라함과 이삭과 야곱의 삼 세대 가족에 대한 정보를 제공하고 있어, 다세대 가족치료 이론을 중심으로 분석적으로 접근할 수 있는 매우 유익한 이론적 토대가 된다. 따라서 야곱의 가족 구조를 자세히 살펴보면 야곱 가족의 문제점, 가족원의 역할이나 관계에서 나타나는 문제를 파악할 수 있다.

다세대 가족치료의 관점에서 보면 야곱의 가족에게 나타난 문제의 원인을 미분화로 설명할 수 있다.[2] 야곱의 가족구성원의 분화지수는 높은 편이라고 할 수 없다. 야곱의 가족에게 나타난 삼각관계, 핵가족 감정체계, 가족투사과정, 다세대 전이과정 역시 가족원이 자아 분화가 덜 되었기 때문에 생긴 것으로 볼 수 있다. 이러한 문제는 독립적인 것이 아니라, 서로 맞물린 개념으로서 그 구체적인 분석은 다음과 같다. 야곱의 가족은 믿음을 계승하여 아브라함과 사라, 이삭과 리브가, 야곱과 라헬로 이어진다. 이들은 신앙적 전통으로 볼 때 믿음의 족장으로서 중요한 위치를 차지하는 자들이다. 그러나 이들의 삶을 가족의 테두리에서 분석해 보면 우리가 생각하는 이상적인 모습과 상당히 어긋난 점을 발견할 수 있다. 오히려 심각한 많은 문제들이 얽혀 역기능적인 가족의 형태를 나타낸다.[3]

---

2) 분화란 독립적으로 기능할 수 있는 능력을 말하는 것으로 Bowen이론의 핵심이며 치료목표인 동시에 성장의 목표이다. Bowen에게 있어 자기분화는 어린이가 어머니와 융합에서 벗어나 자기 자신의 정서적 자주성을 향해 나아가는 장기적 과정이라고 볼 수 있다(김정택・심혜숙, 「Murry Bowen의 정신역동적 가족치료모델」, 『인간이해』 제18집, 서강대학교학생생활연구소, 1992, 3, 37.)

3) 버지니아 사티어(Virginia Satir)는 모든 역기능 가정에서 발견되는 4가지의 공통점을 지적했다. 첫째는 가족원의 자존감이 낮고, 둘째는 가족 상호 간의 의사소통이 간접적이고 모호하며 솔직하지 않고, 셋째는 가족

그 결과 야곱 가족의 문제는 가족의 관계 과정을 통해 야곱은 위기가 왔을 때, 회피적이고 소극적 관계 방식을 취하는 것을 볼 수 있다. 우선 장인 라반과의 관계에서 야기된 갈등에 대해 야곱이 대응하는 방식을 살펴보면 야곱은 아내를 맞이하는 과정에서 자신이 속임을 당했음에도 불구하고, 라반에게 약속이행에 대한 책임을 더 이상 묻지 아니하고 7년을 다시 일하므로 자신이 손해 보는 일을 순순히 응함으로써 문제를 해결하려고 하였다. 또한 장인과 자신의 삯을 계산하는 과정에서 품삯을 열번이나 바꾸어(창31:41) 갈등이 발생했는데 야곱은 그 갈등을 직접 해결하기보다는 속임수로 자신의 몫을 챙겨 간접적으로 해결하려 하는 모습을 볼 수 있다. 결국 야곱과 라반은 그들의 관계 과정에서 서로가 서로를 속인 채 그들 사이의 갈등을 간접적으로 해결하려 했던 것을 볼 수 있다.

이와 같은 관계 과정에서 야곱은 라반의 아들들의 의심을 사게 되고, 아내들의 동의를 얻어 라반과의 갈등을 해결하지 않은 채로 도망가듯 자신의 소유와 가족을 데리고 길을 떠나는 야곱의 모습에서 소극적이고 수동적인 관계 방식을 찾아보게 된다. 이렇듯 관계 과정에서의 불안 증가에 대한 야곱의 관계 방식은 여러 사건을 통해 나타나고 있다. 이러한 야곱의 관계과정 내내 불안을 다루는 관계 방식은 그의 원가족에서 형 에서를 피해 도망갈 때에도 나타나는데 자신에게 직면한 형과의 갈등 상황에서 해결보다는 삼촌 라반의 집으로 도주(창27:42-28:7)했던 것은 불안이 증가하는 외부적 자극이

규칙이 경직되어 있으며, 비인간적이며, 타협의 여지가 없다는 것이다. 넷째는 역기능 가정은 사회와의 관계가 두려움과 저자세와 투사적인 자세로 가득 차 있다는 것이다(버지니아 사티어, 『사람 만들기』, 송문선・송준 공역 (서울: 홍익제, 1991), 16).

야곱에게 주어졌을 때 회피하는 것으로 반응한 관계 방식을 보였다. 야곱이 가족과 함께 고향으로 돌아오는 길에 내내 형 에서가 보일 반응을 걱정하며 어떻게 하면 형 에서의 화를 풀 수 있는지를 고민하다가 그가 택한 방법은 직접 화해를 청하기보다는 에서의 환심을 사기 위해 자신의 소유를 선물로 내세워 다른 사람을 먼저 보내는 회피의 방식을 취했다. 정서적 단절은 문제해결 방법이 되지 못할 뿐만 아니라 그 상태에 머무르게 하기 때문이다.

야곱은 아내들과의 관계에서도 수동적으로 반응하는 모습을 보인다. 레아와 라헬이 남편의 마음을 얻기 위해 경쟁하는 과정에서 자녀를 얻기 위해 각자의 여종을 야곱에게 허락한다. 이때 야곱은 아내들의 격화되는 감정적인 반응에 의해 그 요구대로 순응한다. 그는 갈등이 심화되는 것에 대한 불안과 근심으로 인해 관계과정 내내 타인의 반응들에 영향을 받아 자신의 행동을 결정하는 수동적 태도를 보여준다. 심지어 야곱은 딸 디나의 강간 사건(창 34:1~4)과 장남 르우벤과 부인 빌하의 통간 사건(창 35:22)의 충격에도 침묵으로 일관한다. 이는 수동적이고 소극적인 대응방식을 분명하게 보여주는 부분이다.

둘째, 야곱은 아내들과의 관계 과정에서 나타난 레아-야곱-라헬의 삼각관계[4]를 볼 수 있다. 보웬에 따르면, 제대로 분화되지 않은 자아는 부모 혹은 자식과의 삼각관계를 통해 분화되지 않은 자아의 집합체인 핵가족 감정체계를 형성한다고 한다. 보웬은 "문제를 해결하

4) 삼각관계는 어떤 두 사람이 또 다른 한 사람을 자신들의 정서적 문제에 끌어 들이는 형태를 기술하는 개념으로 Bowen에 의해 처음으로 사용되었고 가족치료 영역에서 공통으로 사용하는 용어가 되었다(Daniel Papero, *Bowen Family Systems Theory* (Boston: Allyn & Bacon, 1990), 45).

지 않은 채 자아 집합체를 형성한 구성원은 자신의 문제를 다른 사람에게 투사시킨다."고 한다.[5] 삼각관계는 가족문제의 기본적인 구조로서 야곱의 가족 전반에 걸쳐 나타난다. 아브라함과 사라는 하나뿐인 자식 이삭을 중심으로 삼각관계를 형성했고, 이삭과 리브가는 각각 에서와 야곱을 끌어들였다. 이삭은 리브가와의 관계 속에 에서를 끌어들였고, 리브가는 이삭과의 관계 속에 야곱을 끌어들였다. 다세대 가족이론에 의하면 이들이 삼각관계를 형성하는 것 역시 자아분화가 덜 되었기 때문이다. 이들은 삼각관계 속에서 분화되지 않은 자아들의 결합체인 핵가족 감정체계를 형성하였다. 예를 들어 리브가와 야곱의 경우는 이삭과의 관계 속에서 자신의 문제를 해결하지 못한 리브가가 둘째아들인 야곱과 감정적 융해를 통해 자신의 불안을 해결했다고 볼 수 있다. 이 감정체계는 너무 미숙하여 체계에 흡수되어 버린 것처럼 작용하였다.

또한 이러한 삼각관계는 레아-야곱-라헬의 삼각관계에서 아내 레아에게서 찾아볼 수 있다. 레아는 야곱과의 사이에서 르우벤, 시므온, 레위, 유다를 낳았다. 그런데 아들들이 태어날 때 마다 레아가 했던 말을 주목하여 보면, 르우벤이 태어났을 때, 하나님이 자신의 괴로움을 돌아보셨고 이제는 남편이 자기를 사랑할 것이라고 했다. 시므온이 태어났을 때는 남편에게서 사랑받지 못함을 들으시고 주신 아들이라고 했다. 또한 레위가 태어났을 때에는 세 아들을 낳았으니 지금부터 남편이 나와 함께할 것이라고 했다.[6] 이러한 말들은

5) 김진영, 「가치의 내면화 문제를 중심으로 본 세대 간의 관계와 가족상담」, 『목회와 상담』 창간호 (2001, 봄), 51.
6) 창세기 29장 31~34절.

레아가 야곱이 라헬을 편애했기 때문에 자신에게 거리감을 두는 것을 보면서 괴로워하였고, 남편과의 친밀한 관계를 원했음을 보여준다. 레아와 야곱의 관계는 레아와 야곱의 친밀함 추구, 야곱의 레아에 대한 소원함, 야곱과 라헬의 친밀함으로 표현하는 삼각관계를 형성했다.

그러나 라헬-야곱-빌하의 관계에서도 삼각관계를 발견할 수 있다. 라헬은 자신이 사랑을 받고 있음에도 불구하고 자식이 없다는 이유로 레아를 질투하며 야곱에게 자기에게 자식을 낳지 못하게 되면 죽어버릴 것이라고 협박하기에 이른다. 야곱은 화를 내면 갈등상황에 이른다. 라헬은 자식이 없어 커진 불안을 자신의 여종 빌하를 남편에게 보내며 그녀를 통해서 자신의 자식을 얻고자 하며 실제로 그렇게 하게 하는 것으로 해소하려고 한다. 라헬은 빌하를 통해 단과 납달리를 얻었는데 납달리라는 이름은 자신이 레아와 경쟁하여 이겼다고 한 데서 지은 이름이었다(창 30:3-8). 이처럼 라헬은 불안을 해소하기 위해 제3자인 여종 빌하를 관계에 합류하게 했고, 그 결과 삼각관계가 형성되었던 것이다.

셋째, 미뉴친(S. Minuchin)의 가족치료 이론에 의하면 야곱의 가족에 나타난 부부 하위체계가 불안정한 모습을 많이 보여준다. 구조적 가족치료에서 가족하위체계는 부부 하위체계, 부모-자녀 하위체계, 자녀 하위체계로 나눌 수 있으며 그중에서 부부 하위체계가 가장 견고하고 안정되어야 하므로 다른 하위체계의 요구와 필요에 의해 간섭을 방지할 수 있는 경계선을 만들어야 한다. 성경에 나타나는 가족사에서의 많은 비극들은 이러한 가족 하위체계 간의 불분명한 경계선과 잘못된 연합 등을 통한 경직되거나 밀착된 가족들의 비극의 역사라고 할 수 있는데, 야곱과 레아, 라헬의 경우를 살펴보면, 야곱이 두 부인과 두 첩을 얻음으로 인해 불안한 부부 하위체계를 형성하였다. 사실 일대일의 부부관계 속에서도 서로에 대한 보완과 적응이 힘든데, 부인이 둘이나 있었던 야곱이 두 부인들 사이에서 명확한 경계를 만든다는 것은 힘든 것이었다. 또한 야곱의 부인인 레아와 라헬은 서로 자매였으나 한 남자의 아내가 됨으로써 남편의 사랑을 놓고 경쟁관계에 있었다. 이러한 상황 속에서 야곱의 부부 하위체계는 복잡한 감정체계를 형성하여 불안한 체계를 만들었다고 할 수 있다.

또한 야곱 가족의 부모 하위체계에서 에서와 야곱의 탄생으로 시작된 이삭과 리브가의 부모 하위체계는 부부하위체계의 문제에 자녀를 끌어들였다. 이삭과 리브가는 자식들의 성장 단계에서 필요한 과업을 제대로 전수시켜주지 못했다. 이삭은 에서와 감정 체계를 형성하였고, 리브가는 야곱과 밀착된 감정체계를 형성하였다. 이렇게 부모가 각각 다른 자식들과 감정체계를 형성함으로써 부모 하위체계는 정상적인 부모의 역할을 감당할 수 없었다. 자녀가 사회에서나 가정에서 잘 살아갈 수 있도록 그 나이에 맞는 규율을 지도해야 함에도 불구하고 이들은 교육하지 않았다. 또한 가족을 유지하기 위한 규율이나 권위도 존재하지 않았다. 이삭은 일방적으로 에서를 편애했고, 리브가는 야곱을 편애했다. 리브가가 야곱을 편애한 것은 부부 문제를 해결하지 않은 채 자식을 끌어들인 것이라 볼 수 있다. 리브가가 야곱을 부추겨 축복을 받게 한 것 역시 야곱을 내세워 이삭과 싸우는 과정으로 볼 수 있다.

또한 야곱의 가족의 형제 하위체계에서 에서와 야곱의 형제 하위체계는 동료관계의 경험보다 경쟁의 관계에 놓여 있었다. 성경은 그들이 태어나면서부터 싸웠다고 기록한다. 또한 동생인 야곱은 당시 형의 권한으로 규정되어 있던 장자권과 축복권을 빼앗기 위해 애썼다. 이러한 상황으로 미뤄볼 때, 이들은 쌍둥이 형제로서 태어나면서부터 경쟁관계였다고 볼 수 있다. 그들은 가족을 이루는 구성원으로서 협동이라든지 협력하기는커녕 심각한 갈등관계를 형성하였다.

또한 에서와 야곱의 형제 하위체계는 부부 하위체계에 이어져 불분명한 경계를 형성하였다. 에서는 이삭과 밀착된 관계였고, 야곱은 리브가와 밀착된 관계였다. 이것은 형제 하위체계로 기능하기 전부터 부모와 연합을 이루었기 때문이다. 부모하위체계는 자식들의 나이에 맞는 규율이나 권위를 교육해야 하는데, 이삭과 리브가가 자식들에게 가족구성원으로서, 사회 성원으로서 자라도록 훈육한 부분은 제시되어 있지 않다. 단지 어머니인 리브가와 아들인 야곱의 밀착된 감정체계가 강하게 묘사되어 있다. 이것은 어머니와 아들, 즉 모자공생관계로 인해 각 체계의 경계선을 모호하게 만든 것이라고 할 수 있다. 한편, 이삭과 에서의 밀착관계는 두드러지지 않지만, 이들 역시 가족 내 중심인물로서 가장과 장남이라는 감정체계를 형성하였다. 이렇게 형제체제를 형성해야 하는 야곱과 에서는 부모들의 감정체계에 연루되어 활동함으로써 가족 내 구조를 불분명하게 했다고 볼 수 있다. 이러한 상황에서 에서와 야곱은 기능적인 형제 하위체계를 형성할 수 없었다. 형제체계는 부부체계, 부모체계가 제

역할을 잘 수행할 때 이뤄지는 것으로 에서와 야곱은 형제체계로 기능하기 전 다른 체계에 연합되어 자신들의 영역을 차지하지 못했다. 특히 감정적으로 밀착된 리브가와 야곱 사이에는 강한 연합이 이뤄져 각 체계 간에 애매한 경계선을 만들게 되었고, 이로 인해 야곱과 에서 사이에는 명료한 형제체계가 형성되기 힘들었다고 본다.

2. 야곱 가족의 문제의 특성

가족상담은 가족을 하나의 체계로 보고, 가족의 문제를 전체적인 맥락에서 파악하려고 한다. 가족은 가족원이 유기적으로 구성된 하나의 체계로서 가족 내의 상호작용에 이상이 생겼을 경우 가족은 역기능적인 상호작용을 하게 된다. 따라서 개인의 문제는 가족구조의 영향을 받기도 하고, 영향을 주기도 한다. 개인의 문제는 단순히 개인의 문제로 끝나는 것이 아니기 때문에 가족을 치료 대상으로 삼게 된다. 이러한 가족치료의 접근은 야곱의 가족 문제에 대해서 체계적인 접근을 통해 현재의 문제를 원가족과 그 이상의 가족 관계에서 찾으려는 다세대 가족치료 이론의 관점은 현재의 가족이 단독적인 것이 아니라, 과거의 영향을 받아 형성되어 온 체계라는 인식을 갖게 한다.[7] 다세대 가족치료 이론은 지금 현상적으로 나타난 문제에만 관심을 가지는 것이 아니라 과거 내담자의 경험을 파악하고 더 나아가 그의 부모, 그의 조부모의 삶까지 추적해 나간다. 이러한 다

7) Irene Goldenberg, Herbert Goldenberg, *Family therapy: an overview* (5th ed.), 182~84.

세대 가족치료적 접근은 야곱의 가족이 야곱을 중심으로 주변 인물들과의 상호작용을 통해 이뤄진 체계임을 알게 해 주었다. 특히 보웬의 분화개념과 다세대 전이 개념은 야곱의 가족을 분석하는 데 있어 효과적이었다. 아브라함-사라, 이삭-리브가의 경우는 문제 양상이 거의 비슷하게 드러나는데, 이것은 보웬의 다세대전이 개념으로 설명할 수 있다. 제대로 분화되지 않은 자아는 다른 자아와 미분화 가족 자아군을 형성하게 되고, 원가족에서 제대로 분리되지 않은 자아는 결혼하여서도 원가족에서 익힌 방식대로 행동하기 때문에 그의 삶은 부모의 삶과 거의 비슷하게 나타날 수밖에 없다는 것이다.

따라서 야곱의 원가족의 가족 구조를 살펴보면 부모의 삶과 비슷한 삶의 독특한 양상이 가족의 중요한 문제점으로 나타나는 것을 쉽게 알 수 있다. 특히 야곱의 원가족 구조에서는 여러 사람과의 결혼 현상이 드러나고 있다. 아브라함의 형제 나홀은 밀가와 르우마 두 명의 아내를 두었다. 아브라함 역시 사라와 하갈, 그리고 그두라의 세 명의 아내를 두었다.

또 다른 독특한 가족현상은 장자권이 바뀌는 현상이다. 아브라함의 장자는 이스마엘이 되어야 하지만 이삭이 되었고, 이삭의 장자는 에서가 되어야 하지만 야곱이 되었다. 또한 야곱의 장자는 르우벤이 되어야 하지만 요셉이 되었고, 요셉의 장자는 므낫세가 아니라 에브라임이 되었다. 물론 이유는 가각 다르지만 4대에 걸쳐 이루어진 형상은 독특한 가족현상임에는 틀림없다.

또 다른 야곱 원가족의 구성에서는 비결손핵가족, 편부모가족, 재혼가족, 삼세대동거가족, 확대가족 등 다양한 가족유형을 찾아볼 수 있다. 그러나 야곱의 가족의 경우에는 삼세대동거가족의 유형과 확대가족의 유형을 찾아볼 수 있다. 삼세대 동거가족이란 부모 혹은 부모 중 어느 한쪽이 조부모 혹은 조부모 중 어느 한쪽과 동거하는 것으로 편부모의 경우이다. 야곱은 가나안에서 자녀들과 손자녀들과 살았다. 그리고 흉년을 극복하고자 애급으로 양식을 사러 갔다가 요셉을 만남으로 모든 가족이 애급에서 살게 된다. 삼세대 동거가족에서는 가족 중 누가 부모의 역할을 하는가를 탐색함으로써 경계와 연합, 갈등 등의 문제를 탐색할 수 있다. 삼세대 동거가족에서 부모의 역할 혹은 가장의 역할은 실질적으로 야곱의 아들 중에서 요셉이 담당하고 있다. 또 야곱의 원가족의 구성에서는 자녀들의 출산에서 표준범위 밖의 일어나는 것을 볼 수 있다. 아브라함이 자녀를 얻지 못하다가 100세가 되어 이삭을 얻었다. 이삭 역시 자녀가 없어 하나님께 기도하여 에서와 야곱 쌍둥이를 얻었다. 야곱 역시 라헬과의 관계에서 자식을 얻지 못하여 속상해하다가 뒤늦게 자식을 얻었다.

또한 결혼관계에서도 아브라함은 아내 사라와의 관계를 누이라고 했는데 사촌 간이기 때문이다. 이삭 역시 리브가를 누이라고 했는데 사촌 간이다. 야곱 또한 레아와 라헬이 사촌 간이다. 이것은 당시 사회를 구성하고 유지하려는 사회적 현상이다. 또 생활주기의 적합성에서 나타난 특징은 아브라함은 아내의 하녀 하갈과의 관계를 통하여 이스마엘을 낳는다. 야곱 또한 아내의 하녀 실바와 빌하를 통해 자녀를 출산한다. 아내들이 아들을 낳기 위해 경쟁하고, 하녀들까지 동원하여 자식 낳기 경쟁을 한 것은 여자들의 위치가 아들을 먼저 낳음으로써 세워지기 때문임을 알 수 있다.

이와 같이 야곱의 가족현상에 나타난 유형들은 여러 세대를 걸쳐 반복되어 질 수 있다. 가족유형은 세대에서 전달될 가능성이 있으므로 가계도를 통해서 반복되는 유형을 조사해야 한다. 이러한 반복되는 유형은 역할이나 관계나 가족의 구조에서 나타나는데 다음 세대에 전달되지 않도록 주의하는 것이 가능하다. 이처럼 역할 유형이란 가족성원의 역할이 여러 세대를 걸쳐 반복되어 나타나는 것을 말한다. 관계유형이란 친밀함, 거리, 갈등 등의 관계유형도 세대를 걸쳐 나타날 수 있다. 아브라함의 아내 사라의 이삭에 대한 사랑(창 21:8)은 대단하여 젖 떼는 날 잔치를 했다. 이삭의 아내 리브가는 야곱에 대한 사랑이 대단하여 야곱이 아버지의 축복을 받는 과정에 "너의 진노를 네게 돌리리니"(창 27:13)라고 할 정도였다. 야곱의 아내 라헬 역시 요셉에 대한 사랑이 대단하여 채색 옷을 지어 입힐 정도였고 이로 인해 형제들의 미움을 살 정도였다. 그러나 이러한 일들은 결국 가정불화를 가져왔다. 반면에 편애의 가정에서는 건강하지 못한 역학관계에 빠지게 된다. 여기서 각각의 세대에 아들 중 한 명은 가정을 떠나는 패턴이다. 한 세대에서 다음 세대로 반복하여 나타나는 패턴에서는 결국 파괴적인 역동적 관계가 반복되는 것을 볼 수 있다. 어떤 경우든 편애는 가족을 분열시키는 양상으로 나타남을 볼 수 있다.

반면에 역할 유형과 관계 유형이 반복되는 것처럼 가족의 구성도 반복될 수 있는 것이다. 세대마다 구조가 반복되면 가족유형이 더욱 견고하게 되는 것은 자주 있는 일이다. 특히 구조 양상이 바로 전 세대와 동일할 때 그러한 경향이 크다. 아브라함의 장자권은 이삭에게 이어졌고, 이삭의 장자권은 야곱에게, 야곱의 장자권은 요셉에게로 돌아갔다(대상 5:1-2). 이에 아브라함, 이삭, 야곱, 요셉은 장자라는 면에서 가족구성이 반복적으로 이루어지고 있음을 볼 수 있다. 마찬가지로 첫 번째 아내라는 면에서 사라, 리브가, 레아도 구조의 반복이 이루어지고 있음을 볼 수 있다.

또한 특이한 상황은 야곱의 가족은 인생의 중대사와 가족의 역할 변화가 서로 연관되어 여러 가지 사건과 가족 역할 변화와 우연의 일치성이 동시에 일어나는 것을 알 수 있다. 중대사의 우연의 일치란 가족의 중대사 중 몇 가지가 동시에 일어나는 것을 말하는데, 아브라함이 흉년을 피해 애급으로 갔을 때 아내 사라를 누이라고 속여 추방당하는 사건을 겪게 된다. 이 사건은 후에 그랄에 가서도 똑같이 경험하게 된다. 이삭 때에도 흉년이 들어 애급에 가게 되고 거기서 이삭은 부인 리브가를 누이라고 속이다가 발각되어 쫓겨난다. 야곱 때에도 흉년이 들어 애급으로 양식을 사러갔다가 요셉을 만나게 되는데 이처럼 가계도에 나타난 중대사의 우연의 일치가 일어나게 되는 특이한 것을 발견하게 된다.

야곱의 가족을 구조적 가족치료 이론의 관점에서 보면 눈에 보이지 않는 경계의 개념으로 야곱의 가족에게 나타난 가족의 문제의 특성을 발견할 수 있다. 야곱의 가족은 부부체계가 제 역할을 다하지 못하고 자식을 끌어들여 애매한 경계를 가졌다고 할 수 있다. 아브라함과 사라는 부부체계 사이에 이삭을 끌어들여 삼각관계를 이루었고, 이삭과 리브가는 에서와 야곱을 끌어들여 감정적 제휴를 한다. 이것은 각 체계가 제 역할을 다하지 못함으로써 자식이 부모의 영역을 침범한 것으로 볼 수 있다. 그러나 기능을 잘해나가고 있는 가족이라면 가족원들은 보호자, 의존자, 제공자, 대변자 등의 역할을 담당한다. 한 가지 역할을 담당하는 사람이 지나치게 많은 것을 가계도에서 볼 수 있다.

또한 구조적 가족치료의 관점은 다른 대상과의 관계를 통해 가족구조가 재구성함으로 주변 환경이나 가족관계를 개선시킴으로써 가족의 구조를 재구조화할 수 있다고 보았다.[8] 이러한 이론은 하나님과 야곱의 가족관계를 설명할 수 있는 근거가 되기도 한다. 즉, 치료자가 가족과 새로운 관계를 형성하여 그들에게 전폭적인 지지를 하고 그 가족이 기능적인 구조를 갖도록 노력한다. 역시 야곱의 가족은 하나님과의 관계를 통해 가족의 문제가 해결해 감을 알 수 있다. 하나님은 야곱 가족의 문제에도 불구하고, 그들을 긍정해주는 대상이었다. 야곱의 가족은 삼위일체 하나님과의 관계를 통해 기능적인 구조로 회복해 나갔다고 할 수 있다. 여기서 삼위일체 하나님은 야곱의 가족에 치료자적인 역할을 담당하며, 능동적인 촉매역할을 했다고 볼 수 있다.

3. 치료자의 역할 –개입의 기능

일반적인 가족상담은 치료자와 내담자의 쌍방관계에서 상담이 이루어지고 있다. 그래서 가족상담에서는 치료자의 개인적인 특질을

---

8) Salvador Minuchin, *Families and Family Therapy*, 161~62.

매우 중요하게 여긴다. 치료자의 역할을 수행하는 데는 항상 내담자의 가치를 존중하고 안정된 정신건강을 요구하고, 효과적으로 의사소통을 할 수 있는 역량, 자신의 인간관계와 관련하여 직감적이고 감정을 느끼는 예술적인 특질을 가져야 한다. 무엇보다 가족치료자가 된다는 것은 분명히 다면적인 과정이다. 그러나 크리스천가족상담은 치료자가 내담자와 함께 상담을 목적으로 대화하는 중에 하나님께서 상담대화의 참여적 제3자(The third person)로 임재하셔서 치료자와 내담자가 대화를 나누는 가운데 친히 오셔서 대화를 들으시며 치료자와 내담자를 도우시며 내담자를 치유하시는 참여적 제3자가 되신다.[9] 따라서 크리스천가족상담에서 상담의 주 구성원은 보혜사 성령이시므로 문제해결을 위해 성령의 임재와 개입을 요청하는 것은 필수적인 것이다. 그러므로 크리스천상담에서 문제의 해결은 치료자, 내담자, 그리고 성령과의 상호관계 속에서 효과적으로 나타날 수 있는데 상담을 역동적으로 이끄는 것은 바로 성령의 사역이라는 것을 치료자와 내담자가 모두 인정해야 한다는 독특성을 가지고 있다.[10]

성경에 기록된 야곱의 가족의 경우, 그들이 문제에 직면할 때마다 삼위일체 하나님이 개입하셔서 치료자의 역할을 담당하시고, 기능적인 구조로 회복해 주셨음을 발견할 수 있다. 야곱은 형 에서를 피하여 브엘세바를 떠나 화란을 향해 도피하던 중 밤이 되어 돌을 취하여 베개 삼아 잠을 자다가 꿈속에서 하나님의 계시의 말씀을 듣고 잠이 깨어 일어났다. 야곱은 그곳에서 하나님 앞에 단을 쌓고 하나

---

9) 이홍찬, 『개혁주의 목회상담학』, 35.
10) 이홍찬, 『개혁주의 목회상담학』, 31.

님께 서원하여 하나님의 보호하심과 지키심을 확신하게 되었다.

그 후 야곱의 가족은 하나님과의 관계를 통해 가족의 문제가 해결되어 감을 알 수 있다. 야곱은 외삼촌의 집에서 20년간의 생활을 접고 고향인 가나안으로 돌아가는데 그의 인생에 최대의 위기를 맞게 된다. 형 에서가 사백 인을 거느리고 야곱을 만나러 온다는 소식을 들은 것이다. 이에 모든 소유와 가족들은 얍복 강을 건너게 하고 자신은 홀로 남아 밤새도록 하나님께 간구하여 이스라엘(창 32:28)이라는 이름을 축복으로 받게 되었다. 그 결과 야곱은 에서를 두려워하였지만 에서는 달려와서 야곱을 끌어안고 입 맞추고는 야곱을 붙들고 함께 울며 화해를 이루었다(창 33:3-4). 삼위일체 하나님은 야곱의 가족의 문제에 친히 개입하셔서 치료자적인 역할을 하셨다.

또한 야곱과 그의 가족이 세겜에 머물 때에 레아가 낳은 딸 디나가 그 땅의 여자들을 보러 나갔다가 히위 족속 중 하몰의 아들 그 땅의 추장 세겜에게 강간을 당했다(창 34:2). 야곱의 아들들은 세겜 성의 모든 남자가 할례를 행할 것을 조건으로 제시한 후, 세겜의 모든 남자들이 할례를 받고 고통 중에 있을 때에 야곱의 두 아들 시므온과 레위가 각기 칼을 차고 부지중에 그 성을 습격하여 세겜의 모든 남자들을 죽여버렸다(창 34:25-26). 야곱은 가나안 족속과 브리스 족속사람들이 그 일로 인하여 자신을 칠까 두려워하였다(창 34:30). 야곱은 세겜 성에서의 사건으로 인하여 근심에 싸여 있을 때 하나님께서 야곱에게 나타나셔서 벧엘로 올라가서 형 에서를 피하여 도망하던 때에 약속한 대로 그곳에 단을 쌓고 예배할 것을 명하셨다(창 35:1). 따라서 야곱은 집에 거하는 모든 자에게 이방 신상을 버리고 자신을 정결하게 하고 의복을 바꾸라고 명하였다(창 35:2). 그는 벧엘로 올라가서 하나님께 예배하기 위해 가족들과 함께 벧엘을 향해 떠났으나 야곱이 근심한 대로 그의 가족을 추격하는 자들은 없었다. 그것은 하나님께서 그 사면 고을들로 크게 두려워하게 하셨기 때문이었다. 야곱은 벧엘에 이르러 거기서 단을 쌓고 그곳을 '엘벧엘'이라 불렀다. 하나님께서 그곳에 나타나셔서 그에게 복을 주시고 생육하고 번성하라고 축복하셨으며, 아브라함과 이삭에게 주시기로 약속하신 땅을 야곱과 그의 후손에게 주실 것을 약속하셨다(창 35:11-12). 이와 같이 삼위일체 하나님은 야곱의 가족이 문제에 직면할 때 문제마다 친히 개입하셔서 치료자가 되셔서 그들을 치료하셔서 야곱의 가정을 기능적인 구조로 회복해 주셨음을 찾아 볼 수 있다. 그러므로 크리스천 치료자는 인간이 가진 자원만을 활용해서는 안 된다. 하나님은 치료자와 내담자를 함께 그 문제를 해결해 나가는 일에 적극적으로 참여하시며, 인간이 목표하는 것 이상의 것을 허락하신다. 이와 같이 하나님의 현존을 인식하고 바라는 것은 상담을 기독교적으로 만드는 중요한 요소이다. 진정한 가족상담은 고통받고 있는 사람이 안고 있는 상처와 내면적 투쟁, 불안을 그의 백성에게 놀라운 치료자이신 하나님과의 역동적인 치유관계로 인도하는 것이 되어야 한다(출 15:26).[11]

11) "나는 너희를 치료하는 여호와임이니라."(출 15:26 개역개정판).

18장

기독교 가족치료의 적용가능성과 전망

앞에서 논의한 야곱가족의 문제분석의 결과들을 기독교적 관점에서 야곱의 가족을 재조명하고, 또한 다세대 가족치론이론과 구조적 가족치료 이론의 주요한 개념들 가운데 인간관, 가족체계, 상담의 목표와 기법, 치료자의 역할을 중심으로 크리스천가족상담을 위한 적용 가능성을 논의하고자 한다.

1. 야곱의 가족에 대한 재조명

성경에 나타난 야곱 가족의 문제 분석에서 크리스천가족이 일반적으로 생각하는 성경적 가족관과는 상당한 차이가 있음을 발견하게 되었다. 성경에 나타난 인물들과 그의 가족은 이상적인 가족관을 뒷받침하는 자료로 사용되었다. 그러나 야곱 가족에 대한 분석은 여러 가지 제반의 문제를 지녔지만, 자신들의 앞에 놓인 문제와 씨름하며 현실 속에서 나름대로 열심히 살아갔던 야곱의 가족을 통해 현대 크리스천가족에 대한 새로운 이해를 갖게 된다. 따라서 오늘날 크리스천가족 연구에 있어서 야곱의 가족의 모습은 가부장적이고, 사고 중심적이고, 문제가 없는 가족을 이상화시키는 전통적인 가족 이해를 지양하고, 현실 속에 다양한 문제를 안고 있는 가족의 모습을 보게 한다. 이러한 새로운 가족에 대한 이해는 현대가족의 다양하고 특수하며 불규칙적인 가족문제에 관심을 가지게 하며, 이것은 보편적인 가족의 문제뿐만 아니라 현대사회의 모든 가족의 문제를 접근하는 데 있어 효과적이라고 여긴다. 따라서 성경에 기록된 야곱의 가족을 새롭게 조명해 봄으로써 급격하게 변화되는 문화적 변용(acculturation) 과정에서 사회의 영향을 받으며 변화 속에 있는 가족, 삶의 과정 속에서 다양한 문제를 드러내는 가족, 그럼에도 불구하고 하나님과의 관계성 속에서 미래를 향해 나아가는 크리스천가족에 대한 논의하려고 한다.

첫째, 야곱의 가족을 통해 역사적 실체로서 변화하는 가족의 과거의 모습을 되돌아보게 한다. 1950년대 이후 가족의 문제를 전문적으로 연구해 온 가족치료학자들은 가족을 독립된 체계가 아닌 사회나 주변 환경의 영향을 받는 유기적 체계라고 보았다. 그들은 가족구성원의 인격이 원가족 또는 가족구성원간의 관계를 통해 형성된다고 보았기 때문에 가족 문제의 원인을 가족 내에서 찾고자 하였다.[12] 송성자는 가족의 문제를 보는 이론적 관점에 따라 거시적 관점과 미시적 관점으로 나눈다. 거시적 관점은 산업화와 현대화에 따른 정

12) 송성자, 「한국 가족문제 성향과 가족치료적 접근」, 『한국사회복지학』, 통권 23호, 1994, 5, 118.

치, 경제, 사회구조와 같은 가족 외적요인과 가족관계를 근거로 가족문제의 성격과 요인을 설명하려는 방법으로 문제를 접근하는 반면, 미시적 관점은 가족구조, 가족관계, 가족기능, 가족생활주기 등과 관련된 문제를 다루는 방법으로 접근하고 있다. 특히 다세대 가족치료 이론은 가족의 증상을 치료하기 위해서는 역사적, 심인적 요소를 발견해야 한다고 생각했다. 따라서 그는 원가족과의 경험이 문제의 실마리라고 생각하고 삼 세대까지 관심을 갖는다.[13] 구조적 가족치료 이론 역시 내담자와 그를 둘러싼 대상과의 관계성을 중요시한다. 그는 다른 대상과의 관계를 통해 어떻게 자신의 경계를 확보하는지에 대해 관심을 가진다. 이것은 가족치료 역시 가족과의 관계 속에서, 가족의 역사 속에서 가족의 문제를 찾고자 함을 알 수 있다. 이것은 야곱 가족에게 있어서도 마찬가지이다. 야곱의 가족 분석에서 드러났듯이 야곱 가족의 구성원들은 복잡한 가족 구조 속에서 서로 긴밀한 연관성을 지니고 있었다. 아브라함과 이삭의 성격이 비슷한 점들, 사라와 리브가의 성격이 비슷한 점들, 그리고 야곱이 리브가와 밀착관계를 형성하면서 아브라함과 이삭과 다른 성격을 나타냈던 것은 현재의 실재가 원가족과의 상호작용을 통해 형성되었음을 보여준다. 또한 야곱 가족의 결혼유형을 살펴보면 가족이 사회환경의 영향을 받으며 다양하게 형성되어짐을 알 수 있다. 아브라함과 사라의 관계와 야곱과 레아와 라헬의 관계에서 반복되는 일부다처제의 전형을 찾을 수 있다.

그러나 야곱이 원가족을 떠나 살면서 다른 지역의 풍습에 따라야

13) 김유숙, 『가족치료』, 149~50.

했던 상황을 보여줌으로써 가족이 사회의 영향을 받고 있음을 보여준다. 이러한 관점에서 볼 때, 야곱 가족의 관계는 당시의 삶의 배경을 반영하며 형성되어진 것이라고 할 수 있다. 야곱의 가족은 가족 내의 전통을 반영하며, 당시의 삶의 배경과 사회적 관습의 영향을 받아 형성된 것이다. 야곱 가족의 문제의 분석을 통해 가족은 고정된 체계가 아니라, 역사적 배경과 사회적 상황, 그리고 가족 내의 관계를 통해 변할 수 있다는 것을 발견하게 된다. 오늘날 사회가 급격히 변화할 때 세대와 세대 사이에, 계층과 계층 사이에, 또는 남자와 여자 사이에 가치관과 기대의 갈등과 혼란이 생겨나는 것을 '문화 지체(culture lag)'라고 부른다. 즉, 근대화 과정에서 문화의 여러 부분이 서로 다른 속도로 변화한다는 것이다. 물질적 문화(공장, 기계, 교통, 의식주)의 변화와 비물질적 문화(가치관, 관습, 제도)의 변화에서 지체현상이 다발적으로 발생하고 있다. 급속한 산업화 과정 속에서 이러한 지체현상은 광범위하게 일어나 부적응 현상이 빚어지게 된다. 이러한 현상들은 역시 현대 크리스천가족에게도 영향을 끼친 가족구조의 변화와 가치관의 변화를 가져와 현대가족의 역기능적인 변화가 나타나고 있는 것이다.

둘째, 야곱의 가족을 통해 문화 지체(culture lag)의 과정 속에서 다양한 문제를 지닌 가족의 현재의 모습을 성찰하게 한다. 일반적으로 현대사회의 변화에 적응하지 못한 가족을 일컬어 '가족의 위기', '가족의 해체'라는 말로 표현한다. 이러한 관점은 일원화된 가족개념으로 가족의 문제를 무조건 부정적인 것으로 보게 한다. 또한 가족의 문제를 사회의 문제로 동일시하며, 마치 있어서는 안 될 것으로 취급하기도 한다. 그러나 급변하는 현대사회 속에서 대부분의 가족은 너무나 많은 부담을 안고 있다. 많은 가족들이 불안정한 상황에서 가족의 요구나 사회적 요구에 지치고 힘들어하는 것은 놀랄 만한 일이 아니다. 가족치료는 가족의 문제를 부정하기 이전에 그 문제를 어떻게 치료할 것인가에 관심을 둔다. 가족치료자들은 문제없는 가족을 이상적 가족이라고 하지 않는다. 따라서 이들은 문제를 가지고 있는 가족에 대해 정상이라든지 또는 비정상이라는 말 대신에 기능적, 혹은 역기능적이라는 표현을 한다. 이것은 가족이 지니고 있는 기능적 차원을 인정하는 것이며, 대두된 가족의 문제는 그 기능적 측면이 본래의 기능을 정상적으로 하지 못해 생긴 장애로 보는 것이다. 따라서 이들은 가족의 문제에 있어 역기능적인 부분을 기능적으로 전환시키는 데 관심을 둔다.[14)]

야곱 가족 문제 분석은 문제가 없는 가족을 이상적인 가족으로 제시하지 않음으로써, 모든 문제를 병리적으로 보거나 부정적으로 취급하는 전통적 견해에서 벗어나 다양한 문제들을 치료해 나갈 수 있는 근거를 제시한다. 야곱과 같이 우리 또한 역기능적인 삶을 살아왔고, 또한 살아가고 있으며, 자신의 역기능적인 삶을 자녀들에게 물려주고 있다. 주위를 돌아보면 현대를 살아가는 수없이 많은 야곱을 만나게 된다. 이러한 관점은 현대 크리스천가족의 문제에 보다 쉽게 접근할 수 있도록 도와준다. 성경을 통해 전통적인 가족 이해를 굳건히 하는 것이 아니라, 크리스천가족에게도 충분히 문제가 있을 수 있다는 인식을 갖게 해 준다. 따라서 현존하는 문제가 무조건

---

14) 존 찰스윈, 『가족치료와 목회사역』, 문희경 역 (서울: 솔로몬, 1999), 30~31.

부정적이거나 병리적인 것이 아니라, 삶의 과정으로서 충분히 나타날 수 있는 장애로 받아들여진다. 문제에 대한 포괄적이고 긍정적인 접근은 보다 구체적인 상담이 될 수 있으며, 가장 효과적인 치료를 행할 수 있는 첫걸음이 된다고 생각한다. 따라서 야곱 가족의 문제는 크리스천가족치료자로 하여금 문제가 없는 가족을 지향하는 것이 아니라, 문제가 있음에도 불구하고 그 문제를 어떻게 해결해 나갈 것인지 생각하게 한다. 이러한 관점은 현대 가족을 문제가 있는 삶에 머무르게 하지 않고, 다양한 문제를 안고 살아가고 있는 현대 크리스천가족의 문제를 치료할 수 있도록 돕는 치료자의 자세이어야 한다.

셋째, 야곱의 가족을 통해 미래를 향해 열려 있는 하나님의 비전을 바라보는 크리스천가족의 모습을 보게 한다. 대부분의 가족치료 이론은 주변 환경이나 새로운 관계의 상호작용을 통해 가족의 역기능적인 요소를 치료할 수 있다고 보았다. 다세대 가족치료에서는 역기능적인 삼각관계 속에 치료자가 개입해 기능적인 삼각관계를 형성함으로써 가족이 치료될 수 있다고 보았다. 반면에 구조적 가족치료에서는 치료자가 가족 구조에 개입하여 가족원들과 새로운 관계를 맺음으로써 가족의 구조를 새롭게 만들어 갈 수 있다고 보았다. 이와 같이 다세대 가족치료에서는 "치료과정은 가족들과 질문과 대답의 담화형식으로 이루어지고 치료자는 코치와 자문가의 역할"을 한다.[15] 또한 구조주의 치료자는 "교사의 역할, 지도자의 역할, 지지할 수 있는 친구의 역할"도 필요하다.[16]

---

15) 김혜숙, 『가족치료 이론과 기법』, 2판, 179.
16) 김혜숙, 91.

이러한 관점에서 야곱의 가족에게 하나님은 친히 문제에 개입하셔서 치료하시는 치료자가 되셨다. 야곱의 가족에게 있어 하나님은 인격적 대상으로서 동반자로 제시된다. 야곱의 가족은 자신의 문제 앞에서 하나님과 상담하기도 하고, 때로는 씨름한다. 그럴 때마다 하나님은 마치 치료자가 가족의 문제를 재구성하고 가족의 재구조화를 시도하듯이 야곱 가족의 삶을 역기능적인 삶에 개입하셨다. 이러한 관계 속에서 하나님은 야곱의 가족을 화해로 이끄셨다. 야곱 가족은 문제에 직면할 때마다 하나님과의 만남을 통해 하나님의 언약의 말씀으로 새로운 소망을 가지게 되었다. 야곱의 가족에게 하나님과의 관계가 없었다면 그들의 삶은 문제를 해결할 수 없었을 것이다. 그러나 하나님은 야곱이 가족을 떠나 하란으로 갈 때에 꿈에 나타나 아브라함에게 약속하신 말씀과 더불어 그의 미래를 동행해 주실 것이라는 언약의 메시지를 주셨다. 또한 야곱이 다시 고향으로 돌아올 때 자신의 문제를 놓고 씨름하는 그에게 하나님께서 그의 문제를 해결해 주시며 새로운 축복을 약속하셨다. 하나님의 언약에 관한 믿음은 야곱의 가족이 절망적인 현실에서 희망적인 미래로 나아가는 데 중요한 역할을 하였다. 아브라함에게 약속된 언약(창 13:14-17)은 그의 삶에 있어서 반복적으로 재생(창 2:1-3; 13:16; 14:5; 17:7-18; 22:15-18)되며, 이삭(창 26:3)과 야곱(창 28:13-14)에게 이어진다. 야곱의 가족에게 주신 하나님의 언약의 메시지는 그의 가족이 문제를 해결할 수 있는 힘으로 능력이었으며, 결국 기능적인 가족으로 설 수 있게 되었다. 이러한 관점에서 야곱 가족은 관계의 상호작용을 통해 문제가 발생하기도 하지만 다양한 문제를 가진 가족들이 현대 사회에서 하나님과의 만남으로 가족의 문제를 효과적으로 치유하심으로 새로운 변화의 가능성을 가진 체계로 이해하는 안목을 넓혀 준다.

2. 기독교 가족치료의 적용을 위한 평가

창세기 25장에서 49장까지 기록된 야곱의 생애 및 그의 가족배경, 가족관계, 가족구조 등을 중심으로 분석하고 재조명한 내용을 중심으로 다세대 가족치료 이론과 구조적 가족치료의 이론에서 주장하는 인간관, 가족체계, 치료목표와 기법, 치료자의 역할에 대해 기독교적 관점에서 이러한 주요한 주제들을 어떻게 적용할 수 있는지 적용 가능성을 모색하기 위해 논의하고자 한다.

1) 인간관

상담학자 크랩에 의하면 모든 상담의 출발은 언제나 인간 본성에 대한 기본 이해로부터 비롯된다. 상담에 있어서 인간이해는 매우 중요하다 왜냐하면 상담자가 상담모델을 정립할 수 있는 길잡이의 역할을 하기 때문이다.[17] 그러므로 인간에 관한 문제는 오늘날 우리 시대가 당면한 가장 중대한 문제들 중의 하나로 인간 이해는 상담에 있어서도 지극히 큰 영향을 미친다. 가족치료 이론에서는 한 인간과

17) Larry Crabb, *Understanding People* (Grand Rapids: Zondervan Publishing House, 1987), 87.

그의 가족에 대해 구조적 가족치료 이론에서는 '사회적 맥락 속의 인간'으로 개인과 가족을 하나의 '사회문화적 체계로서 지속적으로 변화되는 인간'으로 보며, 다세대 가족치료 이론에서는 한 개인의 증상을 개인의 문제로 보지 않고 '가족체계의 증상'으로 보고 가족의 문제는 정서적으로 융해된 '미분화된 체계'의 문제라고 보았다.

그러나 성경은 인간이 하나님의 특별한 창조사역을 통하여 존재하게 되었으며 다른 피조물과는 달리 독특하게 하나님의 형상으로 지음 받았다고 가르친다(창 1:26-27). 하나님이 사람을 자기 형상대로 지으셨다는 성경의 선언은 인간의 그 구성 전체가 하나님을 닮았고, 하나님을 반영하는 존재라는 사실을 증거하고 있는 것이다. 이는 인간은 마땅히 본질적으로 하나님을 투영(mirror)하고 하나님을 대표(represent)하도록 대사와 같은 역할을 감당 할 수 있도록 지음 받았음을 의미한다.[18] 이렇게 인간은 독특한 중요성을 가진 존재이며 하나님이 지으신 피조물 중 최상의 존재이다. 그러나 최초의 인간이 하나님의 명령에 불순종함으로 타락했으며(창 3), 범죄로 말미암아 전적으로 부패하게 되었고, 하나님의 교제가 단절되는 비극을 초래하였으며, 하나님의 진노의 대상으로 영원한 사망에 처할 수밖에 없는 존재로 전락해 버렸고(롬 3:23), 선이라고는 찾아볼 수 없는 죄악 된 모습(롬 1:28-32)뿐인 절망적인 존재가 되었다. 그러나 하나님은 예수 그리스도의 십자가의 구속으로 말미암아 인간을 그의 자녀로 다시금 부르시고 영원한 생명을 주셨으며(엡 1:4, 딤후 1:9), 예수 그리스도 안에서 모든 사람에게 새 삶을 얻게 하셨다(고전

18) Larry Crabb, 118~21.

15:21-22). 즉, 인간은 죄로 인해 하나님의 형상이 파괴되고 변형되기는 하였으나 여전히 하나님의 형상이며 하나님의 주권적 은혜의 대상이다. 전인이 죄와 타락의 영향아래 있지만 하나님께서는 예수 그리스도의 삶과 죽으심과 부활을 통해서, 성령의 새롭게 하시는 은혜를 통해서 그 전인을 구속하시는 것이 하나님의 계획이다.[19] 그러므로 인간은 비록 죄인이지만 예수 그리스도의 십자가로 구속받을 대상이기에 소망이 있으며, 크리스천가족상담의 의의도 여기에 있는 것이다.

이와 같은 성경적인 인간이해를 전제로 할 때, 내담자의 문제를 가족구성원의 상호작용의 관점에서 관찰하고 문제의 해결점을 찾아내는 방법은 인간의 문제를 해결하는 접근의 한 방법으로 크리스천 상담에 통찰을 제공하기도 한다. 즉, 인간은 가족을 비롯한 다양한 대인관계를 맺고 살아가는 존재로 그가 속한 가족이나 환경과 관련하여 문제의 진상을 파악하는 것은 바람직하다. 물론, 인간 개인에 한한 것이든 환경과의 상호작용이든 모든 문제는 인류의 원초적인 죄와 내담자 자신의 죄성에 의해서 비롯된다는 것을 간과할 수 없다.[20]

그러나 크리스천 상담에서 모든 현재의 갈등의 근원은 바로 '죄'의 문제이다. 태초 에덴동산에서의 아담과 하와가 그들의 불순종함으로 인해 죄를 지었고, 그 이후 모든 인간들 속에는 죄성이 있다. 따라서 크리스천 상담에서는 현재 어려움을 겪고 있는 한 개인, 혹은 한 가정을 바라볼 때, 이러한 모든 인간의 본성을 인정하는 것이

19) 노르만 E. 하퍼, 『현대 기독교교육』, 이승구 역 (서울: 도서출판 엠마오, 1993), 22.
20) 게리 R. 콜린스, 『카운슬링 가이드』, 정석환 역 (서울: 기독지혜사, 1992), 49.

필요하다. 그러므로 크리스천 치료자라고 할지라도 때로 어려움을 겪고 있는 가정에 대해 그들만의 특수한 '문제' 자체가 무엇인지에 초점을 맞추어 그 문제로 인한 현재의 '증상'을 제거하는 것에 집중하여 그보다 더 근본적인 것들을 놓치게 된다. 만일 가족치료에서 말하는 체계에 의한 변화를 가져온다고 해도 그것은 인간의 외적 행동의 변화와 부분적인 사고 체계의 변화와 성격의 변화일 뿐 인간의 전인적인 변화는 이룰 수 없다. 따라서 인간은 오직 예수 그리스도 안에 있다는 믿음을 가질 때만이 전인적인 변화를 가져 올 수 있는 것이다.

그러므로 크리스천 치료자는 인간이 연약한 존재임에도 불구하고 주님께서 "우리 연약한 것을 친히 담당"(마 8:17)하셨다는 믿음과, 또 '우리의 연약함을 도우시는'(롬 8:26) 성령의 역사, 또 "이와 같이 성령께서도 우리의 연약함을 도우신다"(롬 8:26-27, 표준역)라는 말씀을 의지해야 한다. 여기 '돕다'라는 본래의 뜻은 의학적인 의미를 내포하고 있는데, 고침을 받는 과정에서 간호사가 환자를 돌보아 준다는 의미이다. 성령님께서 우리의 동반자와 상담자가 되시어 우리의 연약함을 고치시기 위해서 우리와 함께 이 일에 동참하시어 일하신다는 뜻이다.[21] 그러므로 크리스천가족상담에서 가장 우선시 되어야 할 기본 전제는 인간의 연약함에 대한 인정이며, 따라서 가족은 여러 가지 갈등을 충분히 겪을 수 있고, 이에 대한 회복은 가족들의 노력과 동시에 성령님의 도우심으로 가능하다는 것을 믿는 믿음이 전제되어야 한다. 따라서 가족치료 이론을 적용함에 있어 크리스

---

21) David A. Simenson, 『상한 감정의 치유』, 송헌복 역 (서울: 도서출판 두란노, 1986), 30.

천가족상담자는 어려움 속에 있는 한 개인이나 혹은 가족에 대해 성경적 인간관에 근거하여 죄성을 가진 연약한 인간으로서의 진정한 이해가 우선시 되어야 한다.

2) 가족체계

일반적으로 가족치료 이론에서 가족을 체계적으로 보면 상호작용적 욕구가 충족되는 곳으로, 생존을 위한 욕구를 교환하는 곳으로 개인은 가족을 통해서 성장하고 성격이 형성, 발달하며 모든 잠재력이 실현되는 터전이다. 또한 가족은 개인의 행동을 만들어내는 상호작용의 체계로 이해한다. 반면 성경은 가정을 가장 근본적인 최초의 기관으로(창 1:28), 하나님의 창조질서에서 시작되며 누구도 파괴할 수 없는 하나님의 언약의 기관으로 이해하며[22], 기독교 가정의 제일 목적은 하나님을 영화롭게 하며, 하나님 나라를 확장하는 것이다. 성경은 가정의 기본이 되는 부부관계에서 지향하고 나아가야 할 관계는 그리스도와 교회의 관계라고 말한다(엡 5:22-33). 즉, 그리스도와 교회의 관계는 남편과 아내가 지향하고 나아가야 할 모범이며 원형으로 예수 그리스도가 교회를 사랑하신 것처럼 피차 사랑하고 복종하고 헌신으로 연합하는 관계를 강조한다. 또한 하나님의 모습을 이 땅 위에서 보여주는 그림을 그리는 곳, 즉 하나님의 삼위일체성(창 2:18, 24)과 구속의 사역(엡 5:22-33)을 드러내어야 한다.[23]

또한 하나님께서는 일찍이 가정 내에서의 잠재적 교육과정으로서

22) 정정숙, 『성경적 가정사역』 (서울: 도서출판 베다니, 1996), 72~73.
23) 황규명, 『성경적 가정상담』 (총신대학교 상담대학원, 1994), 4.

의 부모의 역할을 강조하셨다. 하나님은 자녀를 가르치는 가장 기초적인 교육의 장으로서 가정의 중요성을 강조하셨고, 가정에서 일어나는 문제들의 원인뿐만 아니라 해결방법으로 신앙과 행위의 기준이 되는 하나님의 말씀 곧 율법과 계명을 제시해 주셨다. 이러한 기독교적 가족이해를 전제로 가족이라는 체계 내에서 하나님 앞에서 능동적으로 반응하며 선택하고 책임질 수 있는 존재로서의 개인의 중요성을 간과할 위험과 가족이라는 환경 뒤에 숨어버리는 약점을 극복할 때, 크리스천가족상담을 위한 몇 가지 적용가능성을 발견하게 될 것이다.

이러한 이해를 전제로 가족치료 이론을 크리스천가족상담으로 적용하기 위한 모색 점을 찾는다면 첫째, 크리스천가족상담자로서 가족치료과정에서 문제를 가지고 있는 개인을 가족체계와 연관시켜 문제를 분석하고 해석하는 통찰의 기회를 갖게 된다. 실제로 인간의 많은 문제들이 개인의 내적인 문제로 국한하거나 제한해서는 안 되며 가족이나 이웃관계, 직장이나 사회, 문화 등 구조적 영역까지 포함하여 다루어야 한다. 그러므로 문제의 개인적 차원을 뛰어넘어 가족이나 교회공동체의 관점과 공동체의 영향력에 대해 발견해야 한다. 이러한 개념은 성도와 성도의 가정, 성도와 교회환경, 그리고 교회와 사회환경 등 다양한 영역으로 확대 적용될 수 있다. 따라서 개인의 문제를 단순히 개인의 내적인 원인과 결과의 관계로만 보지 않고, 보다 큰 차원과의 상호관계성 속에서 본다. 개인의 문제는 관계의 영역, 곧 하나님, 이웃, 가족, 자신과의 관계의 영역의 핵심부분이다.

둘째, 가족체계의 변화를 관찰하고 가족구성원간의 관계를 이해한 점도 크리스천가족상담에 있어서 가족문제를 이해하고 상담할 수 있는 하나의 통찰을 제공하고 있다는 점이다. 가족들 간의 얽힌 문제들이나 고통을 호소해 오는 내담자의 문제를 그 가족구성원 간에 관계를 치료자가 관찰하면서 보다 쉽게 문제의 상호관계성을 파악하고 역기능적인 패턴을 교정해 주므로 가정의 문제를 해결할 수 있다.

3) 치료목표 및 치료기법

일반적으로 가족치료 이론에 있어 다양한 치료의 목표를 설정하고 개입하고 있다. 대체적으로 가족치료 이론에서는 가족 전체의 체제와 구조의 변화를 시켜서 문제를 일으킨 특정 인물의 행동변화를 이룩하는 것이 실제적 목표라 하겠다. 가족상담 이론의 입장에서는 가족의 체계가 잘못된 것이 문제이기 때문에 가족체계를 정상적으로 바꾸는 것이 일반적으로 목적이 될 것이다.

특히 다세대 가족치료 이론에서 핵심적인 개념으로 '자기분화'는 바로 치료목표이고, 성장목표이기도 하다. 또한 일반적으로 구조주의 치료자들은 가족의 문제나 병리증상이 가족의 역기능적인 구조에 의한 것이라는 가정에서 가족의 역기능적인 구조를 평가하고 사정하여 가족의 구조를 변화시켜 기능적인 역할을 수행하도록 하는데 있다. 치료의 목표는 가족 구조의 변화, 즉 가족의 재구조화이다. 이러한 가족치료 이론의 치료목표를 전제로 크리스천가족상담의 적용을 시도한다면 몇 가지 모색점을 발견할 수 있다.

첫째, 다세대 가족치료 이론은 한 인간이 가족 안에서 두 가지 방향의 삶의 압력 속에서 균형을 잡는 것은 자율적인 작용능력인 '분화(differentiation)'와 관련되며 자기분화가 잘되어 있을수록 두 방향의 삶의 압력으로부터 균형을 잡을 수 있고, 또 한편으로 균형을 잘 잡고 있는 개인의 자기분화 수준은 높아진다고 주장한다.[24] 즉, 한 개인의 자기분화를 그가 속한 가족 안에서 이루어야 하는 것으로 주장하지만, 기독교적 관점에서 자기분화는 그리스도 안에서 한 개인이 자신의 정체성을 발견하여 자신을 세상으로부터 개별화시킴과 동시에 세상에서의 자신의 소명을 깨닫고 하나님과 사람과의 균형 잡힌 삶으로 나아가는 것이다.

보웬은 적절한 자기분화는 내적으로 자유로워지고 자신의 목표를 성취하며 원만한 인간관계를 위해 지속적으로 추구하는 것이라고 하였다. 그러나 그리스도인에게 있어서 참 자유은 그리스도를 통한 구속으로 말미암는 죄에서 자유함이다. 그러므로 기독교적 관점에서 진정한 자유함을 얻기 위해서 하나님의 말씀 안에 거하며 주님의 제자가 될 때 진리 안에서 자유함을 얻는 것이다. 이것이 곧 그리스도인으로서의 '자기분화' 수준이 높은 한 인간이 되는 것이다. 영적 자기분화 수준이 높지 못하면 세상으로부터 미분화되어 뒤엉키고, 혼합된 감정 상태에 있어 진리 안에서의 참 자유함과 자율적인 정체감을 가질 수 없다. 그러나 그리스도인들은 이 세상으로 보냄을 받은 자들이기 때문에 이 세상에서 살아가는 동안에는 세상과 완전히

24) 송정아 · 최규련, 『가족치료 이론과 기법』, 198.

분리될 수 없다. 그리스도인들의 부르심은 세상과의 개별화를 통해 하나님과의 교제에서 이루어지지만, 동시에 이 세상을 향하신 소명에 대한 확신으로 통해 그 열매를 맺을 수 있는 것이다.

보웬이 말하는 자기분화는 내적으로 자유로움과 목표를 성취하며 만족스러운 인간관계라고 하였는데 기독교적인 관점에서 자신의 삶에서 하나님이 주신 뚜렷한 소명의식을 가지는 것이다. 보웬의 자기분화 개념을 기독교적인 관점으로 재해석하면 그리스도 안에서 한 개인으로서의 개별성을 가지면서 동시에 하나님의 가족 안에서 지체의식을 가지는 것으로 하나님께서 주신 계명, 곧 하나님을 경외하고 이웃을 내 몸과 같이 사랑하라는 것이다. 즉, 그리스도 안에서 이 세상에 보내신 하나님이 주신 소명을 깨닫고 하나님을 사랑하며 이웃을 사랑하는 균형 잡힌 삶을 사는 것을 평생토록 추구하는 것이다. 이러한 전제에서 크리스천 치료자와 내담자가 치료 관계를 맺게 될 때 크리스천가족상담의 의의가 나타나게 될 것이다.

또한 보웬은 삼각관계의 형성에 있어 근본적인 원인은 '안정감'을 갖기 위해서라고 주장한다. 즉, 자신의 정서적인 불안을 해소하기 위해 제3자를 개입시켜 일시적으로 불안을 감소시키고 그 속에서 안정감을 느끼려고 하는 것이다. 분화의 수준이 낮으면 불안이 생겼을 때 이를 합리적으로 생각하여 목표를 가지고 행동하지 못하기 때문에 즉흥적이고 즉각적인 행동을 하게 된다. 또한 자신의 불안을 다른 사람에게 의존하여 낮추려 한다. 그리하여 삼각관계를 형성하게 된다.[25)]

---

25) 김용태, 『가족치료』 (서울: 학지사, 2000), 356.

그러나 기독교적인 관점에서 이러한 삼각관계를 볼 때, 야곱의 가족에서 나타나듯이 부부가 특별히 약한 자녀를 삼각관계에 끌어들인다. 그러나 이러한 삼각관계는 일시적으로 불안을 줄일 수 있을지 몰라도 궁극적인 문제 해결에 도움을 주지는 않는다. 즉, 삼각관계는 '아버지-어머니-자녀'의 형태로 나타나고 있지만, 결국은 '아버지-어머니-하나님'으로 이루어져야 한다. 부모는 삼각관계를 통해 자신의 정서적인 불안을 해소하려고 한다. 하지만 삼각관계는 어느 누구도 자신의 의사 전달을 직접적으로 하지 않기 때문에 더욱 커져 맞물린 삼각관계의 형태가 나타나게 되는 것이다. 여기에서 자신의 정서적인 불안을 묻어두고 방어하려는 모습들이 존재한다. 정서적 불안을 해소하는 방법은 삼각관계가 아닌 그 대안으로 로렌스 크랩(L. J. Crabb)의 제안은 삼각관계를 통해 정서적 불안을 해결하고자 하는 움직임과 반대방향이다. 크랩의 제안을 토대로 삼각관계를 보면, 두 사람의 관계에 하나님이 개입해야만 진정한 문제해결이 가능함을 알 수 있다. 자신의 감정을 표현하되, 사랑이라는 목표로 표현을 제한한다는 것은, 하나님께 일차적으로 감정을 표현하는 것이라고 이해할 수 있다. 그리고 상대방에게는 두 번째로 표현하는 것이다.[26]

보웬의 치료의 목표는 불안을 감소시키고, 자기분화를 증가시키는 것이다. 즉, 분화되지 않은 가족체계에서 자신을 분리 독립시켜 정체감을 형성하고, 여러 가지 충동적, 정서적 사고와 행동에서 자유를 획득할 수 있도록 돕는 것이 목표이다. 그러나 치료 관계에서

26) Lawence J. Crabb, 『인간이해와 상담』, 윤종석 역 (서울: 도서출판 두란노, 1993), 288.

크리스천가족치료자는 그동안 계속되어 왔던 다세대 간에 걸친 삼각관계와 그 속에서의 역동성을 찾아내 가족들로 하여금 볼 수 있도록 해주고, 그 속에서 삼각관계를 형성하고 있었던 사람이나 삼각관계의 대상이 되었던 사람을 모두가 그 삼각관계로부터 자유로워지는 것을 도와야 한다. 이때 크리스천 치료자는 인간은 연약하고, 또한 그러한 인간의 연약함으로부터 삼각관계는 쉽게 형성될 수 있는 것이며, 그러나 그러한 삼각관계는 결코 진정한 안정감을 가져다주지 못하며, 진정한 안정감은 하나님께로부터 온다는 기독교적 관점에서의 탈삼각화를 설명하고, 또한 하나님의 자녀인 그리스도인의 정체성을 잃지 않고 세상이 주는 여러 가지 불안으로부터 다른 제삼자를 끌어들이지 않아도 된다는 진정한 자유함을 갖기 위해서 코치해 주어야 한다.

둘째, 구조주의 가족치료의 목표는 가족체계를 재구조화하고 불분명한 경계선을 명확히 하며 개인과 가족에 있어서 사고체계의 변화와 행동의 변화를 가져오는 것이다. 이러한 가족치료 목표는 크리스천가족치료에서도 수용할 수도 있다. 그러나 치료의 목표가 인간의 행동과 사고체계의 변화를 일으킴으로써 완전히 이루어 졌다고는 볼 수 없다. 크리스천가족치료에서 개인의 변화를 치료의 목표로 할 수 있지만 또 다른 점은 전인의 회복으로 나아가야 한다는 점이다. 크리스천가족치료자 입장에서 조지 로커스(George Rokers)는 가족치료의 목표를 첫째, 효과적인 의사소통으로 가족들의 빈약한 의사소통을 효과적으로 바꾸도록 돕는 데 있으며, 가족 상호 간의 필요, 감정, 생각들을 분명히 하도록 도울 뿐만 아니라 상대방의 말을 경청할 수 있도록 하는 데 있다, 둘째, 장애적인 모형들과 제휴를 교정하는 것이다. 개인이 다른 구성원과 접촉할 때 불건전한 제휴가 형성되기도 한다. 그러므로 크리스천가족치료자는 가족 간의 역기능적인 제휴 모형을 사랑과 상호이해의 기능적인 관계로 바꾸는 것이다. 셋째, 혼돈의 극복이다. 정서적인 문제들과 영적인 문제들과 관계의 문제들은 가정의 문제들과 서로 얽혀 있을 때가 많은 데 이러한 경우 치료자는 가족들이 이런 문제를 분별하도록 돕는 것을 치료 목표로 해야 하며 각 하위체제 간의 경계선을 분명히 하고 새로운 환경에 적응할 수 있도록 도와야 한다. 넷째, 지나친 개인주의 교정이다. 때로 지나치게 밀착된 가족이나 유리된 유형을 띤 가족을 만나는 경우가 있는데 이러한 경우 치료자는 가족의 진정한 상호관계를 개발하며 서로에게 진실한 교제를 나누도록 돕는 것이다. 다섯째, 용서와 화해를 통한 갈등 해소 및 관계 회복이다. 크리스천 치료자는 기능적인 관계회복을 위해 하나님과의 관계를 회복하고 인간 상호 간의 용서와 화해가 이루어지도록 돕는 것이다.[27]

그러므로 크리스천가족상담에서는 원가족과의 정서적 관계를 살펴봄과 동시에 크리스천가족의 하나님과의 관계를 살펴보고, 하나님과의 화해를 제시해야 한다. 조지 로커스는 '화해'가 기독교 가정상담의 핵심이라고 주장하면서 "성경은 근본적인 인간의 욕구가 하나님과 화해된 관계를 갖는 것이요, 하나님과 화평하는 것이라고 가르친다. 예수 그리스도만이 이러한 평화의 선물을 우리에게 줄 수 있다. 이런 하나님과의 평화는 모든 문제와 고난과 갈등을 겪고 있

27) George A. Rokers, 「가정상담」, 『기독교 상담시리즈』, 제14권, 오성춘 역 (서울: 도서출판 두란노, 1996), 108~10.

는 가정생활에 아주 중대한 영향을 준다."고 했다.28) 따라서 성령의 인도를 받는 크리스천 상담자는 가족들의 화해를 격려해야 한다. 화해에 관한 성경의 가르침을 적용하는 것은 가족 간의 갈등 해결의 기초라 할 수 있다. 크리스천가족상담자는 이러한 보다 근본적인 그리스도인의 영적인 화해를 격려해야 하며, 이는 또한 가족의 치료관계에서 주요한 기법으로 받아들여야 할 것이다.

4) 치료자의 역할

보웬이 주장하는 치료자의 역할은 가족의 삼각관계에서 벗어나는 것을 도울 수 있기 위해 치료자 자신의 원가족으로부터 높은 수준의 분화를 이루어야 하고, 더 많이 분화된 치료자일수록 치료가 더 성공적이라고 하였다.29) 즉, 상담과정 중 상담자가 부부간의 문제에 나서지 않고 조용하고 중립적이며, 부부간의 정서적 삼각관계에 얽혀들지 않고 초연한 자세를 취할 수 있어야 하는 것이며, 상담자가 이러한 자세를 취할 때 부부간의 긴장이 가라앉고 부부간의 융합이 서서히 해결되며, 다른 가족성원들도 자동적으로 기존의 부모와의 관계를 변화시킬 수 있는 것이다. 이러한 치료자의 역할은 크리스천 가족치료자에게도 필요한 것이다. 치료자가 치료관계에서 가족들로부터 초연하고 균형잡힌 자세를 취할 수 있기 위해서는 무엇보다도 우선 치료자가 하나님 앞에 바로 서 있어야 한다. 즉, 자신의 정체성과 소명의식을 뚜렷하게 가지고 있는 영적 자기분화가 잘되어 있는

28) George A. Rokers, 111~12.
29) 최선화, 「세대간 가족치료모델」, 이화여대 사회사업학과, 『가족치료 총론』, 305.

자이어야 한다는 것이다. 그렇게 함으로써 치료자는 부부간의 삼각관계에 얽혀들지 않고, 그 대신에 그 사이에 하나님을 증거 할 수 있는 기회를 얻을 수 있다. 또한 크리스천 치료자는 가족 안에서의 자기분화 수준뿐만 아니라 세상과의 자기분화 수준에 대해서도 늘 점검해 보아야 한다. 자기분화수준이 높은 치료자는 치료과정 전반에서 그 모습이 비칠 것이며, 이는 내담자들에게 매우 긍정적인 정서적 영향력을 끼칠 수 있다. 동시에 크리스천가족치료자가 일반 상담자들과 다른 가장 큰 이유가 바로 성령의 치유하심을 믿는 것이다. 근본적인 치유와 회복은 결국 하나님과 한 개인의 일대일 관계에서 이루어지는 것이며, 치료자는 단지 이를 안내하는 자인 것이다. 따라서 크리스천 치료자는 하나님의 도구로서 그들을 세워주는 사명을 가진 자라는 겸손한 마음과 자세가 필요하다.

구조주의 치료자들이 주장하는 치료자의 역할은 문제를 가진 가족의 요청에 따라 가족에 합류하는 치료적 개입자이며, 가족의 문제를 진단하여 불분명한 경계선을 확립시켜 주는 경계선 확립자이기도 하며, 치료 목표에 도달하기 위해 가족체계를 변형시켜 주는 변형자이기도 하고, 개인과 가족구성원이 변화된 새로운 환경에 적응할 수 있도록 도와주는 조력자이기도 하다. 그러나 치료자가 인간이기 때문에 자신의 편견이나 감정이 치료과정에 개입될 수도 있고 인간의 내면적인 문제나 영적인 문제를 간과하기 때문에 또 다른 문제가 발생할 수도 있을 것이다. 또한 가족 스스로 또 다른 문제를 다룰 수 있는 능력을 치료를 통해 향상되었다는 확실하게 검증하기고 어렵다. 물론 행동 변화를 통해 문제가 해결되었다는 사실이 입증될 수도 있지만 그것은 표면적이고 일시적인 변화뿐이지 근본적인 변화가 될 수 없다.

그러나 크리스천가족치료 과정에서 치료자는 성령의 인도하심을 받는 사람이며 그 역할은 또한 영적인 문제에 가지 치료영역이 확대된다. 그러므로 크리스천가족치료자의 궁극적인 목적은 "자기가 알고 있는 것을 사람들의 사람을 변화시키기 위해 전달하는 데 있으며, 다른 사람들에게 들려주고자 하는 진리를 자기 삶 속에 구현하는 것"이다.30) 또한 치료대상이 되는 가족체계 속으로 들어가 그들의 언어에 적응하여 그들의 규칙들을 관찰하고 그들의 생활을 이해하기 위해 연구해야 한다. 그리고 영혼을 사랑하는 사람으로 가족치료자는 완성된 인격자가 아니라 더욱 치유적인 인간이 되도록 노력하기 위해 개방적 자세를 유지하는 것이 상담경험에 있어 중요하다.31)

또한 다세대 가족치료자들은 치료자의 역할로 교사로서의 역할을 강조하면서 그는 내담자로 하여금 스스로 그들의 가족체제에서 탈삼각화하고 '나'의 입장(I-Position)을 취하도록 요구한다. 또한 치료자가 되기 위한 학습은 기본적으로 자기 자신의 가족체제에서 작용하는 과정을 겪어보고 또 '반응'과 '반사행동' 사이의 차이를 경험하는 것이라고 지적한다. 또한 치료자가 자신의 자아를 위하여 이렇게 행함으로써 그는 타인들에게 그것을 어떻게 행하는가를 가르칠 수 있다고 보웬은 생각하였다.32) 또한 I-Position이라는 치료방법은 치료자가 가족과의 관계에 있어서 자율적인 자기 위치를 설정할 때 가

30) Lawence J. Crabb, 『기독교 상담심리학』, 오현미 역 (서울: 나침반, 1992) 109.
31) 제널드 코리, 『상담과 심리요법의 이론과 실제』, 한기태 역 (서울: 성광문화사, 1991), 348~49.
32) Vincent D. Foley, 『가족치료 입문』, 173.

족구성원들은 그들 각자의 관계에서도 그리할 수 있으며, 점차적으로 가족구성원들은 가족 앞에서 자기의 소신과 느낀 점과 신념들을 평온한 가운데 이야기할 수 있게 되고 가족구성원들을 공격하지 않고 그 소신들을 행동에 옮기게 되는 치료자의 영향력이 강조되는 치료방법이다.

따라서 하나의 크리스천가족은 자신의 감정에 대한 절제와 책임이 특히 필요하며 이러한 맥락의 당부는 다음의 성경적 관점을 통해서도 알 수 있다. 송정아는 치료자의 감정에 대해 "인간의 감정, 즉 인간의 희로애락은 하나님이 주신 인간의 속성이며 또한 하나님의 속성이기도 하다. 따라서 인간은 자신의 감정에 솔직해야 할 뿐만 아니라 또한 감정을 통제할 수 있어야 한다. 성화란 기독교인의 성품이 끊임없이 변화되어 가는 하나의 과정이며 그리스도를 닮아 가는 과정이다. 성령의 성화 사역에 의해 자신의 감정 절제와 삶의 변화로 성령의 열매에 해당하는 성품들을 점점 더 많이 나타내게 된다. 육체의 소욕은 성령을 거스르고 성령의 소욕은 육체를 다스린다(갈 5:16-17). 인간은 순간순간 감정의 지배를 받고 행한다. 그리고 감정을 누가 지배 하는가에 따라 인간의 삶의 열매는 달라진다."[33]

이와 같이 기독교적 관점에서 한 개인이 자기 위치를 취한다는 것은 자기분화를 이루어 가는 것과 그 맥을 같이한다. 자기분화가 높은 사람은 하나님 안에서 자기의 정체성을 갖고 있는 자이기때문에 하나님과의 관계에서 자기의 위치를 알며, 세상에서의 자기의 위치를 아는 자들이다. 따라서 이러한 정체성은 삶의 전반에서 자기의

33) 송정아, 「기독교적 관점에서 본 Satir 가족치료」, 『한국기독교상담: 심리치료학회지』, 2008, 89.

위치에서 영향을 미치며 크리스천가족치료자는 자신이 예수 그리스도의 본을 따르는 자이며 동시에 내담자들에게도 예수 그리스도의 본을 따르도록 격려해야 한다. 즉, 하나님 안에서 자신의 정체성을 갖고 또한 이 세상에서의 소명의식이 분명한 치료자는 보다 덜 감정에 얽매이고 객관적이고 차분하게 자기의 생각들을 이야기할 수 있는 능력을 기를 수 있으며, 반사행동인 아닌 진솔한 자기 입장을 취할 수 있게 된다.

이상과 같이 크리스천 상담을 위해 일반 심리학이나 사회학적 토대 위에 정립된 이론을 적용한다는 것은 그 의도가 왜곡될 우려가 있지만, 무엇보다 중요한 것은 상담이라는 치료과정의 궁극적인 목적인 한 사람과 그의 가족의 문제를 돕는 것이라는 점에서 크리스천 치료자들의 그러한 노력은 결코 헛된 것이 아닐 것이다. 따라서 크리스천 치료자에게 가장 중요한 것은 자신의 정체성에 대한 확신이며, 또한 다른 사람을 돕는다는 것에 대한 분명한 소명의식인 것이다. 왜냐하면 이러한 크리스천 치료자는 진정한 치료자가 되시는 예수 그리스도와 그의 공생애의 사역을 발자취를 따라 "가르치시며, 전파하시며, 모든 병든 것과 약한 것을 치료하심"(마 4:23)에 앞서 이른 새벽 한적한 곳에서 홀로 기도하셨음을 잊지 말아야 한다.

3. 종합적 평가

지구촌 시대를 맞이하여 세계적인 이주화 현상으로 가족구조의 급격한 변화를 겪고 있다. 이로 인해 '세계가 한 가족'인 현대가정의 특성은 도시화, 산업화, 서구화, 다원화, 해체화 등의 패러다임 변화의 영향으로 '다문화 가족'의 형성으로 전통적인 가족 가치관에 급격한 변화가 나타났다. 이러한 변화들이 가족에 미친 영향력은 가족의 형태, 기능, 내적 결합 면에서 변화를 초래하여 이에 수반된 가족문제가 제기되고 있다. 이러한 혼동과 갈등은 가족구성원 간의 심리적 압박감, 저항감, 긴장감 등을 유발하여 가족구성원 간의 갈등, 부부 간의 갈등 또는 이혼, 부모와 자녀 간의 갈등, 자녀들의 비행이나 이탈행동 발생의 주요한 요인으로 작용하여 대사회적 위기에 직면하고 있다. 이러한 대사회적 위기에 대해 한국교회는 하나님의 '문화적 명령(The Culture Mandate or Creation Mandate)'에 순종하여 '다문화 가족' 시대에 적합한 대응방안의 일환으로 효과적이고 효율적으로 가족복지서비스를 제공하기 위해 크리스천가족상담에 적합한 가족치료 기법을 개발하여 가정의 회복과 치유를 통해 하나님과의 관계를 회복하고 크리스천 가정들로 하여금 하나님의 영광을 반사하는 건강한 언약의 공동체로 세우려는 데 목적을 두고 연구 과제를 진행하였다.

제2장에서는 일반 심리학적 배경을 가지고 있는 가족치료 이론을 크리스천가족상담에 적용함에 있어서 제기되는 것은 신학과 심리학의 문제를 어떠한 방법으로 접근할 것인가를 제시하기 위해 신학과 심리학의 통합에 대한 주요한 3종류 모델의 접근 방식을 통해 통합의 본질은 하나님이 주신 진리의 기초 위에서, 성경과 인간의 삶과 역사의 연구를 통하여 단일의 실제 세계의 다양한 요소들을 상호 연

관시키고자 하는 통찰력으로 '개혁주의 세계관의 통전적 이해'를 바탕으로 크리스천가족상담에 적용 가능성의 토대를 마련하였다. 그러나 통합의 목표는 어떤 단일 학문을 통해 가능한 것보다 더 광범하고 통전적이며 통일된 인간과 그 인간의 사회-생태계적 세계에 대한 이해에 도달하려는 것이다. 무엇보다 통합연구에 있어서 이론적인 측면 이상으로 경험적이고 실천적인 통합의 제시를 통하여 상담자 자신이 모든 통합의 중심임을 밝혀주고 있다는 점은 크게 기여한 것이라고 할 수 있다. 진정한 통합은 통합자 자신 안에서 일어난다는 파악은 중요한 발견이었다. 이러한 면에서 상담자중심의 통전적 구조를 만들어 나가는 작업을 위해 통합 형태에 대한 지속적인 연구가 필연적으로 요청되었다.

제3장에서는 주요한 가족치료 모델들을 중심으로 각 모델의 기본적 개념, 치료전략 및 목표, 치료자의 역할과 치료기법, 체계론적 일관성 등을 살펴보면서 가족을 하나의 살아 있는 생명체로서 보는 체계론적 관점에서 전체와 부분을 통합하려는 경향과 자기 개성을 유지하려는 두 개의 상보적 경향 사이에 역동하는 상호작용으로 이루어지게 하며, 전체의 시스템을 유연하게 하며, 변화 가능하게 하려는 조화 속에서 크리스천가족상담에로의 적용 가능성을 열어 주었다. 그러나 체계론적 접근의 가족치료는 개인치료와는 달리 가족구성원의 상호관계성을 중시하며, 가족의 전체 시스템을 하나로 이해하고 개입하여 개인의 병리나 행동장애를 관계 맥락에서 개인의 문제를 해결하려는 과정으로 병리적 진단치료에서 접근하였으나, 최근에는 생물학적인 문제 외에 가족관계나 정서적이고 환경적 영향

에 따라 가족을 사정하고 개입하여야 한다는 생태체계론적 요인을 강조하게 되고 있다. 특히 현대사회의 급격한 변화에 따라 다양한 가족의 패턴들이 등장하여 미래 가족은 어떤 모습으로 출현할지 예측하기 어렵게 변모하고 있다. 그러므로 크리스천가족치료자는 이러한 시대적 특성들을 감안하여 어느 특정한 가족치료 모델을 고집하기보다는 다중적 가족치료 모델들을 기독교세계관적 관점에서 체계적으로 정립하여 미래의 다양한 가족패턴들과 다문화 가족시대에 대비하여 크리스천가족상담의 이론적 토대를 시급히 마련해야 할 과제를 찾게 되었다.

제4장에서는 인류의 보편적인 인간관계인 가족 가운데 그리스도 중심의 가정(Christ-centered Home)인 크리스천가족과 크리스천가족상담으로서 아가페 상담에 대해 고찰함으로써 하나님의 말씀에 근거한 전인을 포괄적으로 접근하는 '그리스도 중심의 상담(Christ-centered Counseling)'을 통해 성경적으로 균형 잡힌 관점을 가지고 접근함으로써 크리스천상담에 대한 통전적 이해를 가질 수 있게 되었다. 아가페 상담은 예수님의 삼중사역(마 4:23)에 의한 복음전파 사역(preaching ministry), 가르치는 사역(teaching ministry), 치유사역(healing ministry)에 따라 주님이 보여주신 사랑의 모범을 따르는 상담이다. 그러므로 크리스천상담의 목표는 전인적 치유이다. 따라서 크리스천상담의 목표는 일반상담의 목표와 많은 부분을 공유하지만, 일반상담과는 다른 특별한 목적, 즉 영적 성장을 궁극적 목적으로 삼고, 내담자로 하여금 예수 그리스도와 인격적인 관계를 맺고 기독교적 가치관과 삶의 자세를 갖도록 인도하려는 것이다.

제5장에서는 체계론적 가족치료 이론의 주요 개념과 특성을 살펴보면서 크리스천가족상담에서 가족들의 삶의 변화와 상황에 따라 적절하게 대처하는 방안을 모색하며, 가족원이 갖는 문제와 증상을 해소할 수 있는 문제 해결을 위한 대처 능력의 중요한 요인들을 발견하게 되었다. 따라서 체계론적 가족치료를 위한 가정들(assumptions), 가족치료를 위한 개념의 틀, 가족치료의 실용적 개념들, 가족평가에 대한 이해 등은 크리스천상담과정에서 부딪치는 난감한 상황들과 예측하기 어려운 장애물을 예측함으로써 다중적 측면에서 효율적인 상담을 이끌어 갈 수 있는 방안이었다.

제6장에서는 크리스천가족상담을 위해 다중적 측면에서 가족을 사정하고 평가하여 치료할 수 있는 통합적 가족치료의 단계와 상담 기법을 제시하여 상담전문가들의 전문직으로 인정된 독특한 가치, 지식, 기술을 가족상담의 과정에 다양한 방법으로 적용하며 상담과정을 논리적이고 긍정적 결론으로 이끌어 치료의 목적을 가능하게 크리스천가족상담의 단계와 기법의 실제를 다루었다. 이러한 통합적 가족치료의 단계와 기법은 개인중심에서 다루지 못한 문제 영역을 충분히 다루어 사람들의 요구나 문제 해결을 위해 다중적 측면에서 크리스천가족치료 이론으로 적용 가능성에 토대를 놓으려고 시도한 이론이라고 할 수 있다.

제7장에서는 앞에서 제시한 크리스천가족상담을 위한 통합적 가족치료 이론에 기초한 가족상담의 단계와 기법을 창세기 25~49장에 나타난 '야곱의 가족'에 적용하여 야곱의 가족 관계와 가족의 구조에 대한 문제 분석을 통해 나타난 과정들을 토대로 크리스천가족상

담 적용의 가능성에 대해 논의하였다. 크리스천 상담을 위해 일반 심리학이나 사회학적 토대 위에 정립된 이론을 적용한다는 것은 그 의도가 왜곡될 우려가 있지만, 무엇보다 중요한 것은 상담이라는 치료과정의 궁극적인 목적인 한 사람과 그의 가족의 문제를 돕는다는 것에 대한 분명한 소명의식과 크리스천 치료자에게 가장 중요한 것은 자신의 정체성에 대한 확신이라는 점이다. 이러한 크리스천 치료자는 진정한 치료자가 되시는 예수 그리스도와 그의 공생애의 사역을 발자취를 따라 "가르치시며, 전파하시며, 모든 병든 것과 약한 것을 치료하심"(마 4:23)의 본을 따르는 제자도의 자세가 필연적이기 때문이다.

현재까지 한국가족치료는 극히 일부분의 치료접근에 편향되어 있다. 한국의 가족치료자들이 선호하는 접근은 다세대 가족치료, 해결중심 가족치료, 사티어 모델 등 몇 가지 이론적 접근에 한정되어 다양성이 결여되어 있다. 절대적인 현실을 부정하고 개인의 구성의 틀 안에 현실이 존재한다고 주장하는 포스트모더니즘은 이러한 한국가족치료의 편향과 이론적 취약함에 지속적으로 도전을 제공할 것이다. 더구나 가족치료를 한국교회 내에 적용하는 문제에 대해서 신학적 연구한 성과들은 매우 빈약한 실정이다. 더구나 가족치료 이론들은 갈수록 급변하는 사회 속에 다양하고 복잡한 문제를 해결하기 한국가족의 다양한 변화에 따라 가족치료는 다양한 가족을 치료하기 위해 다양해지고 있으며, 다양한 심리치료 접근방법과 접목되어 통합적으로 시도되고 있다. 이러한 상황에서 가족치료에 대한 목회신학적 차원의 연구가 담당해야 할 과제가 더욱 많아지고 있는 상황이다.

그러나 가족치료에 대한 연구 과제를 수행하는 과정에서 다음과 같은 한계를 지닌다. 첫째, 문헌 연구 중심으로 이루어졌기 때문에 현장에 대한 언급이 부족하다. 따라서 후속 연구에서는 임상 및 사례 연구를 통해 목회현장에서 이루어지고 있는 크리스천가족치료 이론을 적용한 목회상담사역을 지원하는 프로그램들이 얼마나 크리스천 가정 회복에 도움이 되고 있는지 면밀히 관찰하고 성찰하여 보완해야 할 부분이다.

둘째, 크리스천가정 회복을 위한 크리스천가족상담에 있어 전문적인 기법들의 활용에 대한 필요성을 수용하고자 하는 크리스천가족상담자(치료자)들에게 가족치료라는 전문적인 영역에 대한 가능성을 모색함으로써 기초적인 토대를 제공하려는 데 목적을 두었기 때문에 이에 대한 구체적인 크리스천가족상담적 기술을 향상시키려는 욕구를 증진시키려는 출발점으로서 새로운 패러다임(paradigm) 제시에 한정하고 있다. 따라서 후속 연구에서는 새로운 패러다임의 제시뿐만 아니라 실제적인 크리스천가족상담에 대해 연구하여 보완해야 할 것이다.

셋째, 최근까지의 주요한 가족치료 이론들에 대한 체계적 통합의 입장에서 크리스천가족상담 이론을 정립하였기에 실제 상담에 필요한 임상적 측면에서 크리스천가족문제의 치료 계획 설정, 치료 효과, 치료 평가를 위한 도구로 사용할 수 있는 구체적인 지침을 제공하는 데까지 이르지 못하였다. 따라서 후속 연구에서는 크리스천가족상담의 이론과 실제에 대한 전체 과정을 폭넓게 활용할 수 있는 연구가 보완되어야 할 것이다.

지금까지의 연구를 바탕으로 포스트모더니즘(postmodernism) 사회의 가족의 특징으로 나타나고 있는 확대가족과 다문화가족을 치료하기 위한 크리스천가족상담 사역을 위해 다음과 같은 몇 가지를 후속 연구로 제언하고자 한다.

첫째, 한국 가족의 구조와 가치관의 변화에 따라 새로운 유형으로 나타나고 있는 '확대가족'과 '다문화가족'을 위한 다양한 치료 접근의 틀을 발전시켜 적용해 나가야 할 것이다. 한국에 가족치료 모델이 소개된 지 수십 년이 지난 지금까지 한국가족치료에서 나타난 편향성은 복잡 다양한 포스터모더니즘 사회에 직면한 가족들의 문제들을 어느 특정한 몇몇 모델로는 가족의 복잡한 상호작용의 내용을 충분히 설명하거나 치료할 수 없을 것이다. 이러한 다양한 문화의 혼재 속에서 한국교회는 신학적 차원에서 가족상담을 위한 통합적 접근 방식의 토대를 신속히 마련하여 목회사역 전반에 가족치료 모델을 적용할 수 있도록 깊은 이해와 연구가 병행되어야 할 것이다.

둘째, 한국교회는 가족상담을 위한 전문사역자들과 목회자들에 관한 전문적인 교육과 체계적인 교육과정의 개발을 하여 시급히 정착시켜야 할 것이다. 가족치료 효과성 연구에 대한 메타분석의 연구결과에 의하면 한국가족치료에서 필요한 것은 가족치료자와 가족치료 연구자의 협력과 보다 엄격한 연구방법론을 적용하는 질적 연구와 양적 연구 모두를 상호보완적으로 활용하는 것이 바람직하다는 사실이 입증되었다. 따라서 한국교회는 가족치료 인력양성을 위해 전문가 교육과정에 대한 인증과 함께 기독교상담대학원 및 전문연구기관에 가족치료자 수요에 부응하기 위한 교육과정 개발과 인증제를 서둘러야 할 것이다.

셋째, 한국교회는 가족치료 관련 학계와 실천 현장과의 유기적이며 체계적인 연계를 통해 이론의 실득과 실습을 병행하여 훈련받을 수 있는 가족치료 현장의 장(場)이 확보되어야 할 것이다. 가족치료 학계와 실천 현장의 유기적이며 체계적인 연계는 각 기관이 역할에 있어 공유 영역과 특화된 영역으로 분화하는 것을 가능케 하며, 유능한 가족치료자의 양성과 업무환경의 제도화로 인하여 가족치료자들의 계속교육과 전문성 향상에 대한 지원 등이 제도화되어야 할 것이다.

이상과 같이 실천해야 할 과제들을 제언하면서 앞으로 한국교회 가족치료전문가와 연구자 그룹이 실천해야 할 과제들을 제안하였다. 이것은 한국 가족문화와 정서에 맞는 가족치료 모델의 개발하여 효과성과 유용성을 향상시키는 통합적 접근으로 문화와 다양성에 민감한 가족치료로 양적 및 질적 방법론의 상호보완적 연구방법론을 강화하여 가족치료자들의 전문성 향상과 학계와 실천 현장의 연계 그리고 가족치료의 업무환경의 제도화 등 미시적 관점에서 전망하였다. 이제는 한국교회가 급변하는 시대적 패러다임 속에 파괴되고 사라져 가는 경건한 믿음의 가정의 회복을 위해 요구받고 있는 새로운 시대적 요구에 성실히 응답해야 하는 새로운 사명을 받아들여야만 할 것이다.

"너희 죄를 서로 고백하며 병이 낫기를 위하여 서로 기도하라 의인의 간구는 역사하는 힘이 큼이니라"(약 5:16 개역개정판).

참고문헌

[국외 서적]

Abbot, P., *The family on trial,* University Park, PA: The Pennsylvania state University Press, 1981.

Achenbach, T. M., *Assessment and Taxonomy of Child and Adolescent Psychopatheology,* Newberg Park, CA: Sage, 1985.

Ackerman, N. W., "The Family as a social and emotional unit", *Bulletin of the Kansas Mental Hygiene society* 12 (2), 1937.

Alexander, J. C., "Analytic debates: Understanding the relative autonomy of culture". In *Culture and Society: Contemporary debates,* Cambridge: Cambridge University Press, 1990.

Alexander, J. C., *Fin de siecle social theory: Relativism, reduction, and the problem of reason,* London: Verso, 1995.

Alger, I., Multiple couple therapy In P. J. Guerin (ed.), *Family therapy,* New York: Gardner Press, 1976.

Bagarozzi, D. A. & Anderson, S. A., *Personal, maritar and family myths: Theoretical formulations and clinical strategies*. New York: Norton, 1989.

Bandler, R, Grinder J. & Satir, V., *Changing with families*. Palo Alto, CA: Science and Behavior Books, 1976.

Bateson, G., *Steps to an ecology of mind.*, New York: Ballantine Books, 1972.

Bateson, G., "Double bind", In 5. Brand (ed.), *II cybernetic frontier*, New York: Random House, 1977.

Beavers, W R., "Healthily midrange and severely dysfunctional families", In F. Walsh(ed.), *Normal family processes* (45~66). New York: Guilford Press, 1982.

Becvar, D. S. & Bacvar R. J., *Family Therapy: A Systemic Integration,* Itasca, IL: F. E. Peacock Publishers, 1997.

Becvar, D. S. *The relationship between the family and society in the context*

of American ideology, St. Louis, MO: University, St. Louis, 1983.
Becvar, D. S., *Creating rituals for a new age*, Lincoln, NE: University of Nebraska-Lincoln, 1985.
Becvar, R. J. & Becvar D. S., *System theory and family therapy*: Washington, D.C.: University Press of America, 1982.
Bell, J. E., "A theoretical position for family group therapy", In G. E. Erickson & T. P. Hogan (eds.), *family therapy*. Moterey CA.: Books/Cole, 1972.
Boszormenyi-Nagy I. & Spark, G., *Invisible loyalties: Reciprocity in intergenerational family therapy*. New York: Harper & Row, 1973.
Boszormenyi-Nagy I. & Uirich, D., "Contextual family therapy", In A. S. Gurman & D. P. Kniskern (eds.), *Handbook of family therapy*, New York: Brunner/Mazel, 1981.
Bowen, M., *Family therapy in clinical Practire*, New York: Aronson, 1978.
Broderick, C. B. & Schrader, S. S., "The history of professional marriage and family therapy", In A S. Gurman & D. P. Kniskern (eds.), *Handbook of family therapy*, New York: Brunner/ Mazel, 1981.
Carter, E. A. & McGoldrick. M., "The family life cycle and family therapy", In K. A. Carter & M. Goldrick (eds.). *The family life cycle: A framework for family therapy*, New York: Gardner Press, 1980.
Carter E. A. & McGoldrick, M. (eds.), *The expanded life cycle: Individual family, community*. Needham Heights, MA: Allyn & Bacon, 1998.
Churchman, C., *The system approach and its family*. New York: Basic Books, 1979.
Collins, R., *Theoretical sociology*. Fort Worth, TX: Harcourt & Brace, 1988.
Elkin, M., *Families Under the influence*. New York: W. W. Norton, 1984.
Falicov, C. J., *Family transitions: Continuity and change over the life cycle*. New York: Guilford press, 1988.
Freud, S., *The interpretation of dreams*. (J. Strachey, Trans.). New York: Avon Books, 1988.
Gilligan, C., *In a different voice*. Cambridge, MA: Harvard University Press, 1982.
Goldenberg, I. & Goldenberg, H., *Family therapy: An overview (2nd ed.)*. Monterey, CA: Brooks/cole, 1985.
Gurman, A S. & Kniskern, D. P., *Research on marital and family therapy:*

Progress, perspective and prospect. In S. Garfield & A. Bergin (eds.), 1978.

Haley J., *Uncommon therapy*. New York: W. W. Norton, 1973.

Haley J., *Ordeal therapy*. San Francisco, CA: Jossey-Bass, 1984.

Hansen, J. & L'Abate, L., *Approaches to family therapy*, New York: MacMillan, 1982.

Horne, A. N., "Counseling families-Social learning family therapy", In A. M. Home & M.M. Ohlsen (eds.), *Family counseling and therapy*. Itasca, IL: F. E. Peacock, 1982.

Keeney B. P., *Aesthetics of change*. New York: Guilford Press, 1983.

Keeney B. P. *Mind in therapy*, New York: Basic Books, 1985.

Kemper, W., *Experiential psychotherapy within family*, New York: Brunner/Mazel, 1981.

L'Abate, L., *Understanding and helping the individual in the family*, New York: Grune & Stratton, 1976.

L'Abate, L. & Bagarozzi, D. A., *Sourcebook for marriage and family evaluation*, New York: Brunner/Mazel, 1993.

Liberman, R., "Behavioral approaches to family and couple therapy", In C. J. Sager & H. S. Kaplan (eds.), *Progress in group and family therapy*, New York: Brunner/Mazel, 1972.

Lyotard, J. F., *The post-modern condition: A report on knowledge*, Minneapolis: University of Minnesota Press, 1984.

McGoldrick, M., "Ethnicity and family therapy: An overview", In M. McGoldrick, J. K. Pearce & J. Giordano (eds.), *Ethnicity and family therapy*, New York: Guilford Press, 1982.

Minuchin, S., *Family kaleidoscope*. Cambridge, MA: Harvard University Press, 1984.

Nichols, M. P., *Family therapy-concepts and methods*. New York: Gardner Press, 1984.

Nichols, M. P., *Systemic family therapy: An integrative approach*. New York: Guilford Press, 1986.

Palazzoli, M., *Self-starvation: From the intrapsychic to the transpersonal approach to anorexia nervosa*, London: Caucer Publishing Co, 1974.

Piercy F. P., Sprenkle, D. H. & Associates, *Family therapy sourcebook*. New

York: Guilford Press, 1984.

Sager, C. J., *Marriage contracts and couple therapy*: Hidden forces in intimate relationships, New York: Brunner/Mazel, 1976.

Satir, V., *Conjoint family therapy (Revised Edition)*. Palo Alto, CA: Science and Behavior Books, 1967.

Satir, V., Stachowiak, J., & Taschman, H. (1975). *Helping families to change*. New York: Jason Aronson, 1975.

Sawin, M. M., *Hope for families*. New York: Sadlier, 1982.

Todd, T. & Staneon, M., "Research on marital therapy and family therapy: Answers, Issues and recommendations for the future". In B. Wolman & G. Stracker (eds.), *Handbook of family and marital therapy*, New York: Plenum Press, 1983.

Vaillant, G. E., *Adaptation to life. Cambridge*, MA: Harvard University Press, 1995.

Walker, H., *Walker problem behavior identification checklist*, Los Angles, CA: Western Psychological Services, 1976.

Walsh, F., & McGoldrick, M. (In press). "Loss and the family cycle", In C. Galicor (ed.), *Family transitions: Continuity and change over th life cycle*, New York Guilford Press, 1988.

Whitaker, C. A., "A family is a four-dimensional relationship", In P. J. Guerin (ed.), *family therapy: Theory and practice* (pp. 182-192). New York: Gardner Press, 1976.

[영문 논문]

Bryant, David r. "Imago Dei, Imagination, and Ecological Responsibility", Theology Today 57-1, April 2000.

Bulkeley, Kelly "Dream Interpretation: Practical Methods for Pastoral Care and Counseling", *Pastoral Psychology* 49-2, 2000. 2.

Collins, Willam J. "The Pastoral Counselor's Counter transference as a Therapeutic Tool", *The Journal of Pastoral Care*, 36-2 (1982).

Konkel, August H. "Male and Female as the Image or God", *Didaskalia*, April 1992.

Lee, Cameron, "The Good-Enough Family", *Journal of Psychology and Theology*, 13-3, 1985.

Oden, Thomas C. "Recovering Lost Identity", *The Journal of Pastoral Care*, 34-1, 1980.

Kogers, Carl K. "Empathy: An unappreciated way or being", *Counseling Psychologist*, 21, 1975.

Schlauch, Chris K. "Empathy as the Essence of Pastoral Psychotherapy", *The Journal of Pastoral Care* 44-1, Spring 1990.

White, Lynn. "The Historical foots of Our Ecological Crisis", *Science* 155, 1967.

[번역 서적]

Adams, J. E.『성공적인 목회상담』, 정삼지 역, 서울: 예수교문서선교회, 1980.

Adams, J. E.『상담학개론』, 정정숙 역, 서울: 도서출판 베다니, 1992.

Adams, J. E.『목회상담학』, 정정숙 역, 서울: 총신대학출판부, 1991.

Bauer, achim,『공감의 심리학』, 이미옥 역, 서울: 에코 리브로, 2006.

Becvar, D. S. & Becvar. R. J.『가족치료: 체계적 통합』, 장혜정 · 이형식 공역, 서울: 도서출판 하우, 1997.

Bertalanrry, Ludwig von,『일반체계이론』, 현승일 역, 서울: 민음사, 1995.

Booner, David G.『전략적 목회상담학』, 전요섭 역, 서울: 은혜출판사, 1999.

Bruce Litchfield & N. Litchfield,『기독교 상담과 가족치료』, 서울: 예수전도단, 1992.

Burr, Wesley R.『가족관계학』, 최연실 역, 서울: 도서출판 솔로몬, 1995.

Capps, Donald,『목회상담과 설교』, 전요섭 역, 서울: 도서출판 하우, 1997.

Capps, Donald,『인간 발달과 목회적 돌봄』, 문희경 역, 서울: 이레서원, 2001.

Capps, Donald,『고갈된 자아의 치유』, 김진영 역, 서울: 한국장로교출판사, 2001.

Carter, John D. G. Narramore, Bruce,『신학과 심리학의 통합과 갈등』, 전요섭 역, 서울: 하늘사다리, 1997.

Childs, Brian H.『단기 목회상담』, 유영선 역, 서울: 한국장로교출판사, 1995.

Clinebell, Howard,『목회상담신론』, 박근원 역, 서울: 한국장로교출판사, 1992.

Clinebell, Howard,『전인 건강』, 이종헌 · 오성춘 공역, 서울: 한국장로교출판사, 1996.

Collins, Gary K.『그리스도인을 위한 카운슬링 가이드』, 정석환 역, 서울: 기독지혜사, 1992.

Collins, Gary K.『심리학과 신학의 통합 전망』, 이종일 역, 서울: 솔로몬, 1992.

Collins, Gary K.『효과적인 상담』, 정동섭 역, 서울: 두란노, 1994.

Collins, Gary K.『효과적 상담을 위한 크리스찬 심리학』, 문희경 역, 서울: 요단출판사, 1996.

Collins, Gary K.『폴 투르니에의 기독교 심리학』, 정동섭 역, 서울:IVP, 1998.

Crabb, Lawrence J.『성경적 상담학』, 정정숙 역, 서울: 총신대학출판부, 1984.

Crabb, Lawrence J.『인간 이해와 상담』, 윤종석 역, 서울: 두란노서원, 1996.

Crabb, Larry, Allender, Dan.『상담과 치유공동체』, 정동섭 역, 서울: 요단출판사, 1999.

Crabb, Lawrence J.『그리스도인을 위한 인간이해』, 한재희 · 이혁의 역, 서울: 이레서원, 2003.

Dayringer, Kichard,『관계중심 목회상담』, 문희경 역, 서울: 솔로몬말씀사, 2004.

Egan, Gerard,『유능한 상담자』, 제석봉 · 유계식 역, 서울: 시그마프레스, 2003.

Evans, Stephen,『기독교 심리학 입문』, 이창국 역, 서울: 기독교문서선교회, 1993.

Fairbairn, Konald,『성격에 대한 정신분석학적 연구』, 이재훈 역, 서울: 한국심리치료연구소, 2003.

Fromm, Eric.『정신분석과 종교』, 박근원 역, 서울: 전망사, 1979.

Gorkio, Charles,『목회적 돌봄의 개론』, 유영권 역, 서울: 도서출판 은성, 1999.

Greenson, Kalph K.『정통 정신분석의 기법과 실제』, 이만홍 외 공역, 서울: 하나의 학사, 2001.

Hiltner, Seward,『목회신학원론』, 민경배 역, 서울: 대한기독교서회, 1994.

Hoekema, Anthony A.『개혁주의 인간론』, 류호준 역, 서울: 기독교문서선교회, 1991.

Hurding, Koger,『치유 나무』, 김예식 역, 서울: 한국장로교출판사, 2000.

Hurding, Koger,『성경과 상담』, 문희경 역, 서울: UCN, 2003.

Kohut, Heinz,『자기의 분석』, 이재훈 역, 서울: 한국심리치료연구소, 2002.

Kollar, Charles Allen,『해결중심 목회상담』, 유재성 역, 서울: 요단출판사, 2002.

Luciano L'Abate,『가족 평가』, 박영숙 역, 서울: 하나의학사, 2004.

May, Gerald,『영성 지도와 상담』, 노종문 역, 서울: IVF, 2006.

May, Kollo,『카운슬링의 기술』, 이봉우 역, 왜관: 분도출판사, 1993.

MacMinn, Mark G.『심리학, 신학, 영성이 하나 된 기독교상담』, 채규만 역, 서울: 두란노, 2001.

Michael P. Nichols, Richard C. Schwartz,『가족치료』, 김영애 외 4인 공역, 서울:

시그마프레스(주), 2003.
Morgan, Alice,『이야기 치료란 무엇인가』, 고미영 역, 서울: 청목출판사, 2003.
Myers, David G. G leeves, Malcom A.『신앙의 눈으로 본 심리학』, 서울: IVP, 1995.
Oates, Wayne E.『신앙이 병들 때』, 정태기 역, 서울: 대한기독교출판사, 1987.
Oates, Wayne E.『그리스도인의 인격 장애와 치유』, 안효선 역, 서울: 에스라서원, 1996.
Oden, Thomas C.『목회 신학』, 이기춘 역, 서울: 한국신학연구소, 1991.
Omish, Dean,『관계의 연금술』, 김현성 역, 서울: 북하우스, 2004.
Oswald, Koy M.『목회자의 자기관리』, 김종환 역, 서울: 도서출판 세복, 2000.
Pruyser, Faul,『진단자로서의 목사』, 유희동 역, 서울: 기독교문사, 2002.
Robert Constable & Daniel B. Lee,『가족치료와 사회복지실천』, 서울: 학지사, 2008.
Sall, Millard,『성경과 심리학의 조화』, 김양순 역, 서울: 생명의 말씀사, 2000.
Stadter, Michael,『대상관계 단기치료』, 이재훈 역, 서울: 한국심리치료연구소, 2006.
Stone, Howard,『해결중심 목회상담』, 정희성 역, 서울: 한국장로교출판사, 2000.
Summers, Frank,『대상관계이론과 정신병리학』, 이재훈 역, 서울: 한국심리치료연구소, 2004.
Wilson, Kod,『상담과 공동체』, 김창대 역, 서울: 두란노, 1997.
Wimberly, Edward,『목회상담과 성경의 사용』, 김진영 역, 서울: 한국장로교출판사, 2005.
Winnicott, Donald,『그림놀이를 통한 어린이 심리치료』, 이재훈 역, 서울: 한국심리치료연구소, 1998.
Winnicott, Donald,『성숙과정과 촉진적 환경』, 이재훈 역, 서울: 한국심리치료연구소, 2000.
Worthington I. Everett L.『용서와 화해』, 윤종석 역, 서울: IVP, 2006.
Wynn, C.『가족치료와 목회상담』, 문희경 역, 서울: 한국장로교출판사, 2002.
Yalom, Irvin D.『집단정신치료의 이론과 실제』, 서울: 하나의학사, 2001.

[국내 서적]

강영계,『정신분석 이야기』, 서울: 건국대학교 출판부, 2001.
고미영,『이야기 치료와 이야기의 세계』, 서울: 청목출판사, 2004.

김기복, 『임상목회교육』, 서울: 전망사, 1993.
김길성, 『개혁신학과 교회』, 서울: 총신대학교출판부, 2004.
김병오, 『중독을 치유하는 영성』, 서울: 이레서원, 2003.
김용태, 『가족치료의 이론』, 서울: 학지사, 2000.
______, 『통합의 관점에서 본 기독교상담학』, 서울: 학지사, 2006.
김유숙, 『가족치료의 이론과 실제』, 서울: 학지사, 2002.
김정선, 『외상, 심리치료 그리고 목회신학』, 서울: 한국심리치료연구소, 2002.
김혜숙, 『가족치료 이론과 기법』, 서울: 학지사, 2003.
______, 『가족치료 이론과 기법, 2판』, 서울: 학지사, 2008.
박노권, 『목회상담학』, 대전: 세종문화사, 1999.
박성희, 『공감, 공감적 이해』, 서울: 원미사, 1996.
설은주, 『가정 사역론』, 서울: 예영커뮤니케이션, 1997.
송길원, 『쉼표가 있는 삶-미래 목회의 대안, 상담설교』, 서울: 두란노, 1995.
송성자, 『가족과 가족치료』, 서울: 법문사, 2004.
송성자 · 정문자, 『경험적 가족치료』, 서울: 중앙적성출판사, 1994.
심수명, 『부부심리 이해 : 이마고 부부치료 워크북』, 서울: 다세움, 2009.
______, 『한국적 이마고 부부치료』, 서울: 다세움, 2006.
______, 『사랑이 흐르는 공동체 만들기』, 서울: 다세움, 2007.
______, 『사랑이 흐르는 공동체 만들기 II』, 서울: 다세움, 2008.
______, 『하나님의 형상으로 지음 받은 나』, 서울: 다세움, 2007.
______, 『인격목회』, 서울: 다세움. 2008.
______, 『인격치료』, 서울: 학지사, 2004.
______, 『치유와 회복, 그 행복한 삶을 위하여』, 서울: 다세움, 2008.
______, 『건강한 교회를 만드는 상담목회』, 서울: 다세움, 2008.
______, 『진정한 한 몸을 세우기 위한 부부치료』, 서울: 서로사랑, 2003.
______, 『상처입은 영혼을 위하여』, 서울: 교회성장연구소, 2002.
양승훈, 『기독교적 세계관』, 서울: CUP, 2000.
양유성, 『이야기치료』, 서울: 학지사, 2004.
오성춘, 『목회상담학』, 서울: 한국장로교출판사, 1994.
이관직, 『목회심리학』, 서울: 국제제자훈련원, 2003.
이무석, 『정신분석에로의 초대』, 서울: 이유, 2003.
이승구, 『기독교세계관이란 무엇인가 서울: SFC, 2003.
이영분 외 5인 공역, 『가족치료: 모델과 사례』, 서울: 학지사, 2008.
이창재, 『프로이트와의 대화』, 서울: 민음사, 2004.

이홍찬, 『개혁주의 목회상담학』, 파주: 한국학술정보(주), 2007.
______, 『개혁주의 기독교교육학』, 파주: 한국학술정보(주), 2008.
정방자, 『정신역동적 상담』, 서울: 학지사, 2001.
정석환, 『목회상담학 연구』, 파주: 한국학술정보(주), 2003.
정정숙, 『기독교상담학』, 서울: 도서출판 베다니, 1994.
조성호, 『경계선 성격장애』, 서울: 학지사, 2000.
최홍석, 『인간론』, 서울: 개혁주의 신행협회, 2005.
허철민, 『십자가 아래서 삶 그리고 사역』, 서울: 도서출판 그리심, 2008.
황성철, 『개혁주의 목회신학』, 서울: 총신대학교출판부, 2000.

[연구 논문]

고영순, 「공감피로 (Compassion Fatigue)와 Focusing 치료」, 『목회와 상담』 3, 2002, 311-41.
권수영, 「임상현장의 작용적 신학·기독교상담의 방법론적 정체성」, 『한국기독교상담학회지』 7, 2004, 100-23
김남식, 「상담설교와 커뮤니케이션」, 『상담과 선교』 46, 2005, 51-76.
김병훈, 「교회는 정신적 산소의 장: 치유적 심리경험의 본질과 기능에 관한 정신분석학적 연구」, 『목회와 상담』 1, 2001, 113-43.
김영란 · 연문희, 「상담단계별 상담자 공감과 내담자 체험 및 상담성과와의 관계」, 『한국심리학회지: 상담과 심리치료』 14-1, 2002, 19-38.
김영란, 「Kogers 및 Kohut가 정의하는 공감」, 『한국심리학회지: 상담과 심리치료』 16-4, 2004, 553-69.
김용태, 「패륜아의 가족역동의 이해-부모살해와 가족체계」, 『청소년상담연구』 8-1, 2000, 79-99.
김준수, 「내적치유의 이해와 치유목회적 적용」, 『신학과 선교』 6, 2002, 285-313.
김진숙, 「대상관계 가족치료 이론의 한국적 적용에 관한 연구」, 『한국가족치료학회지』 8-2, 2000, 137-63.
김창대, 「대상관계이론의 관점에서 본 집단 따돌림 현상」, 『청소년상담연구』 7-1, 1999, 7-25.
김창대, 「대상관계이론의 인성교육에 대한 시사점: 목적, 내용, 방법」, 『아시아교육연구』 3-1, 2002, 109-30.
김홍근, 「내적 치유에 대한 목회신학적 이해」, 『교수논총』 13, 1998, 174-97.
박노권, 「목회상담에서 신학과 심리학의 관계」, 『한국기독교상담학회지』 11,

2006, 79-106.
박선영, 「환상에 대한 정신분석학적 고찰: 프로이트와 클라인을 중심으로」, 『감성과학』 9-2, 2005, 137-53.
박준서, 「하나님의 형상(imago Dei)에 관한 성서적 이해」, 『기독교사상』, 1989년 9월호, 104-20.
손운산, 「치료, 용서 그리고 화해」, 『한국기독교신학논총』 35, 2004, 241-283.
송재룡, 「정신분석학적 종교이해의 가능성과 한계」, 『사회이론』 20, 2001, 164-95.
송정아, 「대상관계가 인간의 하나님 형상 발달에 미치는 영향」, 『한국기독교상담학회지』 7, 2004, 117-39.
신명숙, 「목회상담의 정체성 확립을 위한 신학적 근거」, 『한국기독교상담학회지』 7, 2004, 141-78.
오성춘, 「한국 교회 목회상담의 과제」, 『교회와 신학』 28, 1996, 287-312.
유재성, 「한국인의 공동체적 의식과 목회상담적 자기성찰」, 『성경과 상담』 3, 2003, 93-135.
이관직, 「무엇이 목회상담을 목회적인 것으로 만드는가?」, 『신학지남』, 1994: 가을 · 겨울호, 381-92.
이관직, 「목회상담의 성경적인 기초」, 『신학지남』, 1995, 봄, 233-250.
이관직, 「목회적 진단: 당위성, 내용, 그리고 방법」, 『신학지남』, 1996년 겨울, 265- 91.
이기춘, 「미래사회와 치유목회」, 『신학과 세계』 39, 1999, 311-45.
이재훈, 「한국 목회상담의 새로운 전망」, 『기독교사상』, 1991. 2, 189-200.
이재훈, 「한국 심층목회상담의 전망」, 『기독교사상』, 1991 4, 210-217.
이재훈, 「목회상담 이론의 패러다임 전환」, 『신학사상』 97, 199 , 35-53.
이호선, 「용서와 화해의 성서적 모델」, 『한국기독교상담학회지』 8, 2004, 193-221.
전요섭, 「복음주의적 목회상담학 수립을 위한 신학과 심리학의 통합 Paradigm」, 『한국개혁신학논문집』 5, 1999, 301-23.
정석환, 「코핫의 자기심리학과 목회상담」, 『신학논단』 27, 1999, 319-48.
최영민, 「기독상담에서 종교성과 영성의 평가」, 『한국기독교상담학회지』 3, 2001, 139-58.
홍영택, 「부모-자녀 관계와 용서」, 『목회와 상담』 7, 2005, 121-48.
황헌영, 「죄의식과 수치감: 자기사랑(self-love)에 대한 재인식」, 『한국기독교상담학회지』 6, 2003, 323-56.

[학위 논문]

Becker, A. H. "The Function of Relationship in Pastoral Counseling", Ph.D. Dissertation, Boston University, 1958.

Joshua Levy. "Facilitating Integration Family Therapy: Application of an Orienting Framework in Theoretical Sociology", Ph.D. Dissertation, The University of Chicago, 2002.

Rhee, Hong Charn, "A Study on the Development of Systemic Integration of Family Therapy on the Christian Counseling Psychology", Ph.D. Dissertation, Faith Christian University, 2007.

김미숙, 「기독교 상담에 나타난 통합운동에 관한 연구」, 박사학위논문, 고신대학교, 2006.

김상복, 「지역교회에서의 가족목회상담」, 박사학위논문, 총신대학교, 2004.

김순진, 「내담자의 대상관계 수준, 작업동맹, 및 상담중 의사소통방식의 관계」, 박사학위논문, 서울대학교, 1998.

김선아, 「John. A. Comenius의 유아와 어머니 이해의 현대적 해석: 대상관계이론을 중심으로」, 박사학위논문, 강남대학교 대학원, 2006.

김홍근, 「기독교 영성에 관한 대상관계이론 및 자기심리학적 연구」, 박사학위논문, 호서대학교 대학원, 2003.

박경순, 「결혼갈등과 우울감에 대한 대상관계 이론적 접근」, 박사학위논문, 고려대학교대학원, 1995,

박기영, 「기독교상담학의 성향분류에 따른 신학과 심리학의 통합모델」, 박사학위논문, 성결대학교, 2007.

박민수, 「하나님과의 관계 증진을 위한 집단상담 프로그램 개발 및 효과 검증: 대상관계 이론을 중심으로」, 박사학위논문, 계명대학교 대학원, 2OO2.

박선영, 「멜라니 클라인의 아동정신분석: 이론 및 임상체계의 재구성」, 박사학위논문, 이화여자대학교, 2003.

심수명, 「기독교 상담과 인지치료의 통합에 의한 인격 치료 프로그램의 효과성 연구」, 박사학위 논문, 국제신학대학원대학교, 2004.

심은영, 「이야기 치료를 통한 우울 성향 아동의 자아개념 변화 사례연구」, 석사학위논문, 대구대학교재활과학대학원, 2004.

한성심, 「대상관계이론에 기초한 부모교육 프로그램 개발과 효과 검증: Winnicott이론을 중심으로」, 박사학위논문, 숙명여자대학교, 2001.

[기 타]
한국기독교 대백과사전, 서울: 기독교교문사, 1980.
한국가족치료학회: http://www.familytherapy.or.kr

이홍찬

이홍찬(李洪贊) 교수는 고신대학교와 총신대학교 신학대학원을 졸업하고 도미하여, 미국 Central University(BA & MA), Calvin Theological Seminary(Th.M)에서 기독교교육학을 전공하였으며, Reformed Theological Seminary(D.Min)에서 설교학을 전공하였고, Columbia University Graduate School & Faith Christian University Graduate School(Ph. D)에서 상담심리학을 전공하였으며, 국제신학대학원대학교(Ph.D)에서 실천신학으로 박사학위를 취득했다. 또한 서울창신교회에서 부목사, 뉴욕새순교회 부목사, 동뉴욕교회 담임목사, 前 뉴욕총신대학교 신학대학원 전임강사, 미국 Piedmont University 전임교수, 서울중앙교회 담임목사로 섬겼다.
현재 서울성경신학대학원대학교 전임교수로 재직 중이며, 개혁신학회 · 고려신학회 · 한국복음주의신학회 회원이며, 기독일보와 교육일보 논설위원이자, 서울왕성교회 협동목사로 섬기고 있다.

「삼위일체론에 대한 교리사적 고찰」(M. Div)
「The Relationship between Student Participation Rates in New York Public School Extracurricular Activity Programs and Related Factors of Academic Achievement」(MA)
「An Action Research Approach to Strategic Planning in the Context of a Christian Organization」(Th. M)
「An Analysis of Problems in Preaching to a Korean Congregation from the Expository Preacher's View」(D. Min)
「A Study of the Application of Orienting Framework in Theoretical Sociology for Facilitating Integrative Family Therapy」(Ph. D)
「크리스천 家族相談을 위한 統合的 家族治療에 관한 硏究」(Ph.D)

『Redemptive Expository Preaching』
『Korean Religion and Protestant』
『언약과 이스라엘』(공역)
『요한복음강론』
『신약총론』(편저)
『개혁주의 구원론』
『개혁주의 설교학』
『개혁주의 목회상담학』
『개혁주의 기독교교육학』
『예수 그리스도 중심의 설교, 어떻게 할 것인가』

기독교 가족치료

가족치료 모델 및 실제적용

초판인쇄 | 2012년 3월 2일
초판발행 | 2012년 3월 2일

지 은 이 | 이홍찬
펴 낸 이 | 채종준
펴 낸 곳 | 한국학술정보(주)
주 소 | 경기도 파주시 문발동 파주출판문화정보산업단지 513-5
전 화 | 031) 908-3181(대표)
팩 스 | 031) 908-3189
홈페이지 | http://ebook.kstudy.com
E-mail | 출판사업부 publish@kstudy.com
등 록 | 제일산-115호(2000. 6. 19)

ISBN 978-89-268-3138-0 93230 (Paper Book)
978-89-268-3139-7 98230 (e-Book)

이담Books 는 한국학술정보(주)의 지식실용서 브랜드입니다.